本书系国家社科基金项目“刑法指示规定的理论构建与立法技术研究”（17BFX077）的结项成果。

刑法指示规定的理论构建与立法技术研究

彭辅顺 / 著

法律出版社
LAW PRESS · CHINA
北京

图书在版编目(CIP)数据

刑法指示规定的理论构建与立法技术研究 / 彭辅顺著. -- 北京 : 法律出版社, 2023

ISBN 978-7-5197-7968-9

Ⅰ. ①刑… Ⅱ. ①彭… Ⅲ. ①刑法－立法－研究－中国 Ⅳ. ①D924.02

中国国家版本馆 CIP 数据核字(2023)第 099408 号

刑法指示规定的理论构建与立法技术研究
XINGFA ZHISHI GUIDING DE LILUN GOUJIAN YU LIFA JISHU YANJIU

彭辅顺 著

责任编辑 陆帅文
装帧设计 鲍龙卉

出版发行 法律出版社
编辑统筹 法律教育出版分社
责任校对 王晓萍 王语童
责任印制 刘晓伟
经　　销 新华书店

开本 A5
印张 9.875　**字数** 262 千
版本 2023 年 7 月第 1 版
印次 2023 年 7 月第 1 次印刷
印刷 北京建宏印刷有限公司

地址:北京市丰台区莲花池西里 7 号(100073)
网址:www.lawpress.com.cn
投稿邮箱:info@lawpress.com.cn
举报盗版邮箱:jbwq@lawpress.com.cn
销售电话:010-83938349
客服电话:010-83938350
咨询电话:010-63939796

书号:ISBN 978-7-5197-7968-9　**定价**:45.00 元

凡购买本社图书,如有印装错误,我社负责退换。电话:010-83938349

目　　录

导　　论

一、刑法"指示规定"概念的提出

张明楷教授在2003年出版的《刑法学》(第2版)一书中提出了"注意规定"和"法律拟制"的概念,简要地阐述了区分注意规定与法律拟制的意义。〔1〕随后,张教授在其很有影响力的一部著作即《刑法分则的解释原理》中设专章〔2〕详细地阐述了注意规定、法律拟制的概念与特征,以及二者的区分意义与方法。〔3〕自此以后,这两个概念逐渐成为我国刑法解释学或教义学的分析工具而被经常运用。张教授认为,"注意规定是在刑法已作基本规定的前提下,提示司法人员注意、以免司法人员忽略的规定"〔4〕。其基本特征有二:一是注意规定并未改变基本规定的内容,只是对基本规定内容的重申;二是注意规定表述的内容与相关基本规定的内容完全相同,因而只具有提示性,不会导致将原本不符合相关基本规定的行为也按相关规定处理。而法律拟制是将原本不符合某种规定的行为也按照该规定处理,其目标通常在于:将针对某一构成要件(T1)所作的规定,适用于另一构成要件(T2),导致将原本不同的行为按照相同的行为处理。立法者并非认为T2事实上与T1相同,或事实上为T1的一种事例,而是通过拟制的手段,将T2规定为T1的一种事例,对T2赋予与

〔1〕参见张明楷:《刑法学》(第2版),法律出版社2003年版,第520-522页。

〔2〕即该书第九章"注意规定与法律拟制"。

〔3〕参见张明楷:《刑法分则的解释原理》,中国人民大学出版社2004年版,第247-262页。

〔4〕张明楷:《刑法学》(下)(第5版),法律出版社2016年版,第673页。

T1 相同的法律效果。[1] 张教授对于注意规定、法律拟制的概念与特征的以上阐述,得到了学界的广泛认同,现已基本成为学界的共识。

正因如此,近十年来,司法实践中已有不少的刑事判决书运用这两个概念来进行裁判说理。例如,在黄某、邵某某非国家工作人员受贿案中,二审法院为了说明被告人黄某是国家工作人员,对《刑法》第184 条规定进行了阐释,认为该条是“注意规定,而非法律拟制”,从而判决认定黄某的行为构成受贿罪。[2] 又如,在倪某某信用卡诈骗、冒充军人招摇撞骗案中,一审法院认为,“被告人倪某某在被害人唐某不知情的情况下,取得唐的招商银行信用卡,后利用唐的手机开通该卡并透支、使用,其行为符合‘盗窃他人信用卡并使用’的法律拟制,应以盗窃罪追究其刑事责任”[3]。再如,在张某甲抢劫案中,被告人张某甲的辩护人认为,张某甲以非法占有为目的,盗窃他人财物,为抗拒抓捕,当场使用暴力,致一人轻微伤的行为构成抢劫罪未遂。法院针对该辩护意见,认为“转化型抢劫罪是一种独立的犯罪形态,作为法律拟制的转化犯,其犯罪构成要件不同于一般抢劫罪,并不存在因犯罪分子意志以外的原因而未得逞的情形,只要发生转化即应为既遂”[4]。

但是,我国刑法分则规定就规范属性而言,其具有多样性,除基本规定外,并非只有注意规定和法律拟制这两种属性的规定样态。若根据张明楷教授的上述观点来判断,有的分则规定则既不符合注意规定的特征,也不符合法律拟制的特征,不能被认为是注意规定和法律拟制,[5] 如《刑法》第 133 条之一第 3 款,该款规定表述的是:同

[1] 参见张明楷:《刑法学》(下)(第 5 版),法律出版社 2016 年版,第 673-676 页。
[2] 参见上海市第二中级人民法院刑事判决书,(2015)沪二中刑终字第 80 号。
[3] 浙江省杭州市中级人民法院刑事裁定书,(2015)浙杭刑终字第 1132 号。
[4] 宁夏回族自治区宁川市西夏区人民法院刑事判决书,(2019)宁 0105 刑初 70 号。
[5] 该问题的详细讨论见本书第三章“刑法指示规定与注意规定、法律拟制的区分”。

一危险驾驶行为符合数个分则个罪的犯罪构成，定罪处罚面临数种选择时应采取什么处断规定进行处断。因而该款规定与相关联的危险驾驶罪、交通肇事罪等犯罪的基本规定的内容并不相同，不属于对相关基本规定内容的重申，也不是立法者将明知为不同者等同视之，使原本不符合某一犯罪构成要件的行为以该种犯罪论处，将两种不同的行为强制赋予相同的法律效果。又如《刑法》第 321 条第 3 款，该款规定既不是对运送他人偷越国（边）境罪、故意杀人罪、故意伤害罪、强奸罪等犯罪的基本规定内容的重申，也不是立法者将两种不同的行为强制赋予相同的法律效果。因此，这样的规定既不符合注意规定的特征，也不符合法律拟制的特征，不能牵强纳入注意规定、法律拟制的范围。〔1〕

在这样的刑法分则规定不符合注意规定、法律拟制特征的情况下，如果牵强将其纳入注意规定或法律拟制的范围进行解释，不但难以对其作出恰如其分的解释，而且会破坏已有的“注意规定”“法律拟制”概念的定型性，影响“注意规定”“法律拟制”概念应有的解释力，甚至还会导致一些如刑法分则规定究竟是注意规定还是法律拟制的争议，出现解释上的混乱，影响司法适用的统一性。〔2〕因此，笔者认为，有必要通过对刑法分则规定的全面考察，提炼出一个与“注意规定”“法律拟制”并列的概念，作为刑法教义学的分析工具。如《刑法》第 133 条之一第 3 款、第 321 条第 3 款这类罪数处断规定，笔者将其归纳为“指示规定”，〔3〕从而将刑法分则中既不符合注意规定又不符合法律拟制的部分规定纳入指示规定的范围进行解释，以避免关于一些分则规定究竟是注意规定还是法律拟制的争议。

---

〔1〕 刑法分则中类似《刑法》第 120 条之二第 2 款、第 321 条第 3 款的规定还有不少。

〔2〕 学界对于刑法分则中的不少规定，如第 198 条第 4 款、第 382 条第 2 款、第 399 条第 4 款、第 253 条第 2 款、第 333 条第 2 款等，究竟是注意规定还是法律拟制产生了争议。

〔3〕 参见彭辅顺：《论刑法分则中指示规定与法律拟制的区分》，载《苏州大学学报（法学版）》2017 年第 2 期。

二、国内外相关研究现状

(一)国内相关研究现状

关于罪数处断的指示规定,到《刑法修正案(十一)》为止,刑法分则中已有17个条款规定了“依照处罚较重的规定定罪处罚”,有2个条款规定了“依照处罚较重的规定定罪从重处罚”,有11个条款规定了“依照数罪并罚的规定处罚”,此外还存在其他一些有关罪数处断的明确规定。对于这种类型的刑法规定,国内学界虽未以“指示规定”的名称对其进行类型化研究,但已有一些相关研究成果。总体上看,学界已有研究主要表现在对上述规定的规范属性的分析和适用的罪数形态的确定两个方面:

第一,关于上述规定的规范属性,学界多有论及。自张明楷教授在《刑法分则的解释原理》中较为系统地阐述了注意规定与法律拟制以来,一些学者便将其纳入注意规定与法律拟制的范围进行分析,形成了不同的观点。有的学者认为,除《刑法》第229条第2款和第399条第4款属于法律拟制外,其他的“依照处罚较重的规定定罪处罚”之规定都属于注意规定,[1]分则“依照数罪并罚的规定处罚”之规定都是注意规定;[2]而有的学者认为,《刑法》第399条第4款也是注意规定,[3]分则部分数罪并罚规定是法律拟制,如《刑法》第120条第2款、第157条第2款、第198条第2款、第241条第4款、第294条第4款等规定。[4] 此外,有不少学者在研究某些个罪时,对个罪条款中的单个罪数处断规定的规范属性进行了分析,形成了不同的

[1] 参见张明楷:《论“依照处罚较重的规定定罪处罚”》,载《法律科学(西北政法大学学报)》2022年第2期。

[2] 参见陈洪兵:《刑法分则中注意规定与法律拟制的区分》,载《南京农业大学学报(社会科学版)》2010年第3期。

[3] 参见黄奇中:《刑法第399条第4款的理解与适用——兼论法规竞合与想象竞合犯、牵连犯、吸收犯的界限》,载《中国刑事法杂志》2004年第4期。

[4] 参见吴江:《刑法分则中注意规定与法律拟制的区分》,载《中国刑事法杂志》2012年第11期。

观点。例如,关于《刑法》第196条第3款的规定,有的认为其是注意规定,[1]而有的认为其是法律拟制;[2]关于《刑法》第253条第2款的规定,有的认为其是注意规定,[3]而有的认为其是法律拟制。[4]凡此等等,不一而足。

第二,在上述规定适用的罪数形态问题上,学界存在不少争议,有的甚至争议很大。例如,就"依照处罚较重的规定定罪处罚"这类规定适用的罪数形态而言,有的认为此类规定适用于交叉关系的法条竞合和牵连犯,[5]有的认为其适用于想象竞合犯、牵连犯、包括的一罪等多种罪数形态。[6] 就单个罪数处断规定适用的罪数形态而言,存在争议的规定很多。例如,关于《刑法》第133条之一第3款的规定,有的认为其适用于吸收犯,[7]有的认为其适用于想象竞合犯。[8]关于《刑法》第294条第4款的规定,有的认为其适用于牵连犯,[9]有的认为其适用于想象竞合犯,[10]有的认为其属于吸收犯。[11] 关于

---

〔1〕参见陈兴良、陈子平:《两岸刑法案例比较研究》,北京大学出版社2010年版,第66页。

〔2〕参见刘宪权:《盗窃信用卡并使用行为定性的困境与破解》,载《法学评论》2018年第6期。

〔3〕参见张明楷:《刑法学》(下)(第5版),法律出版社2016年版,第926页。

〔4〕参见李振林:《刑法中法律拟制论》,法律出版社2014年版,第169页。

〔5〕参加王彦强:《〈刑法修正案(十一)〉中竞合条款的理解与适用》,载《政治与法律》2021年第4期。

〔6〕参见张明楷:《论"依照处罚较重的规定定罪处罚"》,载《法律科学(西北政法大学学报)》2022年第2期。

〔7〕参见冯军:《论〈刑法〉第133条之1的规范目的及其适用》,载《中国法学》2011年第5期。

〔8〕参见梁根林:《〈刑法〉第133条之一第2款的法教义学分析——兼与张明楷教授、冯军教授商榷》,载《法学》2015年第3期。

〔9〕参见李文燕、田宏杰:《"打黑除恶"刑事法律适用解说》,群众出版社2001年版,第221页;王作富主编:《刑法分则实务研究》,中国方正出版社2001年版,第1309页。

〔10〕参见黄京平、石磊:《试论组织、领导、参加黑社会性质组织罪的几个问题》,载《法学论坛》2002年第6期。

〔11〕参见曾芳文、段启俊主编:《个罪法定情节研究与适用》,人民法院出版社2002年版,第683页。

《刑法》第399条第4款的规定，有的认为其适用于想象竞合犯，[1]有的认为其适用于具有包含关系的法规竞合犯，[2]有的认为其适用于牵连犯，[3]有的认为其适用于吸收犯。[4]诸如此类在适用的罪数形态问题上存在争议的规定，本书拟在第四章作具体阐述。之所以出现上述争议，主要是因为学界在行为数、罪数的区分标准以及罪数形态之间的界分上有各种不同的认识。

总之，我国学界关于分则罪数处断指示规定的相关研究现状，可以归纳为“三多三少”：一是解释论研究较多，立法论研究很少。如上述有关规定的规范属性和适用的罪数形态的观点，都属于解释论研究结论，没有上升到立法论。二是孤立的研究较多，体系性研究很少。如已有相关规定的规范属性与适用的罪数形态如何大多是在研究某个罪的司法适用时论及，很少有人将罪数处断规定进行类型化研究和从刑法分则体系的协调性角度加以思考。三是相关规定内容研究较多，立法技术研究很少。如上述对有关规定的规范属性和适用的罪数形态的研究便属于规定内容的研究，没有涉及立法技术。学界对于相关规定的立法模式、法条定位等立法技术问题很少涉及，可以说，从立法技术角度对罪数处断规定的体系化构建研究尚付阙如。

---

〔1〕参见高铭暄、马克昌主编：《刑法学》（第8版），北京大学出版社、高等教育出版社2017年版，第656页；张小虎：《罪刑分析》（下册），北京大学出版社2003年版，第339、345页；王作富主编：《刑法》，中国人民大学出版社1999年版，第533页。

〔2〕参见黄奇中：《刑法第399条第4款的理解与适用——兼论法规竞合与想象竞合犯、牵连犯、吸收犯的界限》，载《中国刑事法杂志》2004年第4期。

〔3〕参见赵秉志主编：《中国刑法案例与学理研究》（第6卷），法律出版社2004年版，第342-343页；周光权：《刑法各论讲义》，清华大学出版社2003年版，第575页。

〔4〕参见全国人大常委会法制工作委员会刑法室编著：《中华人民共和国刑法释义》，法律出版社1997年版，第568页。

（二）国外相关研究现状

国外刑法分则中一般没有“依照处罚较重的规定定罪处罚”“依照处罚较重的规定定罪从重处罚”等罪数处断规定，而是将此类规定作为犯罪竞合、并合罪等置于刑法总则中。基于此，学界一般将其置于竞合论或罪数论中讨论，主要涉及如下两个方面的问题：

第一，行为数的区分。行为数的区分是德国犯罪竞合论的出发点。李斯特、施特拉腾韦特、罗克辛等学者将行为数区分为行为单数和行为复数（行为多数）。罗克辛还将行为单数区分为“自然意义上的行为”、“行为构成的行为单数”和“自然的行为单数”三种。施特拉腾韦特将行为单数区分为“自然的行为单数”和“符合构成要件的行为单数”。德国学者关于行为数区分标准的不同观点，本书拟在第二章中的“行为数区分理论”中予以具体阐述。

第二，竞合形态或罪数形态的区分。德国的李斯特将犯罪数区分为犯罪单数与犯罪复数：犯罪单数可能表现为行为单数或行为复数，法规竞合即属于行为单数的情形；犯罪复数则包括重新犯罪和实质竞合的情形。罗克辛将竞合分为想象竞合（构成行为单数）、真实竞合（构成行为多数）和法规竞合（法律单数）。日本的大谷实、大塚仁等学者将法条竞合纳入单纯的一罪或本来的一罪，将想象竞合犯、牵连犯纳入科刑上一罪。意大利的帕多瓦尼将犯罪竞合分为形式的犯罪竞合和实质的犯罪竞合，并对犯罪竞合与法条竞合进行了区分。德国、日本刑法学界有关竞合论和罪数论的不同观点，本书拟在第二章下的“罪数理论”中予以具体阐述。

国外刑法学者在罪数论或竞合论中讨论上述两个层面问题的观点，虽然是以其本国刑法总则有关罪数处断规定为依据，但可为我国刑法指示规定的理论构建带来有益的启示。

三、本书的基本思路与内容

本书拟按照刑法指示规定存在论→解释论→立法论的逻辑思路

展开,即首先在我国现有刑法分则规定的基础上提炼出“指示规定”的概念,归纳指示规定的特征,阐述指示规定生成的原因和理论基础,分析指示规定与注意规定、法律拟制的不同;其次,从指示规定所确立的处断规则出发,讨论指示规定适用的罪数范围与条件,从而构建刑法指示规定的基本理论;最后在比较考察国外刑法指示规定的立法技术的基础上,提出重构我国刑法指示规定立法模式的设想。其内容包括如下六章:

第一章为“刑法指示规定的基本问题”。本章包括对刑法指示规定的概念、特征、存在前提、表现形式、成因、功能以及我国刑法设置指示规定的必要性等基本问题的阐述。刑法指示规定具有指引性和限定性的特征,其存在前提是一行为触犯数个不同罪名和具有关联性的数行为触犯不同的罪名,从而形成的罪数处断问题;它从 1979 年《刑法》中的个别性条款发展到现在的近 40 个条款,且呈现多样性表现形式,主要是因为犯罪的多样化与复杂性、犯罪圈不断扩大导致刑法的错综规定,从而形成的罪数处断的普遍化。在这种情况下,刑法上只有创设指示规定来指引司法裁判,才能避免罪数处断上的评价不足或评价过度,实现罪刑均衡,避免同案不同判的问题。

第二章为“刑法指示规定的理论基础”。我国《刑法》第 5 条规定的罪责刑相适应原则包含罪刑均衡的内容,而罪刑均衡具有公正价值和功利追求。刑法为何要创设指示规定?在指示规定中处断规则既定的情况下,如何恰当解释确定指示规定适用的罪数范围与条件?这是需要回答的问题,而罪刑均衡是回答这些问题的理论基础。刑法指示规定所确定的处断规则的适用是以罪数为前提的,而罪数又是以行为数的区分为前提的;因此,指示规定的适用不可避免地要以罪数论、行为数区分理论为基础。本书认为,关于罪数的区分标准,若采用三阶层犯罪论体系来讨论罪数问题,则构成要件标准说具有合理性和可取性;若采用四要件犯罪论体系来讨论罪数问题,则犯罪构成标准说具有合理性和可取性。对于行为数的区分,应以罪数论为立场,以自然观察为基础,以社会通念为一般标准,还要对行为进行一定的规范评价。

第三章为“刑法指示规定与注意规定、法律拟制的区分”。从学界在注意规定、法律拟制的特征上形成的共识来看，刑法分则中的罪数处断规定既不属于注意规定，又不属于法律拟制。本书在提出“指示规定”概念的基础上，运用比较方法，从指示规定的适用条件、功能及其与基本规定的关系等方面分析其与注意规定、法律拟制的不同，从其能否被删除、能否推广适用及其可适用的罪刑规范是否可选等方面来区分指示规定与注意规定，从其是否将不同的行为等同视之、其适用的罪刑规范是否具有可选择性以及删除它是否会导致司法处断不一的后果等方面来区分指示规定与法律拟制。这种区分，可以明确“指示规定”作为与注意规定、法律拟制并列的概念予以独立的必要性。在区分指示规定与注意规定、指示规定与法律拟制的基础上，本章还对刑法分则中的指示规定、注意规定、法律拟制进行了梳理和归类。

第四章为“刑法指示规定适用的罪数与条件”。各种类型的刑法指示规定中，“依照处罚较重的规定定罪处罚”之规定、“依照处罚较重的规定定罪从重处罚”之规定、“依照数罪并罚的规定处罚”之规定都是由适用条件和处断规则两部分构成的。“依照处罚较重的规定定罪处罚”“依照处罚较重的规定定罪从重处罚”“数罪并罚”即属于罪数处断规则。对于这些处断规则的适用条件，虽然指示规定中已有表述，但由于立法语言的概括性，其具体适用条件还需要通过解释进一步明确。本书从指示规定的处断规则出发，运用行为数的区分理论和罪数理论来分析确定其适用的罪数范围，然后再确定其具体适用条件。

第五章为“国外刑法指示规定的立法技术比较与启示”。立法技术是立法内容的表达手段。良好的立法技术既能节约立法内容的文字表达，又能产生更好的立法效益。因此，立法技术对于立法而言，非常重要。关于罪数处断的指示规定，并非我国刑法所独有，德国、日本、意大利、西班牙、荷兰等国家的刑法典总则中都有涉及罪数处断的指示规定。从立法模式、法条构成、法条定位、法条表述等方面比较考察这些国家刑法指示规定的立法技术,可以从中获得我国刑法指示规定立法技术改进的启示,并为我国所借鉴。本书认为,国外刑法关于想象竞合犯、法条竞合、牵连犯以及典型数罪的指示规定的总则集中立法模式可为我国借鉴,国外刑法对于指示规定的法条构成、法条定位、法条表述也有可为我国刑法借鉴之处。

第六章为“我国刑法指示规定立法技术的缺陷与改进”。随着我国刑法修正不断增设新的罪名以及修改原有犯罪的构成要件,犯罪圈在不断扩大,犯罪之间的竞合或关联越来越普遍、越来越复杂。而对于这样的情形,司法处断不可避免。因此,单纯依靠某些个罪的指示规定是不能满足这种犯罪竞合和关联的普遍需求的。而目前指示规定都是在刑法分则中依个罪而立。这种立法技术既不能满足司法处断的普遍要求,也不符合立法效益原则,其缺陷是明显的,因此有必要对其进行改进。立法改进可以适当借鉴国外罪数处断指示规定的立法技术,从立法模式、法条定位等方面进行;可采取“以刑法总则规定为原则、分则规定为例外”的立法模式来解决犯罪的竞合性和关联性的罪数处断问题,这就需要重构我国刑法指示规定的立法设计。

第一章　刑法指示规定的基本问题

本书提出刑法“指示规定”的概念，必须首先回答下列问题：什么是刑法指示规定？它的表现形式是什么？它在我国刑法中存在和发展的状况如何？它存在和发展的原因是什么？它有什么功能？我国刑法设置指示规定的必要性何在？本章拟从存在论的角度阐述、回答这些基本问题。

一、刑法指示规定的概念

德国刑法学家李斯特指出：“概念是人们认识事物的支撑。只有与概念相联系，我们才能够全面认识并深刻把握大量的现象。”[1]要研究刑法指示规定，必须从“刑法指示规定”的概念开始。笔者认为，刑法指示规定是指刑法指示司法工作人员在多种处断规则或结论中如何选择其中一种作为处理案件的规则或结论的规定；即使没有该规定，根据刑法理论也可解决涉及罪数处断的案件，但会出现两种或两种以上的结论，可能会因不同的司法工作人员的不同选择而出现同案不同判的结果。为了统一司法适用，刑法便在基本规定之后作出指示规定。

例如，《刑法》第 260 条之一第 3 款规定：“有第一款行为，同时构成其他犯罪的，依照处罚较重的规定定罪处罚。”此处的“第一款行为”是指虐待被监护、看护人的行为。“虐待”是指行为人通过经常对被害人实施打骂、冻饿、有病不治疗、限制人身自由、侮辱人格等使

[1]　[德]冯·李斯特：《论犯罪、刑罚与刑事政策》，徐久生译，北京大学出版社 2016 年版，第 157 页。

被害人产生肉体上或精神上痛苦的手段,对被害人进行摧残、折磨的行为。若行为人在虐待被监护人、看护人的过程中,经常侮辱被监护、看护人的人格,则同时构成虐待被监护、看护人罪和侮辱罪两个罪名。对于这种情况,法官是从这两个罪中选择一重罪处断,还是选择一重罪从重处断,抑或对这两个罪实行数罪并罚?不同的人可能会有不同的看法。司法工作人员若采用不同的处断规则,则会得出不同的处断结论,可能会出现同案异判的情况,因此,有必要在立法上提供指引。刑法作出该指示规定,可以解决司法适用上的疑难问题,便于统一司法适用。

可见,刑法指示规定具有两个基本特征:一是指引性,即刑法指示规定为司法工作人员处理案件面临数种处断规则或结论选择时提供明确的路径指引,确定应适用的处断规则。这就是说,在行为触犯数个不同罪名的情况下,司法工作人员如何对其处断,面临数种选择,而指示规定替司法工作人员作出了选择,司法工作人员无须考虑适用哪种罪数处断规则,直接适用即可。二是限定性,即刑法指示规定在司法工作人员面临数种解决方案时限定了司法工作人员的自由裁量权。指示规定明确了处断规则,意味着当遇到刑法规定的情形时,司法工作人员只能适用法定的处断规则,而不能适用其他处断规则,不能有其他解决结论,这就避免了因选择不同的处断规则而导致同案异判的情况。

二、刑法指示规定的存在前提与表现形式

(一)刑法指示规定的存在前提

司法上只有在处断规则或结论具有可选择性时,才需要立法上提供指引,从而作出处断规则或结论的指示规定。而处断规则或结论上的可选择性是因为行为事实构成犯罪的不唯一性、罪数的不确定性,或者是理论上存在不同的认定犯罪的观点而可能导致不同的处断结论。这有如下两种情形:一是由于刑法分则罪名的多样性、个罪犯罪构成的交错存在,针对同一行为事实可能有不同的罪名规制。

这样一来,一个行为完全可能同时构成不同的犯罪,触犯不同的罪名。如果出现这种情况,司法上到底以哪一个罪名定罪处罚,是可以选择的;如果立法上不提供指引,可能导致同案不同判、定罪量刑不平衡,有损刑法适用的公平性。二是具有关联性的数行为本来构成不同的犯罪、触犯不同的罪名,如果严格按照犯罪构成标准来认定罪数,就应实行数罪并罚;但数行为之间毕竟具有关联性,因而按照刑法理论上的罪数论,对于这种情况不一定要实行数罪并罚。因此司法上到底是以一罪处断或以一罪从重处断,还是实行数罪并罚,存在不确定性。如果立法上不提供指引,也可能导致同案不同判、定罪量刑不平衡。简言之,刑法指示规定的存在前提是一行为触犯数个不同罪名和具有关联性的数行为触犯不同的罪名;如果不存在这样的事实前提,刑法上就没有设立指示规定的必要。

(二)刑法指示规定的表现形式

刑法指示规定的表现形式是指刑法指示规定的逻辑结构形式。任何法律规定都有其载体,都需要运用一定的语言文字来表达,因而都有其逻辑结构形式,刑法规定当然也不例外。但对于法律规定的逻辑结构形式的认识,法学理论界一直存有不同观点,主要有"假定、处理和制裁"三要素说、"行为模式和法律后果"两要素说及"条件(假设)、行为模式(行为指向)和法律后果"新三要素说等。[1] 本书基本赞同两要素说,即一个刑法指示规定是由适用条件和处断规则或处断结论两部分组成。适用条件是适用某一个刑法指示规定的必要前提,而处断规则或结论是在行为事实符合某一个指示规定适用条件的情况下,行为人承担法律后果的处断规则或结论。适用条件与处断规则或结论只有结合到一起,才能构成一个刑法指示规定。例如,前述的《刑法》第 260 条之一第 3 款规定中的"有第一款行为,同时构成其他犯罪的",即属于适用条件的表述;而"依照处罚较

〔1〕 参见刘志强:《法律规范的结构基础与主体选择:11 部促进法样本》,载《重庆社会科学》2013 年第 8 期。

重的规定定罪处罚”,则属于处断规则的表述。这两者结合到一起形成一个指示规定。

三、刑法指示规定的存在与发展

自1979年《刑法》颁布到2020年12月颁布《刑法修正案(十一)》为止,在40余年的时间里,我国刑法经历了25个单行刑法对刑法的修改和补充、1997年对刑法的全面修订和11个刑法修正案对1997年《刑法》的逐步修改和完善。期间刑法条款越来越多,罪名数量不断增加,犯罪圈不断扩大。与此同时,关于罪数处断的指示规定也在不断发展变化。

首先,从刑法指示规定的数量看,1979年《刑法》只有1款作出了指示规定,即第191条第2款关于邮电工作人员实行私自开拆、隐匿、毁弃邮件、电报犯罪过程中窃取财物应如何定罪处罚的规定。邮电工作人员私自开拆、隐匿、毁弃邮件、电报的行为可构成私自开拆、隐匿、毁弃邮件、电报罪,而在这一过程中窃取财物的行为又可构成盗窃罪;若构成这两个罪,就存在数行为的罪数处断问题,该款规定依照贪污罪定罪处罚,即指明了罪数处断的结论。1979年《刑法》施行之后至1997年《刑法》颁布之前的时期,全国人大常委会通过了24个单行刑法,其中增加了9个条款的指示规定,即1988年《关于惩治走私罪的补充规定》第10条第2款,1991年《关于严惩拐卖、绑架妇女、儿童的犯罪分子的决定》第3条第2、4、5款,1992年《关于惩治偷税、抗税犯罪的补充规定》第6条第2款,1993年《关于惩治生产、销售伪劣商品犯罪的决定》第8条第2款,1995年《关于惩治破坏金融秩序犯罪的决定》第2条第3款和第16条第2、4款。1997年《刑法》全面修订,不但吸纳了原来单行刑法中的指示规定,还增加了8个条款的指示规定,使指示规定的数量发展到17个,即《刑法》第121条第2款,第149条第2款,第157条,第171条第3款,第196条第3款,第198条第2、3款,第241条第2、4、5款,第253条第2款,第318条第2款,第321条第3款,第329条第3款,第333条第2款,第399

条第3款,第438条第2款。1997年《刑法》颁行之后,全国人大常委会先后颁布了1个单行刑法和11个刑法修正案,其中又增设了22个指示规定,即《刑法修正案(四)》第4条第2款;《刑法修正案(八)》第22条第2款、第43条第4款;《刑法修正案(九)》第7条第3款,第19条第3款,第23条第2款,第28条第3款,第29条第4、7款,第33条第3款,第35条第3、4款,第36条第2款,第42条第3款;《刑法修正案(十一)》第2条第3款、第7条第2款、第25条第2款、第27条第2款、第32条第3款、第33条第2款、第40条第2款、第42条第2款。目前现行刑法指示规定的数量已发展到39个。

其次,从刑法指示规定的表现形式看,1979年《刑法》中只有一种形式的指示规定,即数行为构成数罪、需要进行罪数处断时,刑法指示司法工作人员按照某一个特定的犯罪定罪并从重处罚(如第191条第2款)。但是,随着单行刑法中指示规定的数量增多,指示规定表现形式呈现多样化趋势。例如,5个单行刑法增设的10个指示规定,表现为四种模式:一是一行为从一重罪处断模式,即一行为符合数个不同的犯罪构成时,从一重罪处断。例如,1993年《关于惩治生产、销售伪劣商品犯罪的决定》第8条第2款规定:"生产、销售本决定第二条至第七条所列产品,构成各该条规定的犯罪,同时又构成本决定第一条规定的犯罪的,依照处刑较重的规定处罚。"二是数行为按照某一特定重罪处断模式,即数行为构成数个不同的犯罪时,刑法指示按照特定重罪处断。例如,1991年《关于严惩拐卖、绑架妇女、儿童的犯罪分子的决定》第3条第5款规定:"收买被拐卖、绑架的妇女、儿童又出卖的,依照本决定第一条的规定处罚。"三是数行为按照某一特定重罪从重处断模式,即数行为构成数个不同的犯罪时,刑法指示按照某一特定重罪定罪并从重处罚。例如,1995年《关于惩治破坏金融秩序犯罪的决定》第2条第3款,即"伪造货币并出售或者运输伪造的货币的,依照第一条的规定从重处罚"。四是数行为数罪并罚模式,即数行为构成数个不同的犯罪时,刑法明确指示要依照数罪并罚的规定处罚。例如,1988年《关于惩治走私罪的补充规定》第10条第2款，即“以暴力、威胁方法抗拒缉私的，以走私罪和刑法第一百五十七条规定的阻碍国家工作人员依法执行职务罪，依照数罪并罚的规定处罚”。

1997年《刑法》在上述单行刑法所作的指示规定的表现形式的基础上，又增加了一种模式，即一行为同时符合数个不同的犯罪构成时，刑法指示以某一特定的犯罪定罪处罚。例如，《刑法》第438条第2款规定：“盗窃、抢夺枪支、弹药、爆炸物的，依照本法第一百二十七条的规定处罚。”根据《刑法》规定，此处的“盗窃、抢夺枪支、弹药、爆炸物”的行为，既构成盗窃、抢夺武器装备、军用物资罪，又构成盗窃、抢夺枪支、弹药、爆炸物罪，需要进行罪数处断，对此，刑法明确指示以盗窃、抢夺枪支、弹药、爆炸物罪定罪处罚。

此后，在《刑法修正案（九）》增设的指示规定中，又增加了一种指示规定的表现形式，即一行为以一罪从重处断模式。详言之，一种行为同时符合数个不同的犯罪构成时，从一重罪从重处断。例如，《刑法》第307条之一第3款作出了这样的规定：“有第一款行为，非法占有他人财产或者逃避合法债务，又构成其他犯罪的，依照处罚较重的规定定罪从重处罚。”

综上所述，刑法指示规定的存在和发展表现为三个明显的特点：一是立法模式上，采取的是分则分散立法模式，即自1979年《刑法》到现在，指示规定始终被规定在刑法分则条文中，且依个罪而立，呈现出分散式分布的特点，主要分布在刑法分则的第2章、第3章和第6章中；二是立法数量上，指示规定的数量随着刑法的修改和完善不断增多，特别是《刑法修正案（九）》和《刑法修正案（十一）》，分别增设了11个和8个指示规定；三是表现形式上，指示规定的表现形式由单一模式不断走向多样化，目前已出现了6种表现形式。

四、刑法指示规定产生和发展的原因

我国刑法指示规定从1979年《刑法》中仅有的1个发展到现在的39个，在表现形式上从单一性发展到多样化，绝不是立法者的无心之过，而是立法者有意而为之。那么，立法者为何设立了越来越多的指示规定？这个问题是值得解释和研究的。然而，我国目前的刑法学界还未从存在论的角度对其进行认真、深入的研讨。笔者认为，我国刑法指示规定的产生和发展可以归结为事实性成因和立法上原因两个方面。

（一）事实性成因：犯罪的多样化、复杂性

从我国刑法指示规定产生和发展的历程可以看到，指示规定的不断扩充是与犯罪化进程、犯罪圈不断扩大息息相关、相伴而行的。1979年《刑法》中只有129个罪名，[1]而今已有483个罪名。罪名数量如此扩张，又是因为具有严重社会危害性的行为随着社会的变迁、科技的进步、观念的改变等而不断增多、不断翻新和变得复杂，客观上需要立法及时跟进所致。因此，犯罪的多样化、复杂性是刑法指示规定产生的事实性成因；如果缺乏这种事实性成因，指示规定就没有生存的基础。

第一，犯罪的多样化、复杂性导致犯罪竞合，司法上定罪量刑需要进行罪数处断。

现代刑法是以行为来界定犯罪的，行为是界定犯罪的核心概念，无行为即无犯罪。而行为是多种多样的，既有简单的又有复杂的，这种情况也使犯罪变得多样、复杂。首先，犯罪的多样性表现为行为种类或行为方式的多样性。“外观世界的行为形状万端。”[2]刑法分则之所以有如此多的罪名，就是因为行为种类或行为方式的多样性。其次，犯罪的多样性表现为行为对象的多样性。行为对象不同，其社会危害性可能不同，因此，刑法中有的罪名是以行为对象来区分的。再次，犯罪的多样性表现为行为手段的多样性。行为手段

---

〔1〕 关于1979年《刑法》中的罪名个数，学界统计不一。该罪名数来源于高铭暄：《中华人民共和国刑法的孕育诞生和发展完善》，北京大学出版社2012年版，第3页。

〔2〕 柯耀程：《刑法竞合论》，中国人民大学出版社2008年版，第45页。

不同,行为的社会危害性一般不同,因此,刑法中行为手段往往成为此罪与彼罪的重要区分。最后,犯罪的多样性还表现为行为后果的多样性或法益侵害的多样性,因此刑法中有的犯罪与他罪的区分以及罪与非罪的区分就是以危害结果或法益侵害来衡量的。

正是因为犯罪的多样性、复杂性,同一行为才可能造成不同的危害结果,侵犯不同的法益,符合不同的犯罪构成,触犯不同的罪名。正如日本学者泷川幸辰所言,"刑法本认为一个行为只能包含一个犯罪构成要件,然而,人类变幻无穷之动静,常常突破法律之固定性,某一行为甚至与交叉并立之数个犯罪构成皆有关联"。[1] 这就需要司法在定罪量刑时进行罪数判断和处断。

第二,犯罪的多样化、复杂性使犯罪行为之间产生关联,导致司法定罪量刑需要进行罪数处断。

犯罪的多样性、复杂性使犯罪行为之间产生关联,主要表现为如下四种情形:一是犯罪意图关联,即在同一犯罪意图支配下行为人实施了数个行为,这数行为之间产生了联系;二是犯罪时间关联,即在同一时间或同一过程中行为人实施了数个行为,这数行为之间产生了联系;三是犯罪的手段行为与目的行为关联,即行为人为实现某个犯罪目的行为而采取了手段行为,从而使手段行为与目的行为发生了联系;四是犯罪的原因行为与结果行为关联,即行为人在实施、完成某个犯罪之后导致的结果又构成其他犯罪,从而使原因行为与结果行为发生了联系。

上述具有关联性的数行为构成一罪还是数罪,若构成数个不同的罪,司法上到底应从一重罪处断或从一重从重处断还是实行数罪并罚,就必然要进行罪数处断。

---

〔1〕[日]木村龟二等:《日本刑法判例评释选集》,洪福增译,台北,汉林出版社1977年版,第150页。

(二)立法上原因:定罪量刑规定不够精细化和犯罪构成的错综规定

1. 刑法分则对定罪量刑的规定不够精细化

在有成文刑法典的国家中,有的国家刑法典中设置了指示规定,如日本、德国;而有的国家刑法典中却并没有指示规定,如法国。法国的刑法典从总则到分则,看不到“依照处罚较重的规定定罪处罚”“依照处罚较重的规定定罪从重处罚”等关于罪数处断规则的指示规定。在同样存在犯罪的多样性、复杂性的情况下,为何法国的刑法典中没有指示规定?通过对法国刑法典的全面考察和深入探究,我们就可以发现,其对个罪的罪与刑的规定非常精细,特别是对量刑情节的规定非常细密。这就是说,其分则罪刑立法的精细化化解了罪数处断的难题。比如,《法国新刑法典》在“伤害人之生命罪”一章下设置了“故意伤害生命罪”一节。该节规定了故意杀人罪、谋杀罪和毒杀罪。[1] 其对故意杀人罪和谋杀罪的规定如下:

第一,关于故意杀人罪的规定。“第 221-1 条:故意致他人死亡之行为成立故意杀人罪。故意杀人罪处 30 年徒刑。”“第 221-2 条:故意杀人之前、同时或之后另犯其他重罪的,处无期徒刑。”“为准备或方便实施轻罪,或者为便于或保护轻罪罪犯或共犯逃逸或免受追究而故意杀人的,处无期徒刑。”“本条所指重罪适用于关于关押期的第 132-33 条第一、第二款规定。”

第二,关于谋杀罪的规定。“第 221-3 条:有预谋地故意杀人成立谋杀罪。谋杀罪处无期徒刑。本条所指犯罪适用关于关押期的第 132-23 条第一、第二款规定;但是如受害人系满 15 岁之未成年人且在被谋杀之前或同时对其施以强奸、酷刑或野蛮行为,重罪法院得以特别之决定(1994 年 2 月 1 日第 94-89 号法律),将关押期加至 30 年;或者如法院宣告无期徒刑,得决定对被判刑人不得给予第 132-23 条所列之任何措施;在刑罚合并之场合,除特赦令另有规定之

---

[1] 参见《法国新刑法典》,罗结珍译,中国法制出版社 2003 年版,第 51-53 页。

外,关押期等于依特赦令规定之刑期。”

法国上述有关故意杀人罪的规定将在同一时间、同一过程或犯罪之后的行为构成其他犯罪的,都作为故意杀人罪处无期徒刑的量刑情节看待;将对满 15 岁之未成年人在被谋杀之前或同时对其施以强奸、酷刑或野蛮行为,也作为量刑情节看待,这就明确了具有关联性的数行为的定罪量刑问题,司法上无须进行罪数判断,直接根据刑法规定进行定罪量刑即可,指示规定就没有存在的余地。

又如,《法国刑法典》设专章规定了恐怖活动罪。该章规定:犯故意伤害人的生命,故意伤害人的身体,绑架,非法拘禁,劫持航空器、船只或者其他任何交通工具,盗窃,勒索,毁坏财物,制造、储存或使用化学武器,洗钱等犯罪,只要与“以严重扰乱公共秩序为目的,采取恐吓、恐怖手段实施的单独个人或集体性攻击行为”相联系,均构成恐怖活动罪,其适用的刑罚在相关犯罪的基础上加重,至于加重到什么程度,刑法作出了非常明细的规定。[1] 这使司法机关无须再进行罪数处断。

而我国刑法对分则个罪的规定一般采取“定性+定量”的立法模式,与法国刑法典相比,我国刑法规定的精细化程度尚未可及,特别是不太重视量刑情节的细化。就故意杀人罪而言,我国《刑法》第 232 条规定得非常简单,法定刑区间也非常大。而实践中故意杀人或致人死亡的行为多种多样。针对这种情况,刑法规定了多个罪名进行规制,如放火罪、爆炸罪、投放危险物质罪、抢劫罪、绑架罪等。而不像法国那样以一个故意杀人罪规定,其他与杀人有关的犯罪行为均作为加重法定刑的情节考虑。因此,在犯罪圈不断扩张的情况下,我国刑法的罪名越来越多,司法上需要予以罪数处断的情况也就越来越普遍化,这就必须设置专门的指示规定来为司法办案提供明确的指引。

---

〔1〕 参见《法国新刑法典》,罗结珍译,中国法制出版社 2003 年版,第 141-143 页。

2. 刑法对犯罪构成的错综规定

“现实中的犯罪现象千姿百态,有的犯罪行为是另一犯罪行为的一部分,有的犯罪行为的一部分也是另一犯罪行为的一部分”[1],表现出错综复杂的样态。鉴于犯罪的多样性、复杂性,刑法为了能够全面保护法益不受犯罪行为侵犯,总会对侵犯不同法益的行为、侵犯法益行为的不同样态、侵犯法益行为的不同发展阶段设置不同的犯罪构成。具体来说,刑法不但会对侵犯不同法益的行为设置不同的犯罪构成,而且会对侵犯同一法益行为的不同样态设置不同的犯罪构成,还会对侵犯法益行为的不同发展阶段设置不同的犯罪构成。从法益侵害的过程来看,行为对法益的侵犯有一个渐进的发展过程:先是对法益形成抽象的危险,继而产生具体的危险,最后导致实害结果。所以,刑法除对法益导致实害结果的行为阶段设置犯罪构成外,还要对法益产生具体危险的行为阶段设置犯罪构成,甚至对于某些重要的法益在造成抽象危险的行为阶段设置犯罪构成,使侵犯法益的各阶段的行为都有相应的罪名规制。[2] 这就导致一个行为从不同方面被规定为犯罪,即往往设置数个刑法规范来评价一个行为:有的从行为主体方面来规定犯罪,有的从行为对象方面来规定犯罪,有的从行为手段方面来规定犯罪,有的从犯罪主观目的方面来规定犯罪,有的从危害结果方面来规定犯罪,还有的从手段、对象等数个方面来规定犯罪,从而形成了刑法上错综复杂的个罪规定。

例如,诈骗行为由于其方式、对象、侵犯的法益等方面的不同,我国《刑法》除规定诈骗罪,还规定有合同诈骗罪、保险诈骗罪、集资诈骗罪、信用卡诈骗罪、招摇撞骗罪、冒充军人招摇撞骗罪等10多个罪名,这就导致了“多龙治水”,形成了对诈骗行为的错综规定。再如,窃取行为由于其对象、主体、侵犯的法益等方面的不同,我国《刑

[1] 张明楷:《刑法学》(第2版),法律出版社2003年版,第522页。

[2] 参见庄劲:《犯罪客体重合性罪数标准的倡导》,载《中国刑事法杂志》2006年第2期。

法》规定了盗窃罪,盗窃枪支、弹药、爆炸物、危险物质罪,侵犯商业秘密罪,侵犯公民个人信息罪,职务侵占罪,贪污罪,盗窃古文化遗址、古墓葬罪,盗掘古人类化石、古脊椎动物化石罪,窃取国有档案罪等罪名,这就形成了刑法对盗窃行为的错综规定。这样一来,同一行为完全可能同时符合数个犯罪构成,触犯数个不同的罪名,这就需要进行罪数处断。

总之,由于犯罪的多样性、复杂性的事实性成因和立法上的原因,司法就必然需要进行罪数判断和处断,这就需要立法提供指引,需要指示规定的存在。

五、刑法指示规定的功能

功能是指事物或方法本身所具有的积极作用。它包含如下三个特征:一是功能的内在性。功能是事物或方法内在所具有的作用,事物或方法的存在就具有其功能量度的规定性。二是功能的应然性。功能是指事物或方法所应该具有的作用,而不是指实际上起到的作用。三是功能的有益性。功能对社会的意义是正向的、正值的,不含负值。其"功"的含义理所当然地具有有益的性质。[1] 因此功能是事物或方法所具有的积极作用,而不是指其消极作用。事物或方法可能也具有消极作用,但这种消极作用不属于功能范畴。

刑法指示规定的功能是指刑法指示规定对社会所具有的积极作用。立法者在刑法中创设指示规定必有其积极作用。指示规定的功能主要有如下三种:

第一,指引功能。指示规定是立法者基于一行为或数行为存在罪数处断问题而作出的规定;就其本质而言,是一种裁判规范,为司法判案提供法律依据。由于有的案件在罪数处断上具有可选择性,对于同样的案件,司法工作人员到底如何定罪处罚可能因其知识、经验、观点等因素的影响而不同。如果没有指示规定的指引,就

---

〔1〕 参见葛洪义主编:《法理学》,中国政法大学出版社2002年版,第84页。

可能导致同案不同判的结果；而立法上作出了指示规定，司法工作人员判案就有了明确的法律适用依据，就能按照指示规定所确立的定罪量刑规则或结论进行定罪量刑，因而指示规定对司法人员判案能够起到一种指引方向或路径的积极作用。

第二，制约功能。制约就是约束，不得随意而为。对于一行为或数行为，如果根据罪数理论，本来在罪数处断上具有可选择性，司法工作人员可以在多种处断规则或结论中进行选择、作出裁量，但刑法指示规定明确限定了只能按照某一种处断规则或依照某种犯罪定罪处罚，不得作出其他选择，这实际上对司法工作人员起到一种制约作用。因此从这个意义上看，刑法指示规定也是一种命令规范，即指示规定命令司法工作人员必须按照指示规定所确立的规则或结论进行处断，不得根据刑法理论上的不同观点或自己的立场进行自由裁量。这就制约了司法工作人员在定罪量刑上的自由裁量权，防止了司法权滥用，保障了类案在定罪量刑上的平衡。

第三，评价功能。刑法指示规定还是一种评价规范，即对人们的行为予以刑法上的价值评价。既然刑法指示规定是一种评价规范，那么它就有一种评价行为人行为的违法性与责任的作用。行为人可以根据刑法确立的指示规定评价自己的行为性质与后果，从而保障其预测可能性。行为人如果实施了刑法所禁止的行为，到底是构成一罪还是构成数罪及如何处断，对此就可以根据指示规定所确定的某一种处断规则或依照某一种犯罪定罪处罚进行自我评价与判断，认识自己的行为性质与后果。

六、我国刑法设置指示规定的必要性

在罪数形态及其处断规则方面，我国刑法理论或司法实务上长期存在想象竞合犯与法条竞合、牵连犯与吸收犯、想象竞合犯与牵连犯、牵连犯与典型数罪的争议；如果刑法不设置指示规定，司法实践困惑就难以解决，就会出现同案不同判的结果。因此，有必要设置指示规定。

(一)从想象竞合犯与法条竞合的界分及其处断争议看设置指示规定的必要性

刑法理论上通常认为,想象竞合犯是指一行为触犯数罪名的犯罪形态。[1] 我国台湾地区学者甘天贵、陈子平、林钰雄等诸多教授持有此观点,[2]大陆学者张明楷、陈兴良等教授也持有此观点。[3]同样地,学界认为,法条竞合也是指一行为触犯数罪名的情况。例如,我国台湾地区学者陈子平教授认为,"所谓法条竞合,又称法规竞合,系指外观上一个行为触犯数罪名,实质上仅适用其中之一罚则而排除其他罚则之情况"[4]。高铭暄教授与马克昌教授联合主编的《刑法学》教材认为:"法条竞合,是指行为人实施一个犯罪行为同时触犯数个在犯罪构成上具有包容关系或者交叉关系的刑法规范,只适用其中一个刑法规范的情况。""想象竞合犯与法规竞合都是实施了一个行为,都是触犯了数个罪名。"[5]显然,想象竞合犯和法条竞合都是一行为触犯数罪名的情况,这是学界已经达成的共识。既然如此,那么,在都是一行为触犯数罪名的情况下,究竟何种情形属于想象竞合犯,何种情形属于法条竞合,就成为刑法学界重点探讨而又争论不休的问题,并由此形成了种种区分想象竞合犯与法条竞合的学说。

前些年我国有学者通过对中外各种区分想象竞合犯与法条竞合的观点进行梳理和归纳,概括为八种学说,即"真假竞合区分理论"

---

[1] 参见高铭暄、马克昌主编:《刑法学》(第8版),北京大学出版社、高等教育出版社2017年版,第186页。

[2] 参见甘添贵:《罪数理论之研究》,中国人民大学出版社2008年版,第109页;陈子平:《刑法总论》,台北,元照出版公司2008年版,第602页;林钰雄:《新刑法总则》,台北,元照出版有限公司2009年版,第601页。

[3] 参见张明楷:《刑法学》(上)(第5版),法律出版社2016年版,第482页;陈兴良:《刑法竞合论》,载《法商研究》2006年第2期。

[4] 陈子平:《刑法总论》,台北,元照出版公司2008年版,第650页。

[5] 高铭暄、马克昌主编:《刑法学》(第8版),北京大学出版社、高等教育出版社2017年版,第187-188页。

“法条关系说”“犯罪构成数目说”“犯罪形态类型说”“犯罪构成事实说”“行为竞合说”“全部评价说”“法益区分说”。〔1〕笔者认为这种归纳虽然不一定准确，但可以说是较为全面的。而且，在这八种学说当中，有的还存在各种具体不同的区分标准。就拿“法条关系说”来说，国内就存在各种不同的观点。比如，陈兴良教授认为，区分想象竞合犯与法条竞合应从事实与法律两个维度入手。“当一行为触犯的两个法条之间存在罪名之间的从属或者交叉的逻辑关系时，为法条竞合；如果不存在这种逻辑关系，则为想象竞合。”〔2〕而张明楷教授曾经认为，“一个行为触犯一个法条就必然触犯另一法条时，属于法条竞合关系；一个行为触犯一个法条并不必然触犯另一法条但事实上触犯另一法条时，属于想象竞合犯”〔3〕。

上述种种观点一方面反映了学者们对想象竞合犯和法条竞合及其区分的认识不同，另一方面也反映了界分想象竞合犯与法条竞合确实是一个非常复杂和困难的问题。正如陈兴良所言，“在想象竞合的讨论中，最为复杂的还是想象竞合与法条竞合之间的区分”。〔4〕

正因为想象竞合犯与法条竞合区分困难，以至于有的学者提出“大竞合论”，认为不必严格区分想象竞合犯与法条竞合，〔5〕主张将想象竞合犯与法条竞合的法律效果做同样处理。〔6〕但张明楷、周光权、黎宏等教授明确表示反对。张明楷教授认为，“法条竞合时只能适用一个法条，其他法条被排斥适用。与之相反，想象竞合时并不是只适用一个法条，而是同时适用行为所触犯的数个法条，在判决中应当明示被告人的行为触犯数个罪名，只是按其中最重的犯罪量刑而

---

〔1〕参见周建军：《法条竞合犯抑或想象竞合犯——法条竞合犯与想象竞合犯的界限之争》，载《刑事法评论》2008年第1期。

〔2〕陈兴良：《刑法竞合论》，载《法商研究》2006年第2期。

〔3〕张明楷：《刑法学》（第3版），法律出版社2007年版，第371页。

〔4〕陈兴良：《刑法竞合论》，载《法商研究》2006年第2期。

〔5〕参见陈洪兵：《不必严格区分法条竞合与想象竞合——大竞合论之提倡》，载《清华法学》2012年第1期。

〔6〕参见柯耀程：《刑法竞合论》，中国人民大学出版社2008年版，第92页。

已”,因此“各国刑法理论与司法实践都区分法条竞合与想象竞合;采取不区分二者的大竞合论的观点并不可取”[1]。周光权教授也认为,法条竞合论主要是要防止对行为进行过度评价,而对法条竞合与想象竞合犯不作区分,实质上就是对行为进行过度评价。[2] 总之,对于想象竞合犯与法条竞合应该区分属于绝大多数学者的看法。但在认可想象竞合犯、法条竞合应当予以区分的前提下,学界对于想象竞合犯或法条竞合应该如何进行处断的问题,又存在各种不同的学说。

第一,从想象竞合犯处断规则来看,中外刑法理论和刑事立法大致存在四种观点。一是从一重罪处断说,即认为对想象竞合犯应按照一行为所触犯的数罪名中最重的犯罪定罪处罚。这种处断规则得到了德国、日本、韩国刑事立法的肯定,也得到了德、日刑法理论的支持,我国多数学者对此也持赞同态度。二是从一重罪从重处断说,即认为对想象竞合犯应从一行为所触犯的数罪名中选取最重的犯罪定罪并适当从重或加重处罚。这种处断规则得到了瑞士刑法的肯定,我国也有一些学者主张该观点。[3] 三是数罪并罚说,即认为想象竞合犯是实质的数罪,应数罪并罚。[4] 四是具体分析说,即认为上述三种学说虽然具有一定的合理性,但想象竞合犯具体形态呈现多样性,如果单纯采取一种处断规则,可能不能实现罪责刑相适应原则,因此应根据具体案件选取上述三种处断规则中的一种予以适

---

[1] 张明楷:《刑法学》(上)(第5版),法律出版社2016年版,第485页。

[2] 参见周光权:《法条竞合的特别关系研究——兼与张明楷教授商榷》,载《中国法学》2010年第3期。

[3] 参见吴振兴:《罪数形态论》,中国检察出版社1996年版,第68-69页;何荣功、黄丽:《论想象竞合犯的处罚原则及其适用》,载《武汉大学学报(哲学社会科学版)》2005年第3期。

[4] 参见庄劲:《犯罪竞合:罪数分析的结构与体系》,法律出版社2006年版,第210-215页。

用。[1] 在我国,虽然从一重罪处断说处于通说地位,但总是有人对其质疑,论证其他观点的合理性。

第二,从法条竞合的处断规则来看,观点更为复杂多样。这主要是由于学界对于法条竞合的范围与类型一直存有不同的认识。陈兴良教授是国内较早研究法条竞合的学者。他将法条竞合分为两类四种:两类包括从属关系的法条竞合与交叉关系的法条竞合;四种包括独立竞合、包容竞合、交互竞合与偏一竞合。[2] 这种观点中的"两类"得到了一些学者的认可,但"四种"受到了其他学者的批评。比如,张明楷教授认为,这种复杂划分"未必符合立法与司法实践"[3]。因此,学界现在讨论法条竞合的范围与类型主要在五种法条关系即特别关系、补充关系、吸收关系、择一关系和包容关系中展开。日本刑法学界以往的通说认为,"法条竞合关系包括特别关系、补充关系、择一关系与吸收关系"[4]。现在我国台湾地区学者陈子平、林钰雄教授仍然持有此观点。[5] 周光权教授认为法条竞合除了特别关系、补充关系、吸收关系、择一关系之外,还包括包容关系,[6]实际上也是肯定了前四种法条关系可以形成法条竞合。但黎宏教授认为,特别关系与择一关系可以涵盖法条竞合的所有情形,因此法条竞合只存在特别关系与择一关系两种类型,不过,我国《刑法》中不存在择一关系的法条竞合。[7] 其言外之意是,我国只存在特别关系的法条竞

[1] 参见蒋兰香:《想象竞合犯处罚原则的重构》,载《中南林学院学报》2003 年第 3 期。

[2] 参见陈兴良:《法条竞合的学术演进——一个学术史的考察》,载《法律科学(西北政法大学学报)》2011 年第 4 期。

[3] 张明楷:《刑法学》(第 2 版),法律出版社 2003 年版,第 524 页。

[4] 张明楷:《法条竞合中特别关系的确定与处理》,载《法学家》2011 年第 1 期。

[5] 参见陈子平:《刑法总论》,台北,元照出版公司 2008 年版,第 651 页;林钰雄:《新刑法总则》,台北,元照出版有限公司 2009 年版,第 594-560 页。

[6] 参见周光权:《法条竞合的特别关系研究——兼与张明楷教授商榷》,载《中国法学》2010 年第 3 期。

[7] 参见黎宏、赵兰学:《论法条竞合的成立范围、类型与处罚规则》,载《中国刑事法杂志》2013 年第 5 期。

合。这与张明楷教授的观点基本相同。张明楷教授认为："从实质上看，法条竞合的基本类型是特别关系。""择一关系并不是法条竞合；补充关系虽然值得独立讨论，但只是特别关系的另一种表述；吸收关系要么属于包括的一罪，要么属于想象竞合犯；所谓包容关系，也只是特殊关系的外在表现。"〔1〕但也有学者认为补充关系属于法条竞合的独立类型，"法条竞合的类型应当仅限于特别关系与补充关系"〔2〕。在上述这些学者中，即便承认特别关系属于法条竞合，但在特别关系的范围上也存在各种不同的观点。总之，学界对于法条竞合的认识，存在形态分类不一、形态界限不明、细目种类庞杂等乱象，这种乱象直接导致了法条竞合处断规则观点不一。

主张"四分法"的学者认为：独立竞合的适用规则是特别法优于普通法，包容竞合的适用规则是全部法优于部分法，交叉竞合的适用规则是重法优于轻法，偏一竞合的适用规则是基本法优于补充法。〔3〕主张法条竞合的类型限于特别关系与补充关系的学者认为，法条竞合的处断规则应为"特别法优先于普通法"和"基本法优先于补充法"〔4〕。虽然主张法条竞合限于特别关系的学者都认可"特别法优于普通法"规则，但在能否适用"重法优于轻法"的规则以及按照特别法条不构成犯罪时能否适用普通法条这两个层面的问题上，持该观点的学者当中又存在严重分歧。对于前一层面的问题，张明楷教授认为，"一行为同时触犯同一法律的普通法条与特别法条时，在特殊情况下，应适用重法条优于轻法条的原则"〔5〕。但黎宏教授认为，"在特别关系的场合，除非刑法明文规定重法优于轻法，否则

---

〔1〕 张明楷：《刑法学》（上）（第5版），法律出版社2016年版，第465页。

〔2〕 陈珊珊：《法条竞合的内涵与处断规则探析——以嫖宿幼女罪与强奸罪的法条竞合关系为例》，载《中国刑事法杂志》2013年第7期。

〔3〕 参见陈兴良主编：《刑法各论的一般理论》，内蒙古大学出版社1992年版，第403页。

〔4〕 陈珊珊：《法条竞合的内涵与处断规则探析——以嫖宿幼女罪与强奸罪的法条竞合关系为例》，载《中国刑事法杂志》2013年第7期。

〔5〕 张明楷：《法条竞合中特别关系的确定与处理》，载《法学家》2011年第1期。

应坚持特别法优于普通法的处理规则”[1]。周光权教授更是认为,“法条竞合关系的法理,并不要求特别法条的处罚一定要重于普通法条。普通法条和特别法条之间不是轻法和重法的关系,而是原则法与例外法的关系”[2],因而反对法条竞合适用重法优于轻法的规则。对于后一层面的问题,主张法条竞合限于特别关系的学者当中存在两种截然不同的意见。张明楷教授认为,在特别关系的场合,案件事实虽然符合特别法条的行为类型,但并未达到司法解释所确定的定罪标准,却达到普通法条的定罪标准时,可适用普通法条。[3] 但周光权、黎宏等教授主张严格坚持“特别法优于普通法”规则,因为“特别法条‘优于’普通法条,不仅仅意味着适用效力上特别法条具有优先性,也意味着特别法条的构成要件有优先于普通法条的独立性、重要性”[4],所以符合特别法条的行为类型,如果尚未达到特别法条的入罪标准,不能递补适用普通法条定罪处罚。[5]

上述想象竞合犯与法条竞合的界分与处断规则的种种争议直接导致实务上个罪出现竞合时的争议与困惑。这表现为如下两个层面:

其一,到底是适用法条竞合还是想象竞合犯的困惑。由于犯罪行为侵犯法益的多样性和刑法分则罪名的多样性,司法实践中存在大量的一行为触犯数罪名的案件。在想象竞合犯与法条竞合的分界不明、区分标准不一时,实务处理上势必会出现对同样的行为事实构

[1] 黎宏、赵兰学:《论法条竞合的成立范围、类型与处罚规则》,载《中国刑事法杂志》2013年第5期。

[2] 周光权:《法条竞合的特别关系研究——兼与张明楷教授商榷》,载《中国法学》2010年第3期。

[3] 参见张明楷:《法条竞合中特别关系的确定与处理》,载《法学家》2011年第1期。

[4] 周光权:《法条竞合的特别关系研究——兼与张明楷教授商榷》,载《中国法学》2010年第3期。

[5] 参见黎宏、赵兰学:《论法条竞合的成立范围、类型与处罚规则》,载《中国刑事法杂志》2013年第5期。

成的犯罪,有的认为属于法条竞合而有的认为是想象竞合犯的情况。例如,行为人醉酒驾驶机动车在道路上横冲直撞导致人员死伤,行为既构成危险驾驶罪,又构成以危险方法危害公共安全罪,有的认为其属于想象竞合犯,〔1〕而有的认为其属于法条竞合。〔2〕再如,在生产、销售伪劣产品的过程中假冒他人的注册商标后又销售该伪劣产品的行为,既可构成生产、销售伪劣产品罪,又可构成假冒注册商标罪,其属于何种竞合关系,司法实务上也有不同的认识。有的认为生产、销售伪劣产品罪与假冒注册商标罪之间的关系,"属于交叉关系的法条竞合"〔3〕;而有的认为生产、销售伪劣产品罪与假冒注册商标罪在逻辑上属于中立关系,其属于想象竞合犯。〔4〕这样的争议势必会影响实务工作者对于同一案件的认识,甚至影响法官的司法裁判,形成处理个案上的差异。例如,对于齐某冒充军人诈骗财物数额特别巨大的案件,齐某的辩护人认为齐某的行为构成诈骗罪和冒充军人招摇撞骗罪的法条竞合,而法官认为其是想象竞合犯。〔5〕又如,同样是既构成寻衅滋事罪又构成故意伤害罪的随意殴打型寻衅滋事行为,有的法官认为这种竞合属于想象竞合犯,〔6〕而有的法官认为其是法条竞合。〔7〕

其二,到底适用何种处断规则的困惑。前已述及,不管是想象竞合犯还是法条竞合,都存在处断规则的争议,有的甚至分歧严重。这种争议反映到司法实务的个罪处断中,就会出现到底适用何种处断

〔1〕参见张明楷:《危险驾驶罪及其与相关犯罪的关系》,载《人民法院报》2011年5月11日,第6版。

〔2〕参见王强军:《风险控制视野下的醉酒驾驶型危险驾驶罪研究》,载《甘肃政法学院学报》2011年第6期。

〔3〕刘娟娟、陈灵海:《从假冒商标犯罪看法条竞合的适用原则———从"林河粮液案"谈起》,载《黑龙江省政法管理干部学院学报》2000年第3期。

〔4〕参见王志祥、刘杰:《生产、销售伪劣商品罪与假冒注册商标罪的竞合问题探析》,载《山东警察学院学报》2013年第4期。

〔5〕参见山东省菏泽经济开发区人民法院刑事判决书,(2016)鲁1791刑初181号。

〔6〕参见上海市第一中级人民法院刑事裁定书,(2017)沪01刑终1935号。

〔7〕参见江苏省南京市中级人民法院刑事裁定书,(2015)宁刑终字第116号。

规则的问题。例如，对于上述齐某冒充军人诈骗案，其辩护人认为应按照特别法处断，即以冒充军人招摇撞骗罪定罪处罚；而法官认为应择一重罪处断，即以诈骗罪定罪处罚。〔1〕 又如，合同诈骗罪与诈骗罪的法条之间是特别法与普通法的竞合关系，为多数学者所肯定，但是，当行为人利用合同实施诈骗，骗取财物价值数额没有达到司法解释所规定的合同诈骗罪的入罪要求，但达到了诈骗罪的入罪标准时，能否对其以诈骗罪定罪处罚呢？类似问题在刑法分则中大量存在。对此，张明楷教授认为，特别法条是在普通法条基础上附加了更为严格的要求，所以凡是要按照特别法条定罪的，一定要符合普通法条的犯罪构成要求；如果连普通法条的犯罪构成都不符合，就不可能符合特别法条的犯罪构成。因此符合合同诈骗罪的构成要件，就一定符合诈骗罪的构成要件，应当按照诈骗罪定罪处罚。〔2〕 但周光权教授认为，刑法中的诈骗罪和各种特殊的诈骗罪之间，并不像传统意义上的一般—特别关系。“行为符合特别法条时，一定符合普通法条；但行为不符合特别法条时，不是必然符合普通法条。”因此，合同诈骗数额没有达到合同诈骗罪的定罪标准而达到了诈骗罪定罪标准的情况，不能以诈骗罪定罪处罚。〔3〕 这种处断上的争议，“必然指引法官做出不同的个案判断”〔4〕，导致法官在竞合处断规则适用上的不同，从而导致同案不同判。例如，由于学界对于合同诈骗罪与诈骗罪的竞合处断规则的主张不同，有的法官严格按照特别法优于普通法的规则处断：如果行为构成合同诈骗罪，就按照合同诈骗罪定罪处罚；〔5〕如果行为不构成合同诈骗罪，即使其构成诈骗罪，也不能以诈

〔1〕 参见山东省菏泽经济开发区人民法院刑事判决书，(2016)鲁1791刑初181号。

〔2〕 参见张明楷：《诈骗罪与金融诈骗罪研究》，清华大学出版社2006年版，第332页。

〔3〕 参见周光权：《法条竞合的特别关系研究——兼与张明楷教授商榷》，载《中国法学》2010年第3期。

〔4〕 黄京平：《刑法休眠条款与有限授权的刑事司法能动——以重构法条竞合的特别关系为视点》，载《北京联合大学学报(人文社会科学版)》2020年第2期。

〔5〕 参见河南省襄城县人民法院刑事判决书，(2017)豫1025刑初162号。

骗罪论处。有的法官则按照重法优于轻法的规则处断:如果行为不构成合同诈骗罪但构成诈骗罪,就按照诈骗罪定罪处罚。〔1〕又如,对于既构成冒充军人招摇撞骗罪又构成诈骗罪的冒充军人招摇撞骗、骗取财物数额巨大情形的行为,有的法官对其按照从一重罪处断的规则以诈骗罪定罪处罚,〔2〕而有的法官对其按照特别法优于普通法的规则以冒充军人招摇撞骗罪论处。〔3〕

总之,想象竞合犯与法条竞合的界分及其处断规则争议会导致司法实践上同案不同判、罪刑不均衡,因此有必要在刑法中设置指示规定,明确二者的特征和处断规则,为司法适用提供明确的依据,实现处断想象竞合犯、法条竞合的统一性。

(二)从牵连犯与吸收犯的区分争议以及牵连犯的处断规则争议看设置指示规定的必要性

牵连犯与吸收犯都是数行为触犯数个罪名的犯罪形态,无论是行为数还是罪名数,都不能区分二者,但因二者的处断规则不同而又有必要予以区分。因此如何合理区分二者是学界争论已久的问题,也成为罪数论中的一个难题。

20 世纪 90 年代,学界主要是从数个犯罪行为之间的关系来区分牵连犯与吸收犯。例如,有的学者认为,"数个犯罪行为基于其内在的独立性与非独立性的对立统一"是吸收犯与牵连犯的重要区别。〔4〕有的学者认为,牵连犯与吸收犯的区别主要在于数个犯罪行为的牵连关系与吸收关系的区别。〔5〕有的学者从数个犯罪行为之间是否存在包容关系的角度来区分牵连犯与吸收犯,认为"吸收犯数

---

〔1〕参见安徽省芜湖市中级人民法院刑事裁定书,(2019)皖 02 刑终 160 号。

〔2〕参见福建省莆田市秀屿区人民法院刑事判决书,(2017)闽 0305 刑初 229 号。

〔3〕参见新疆维吾尔自治区克拉玛依市中级人民法院刑事裁定书,(2014)克中刑一终字第 25 号;广西壮族自治区河池市中级人民法院刑事判决书,(2016)桂 12 刑终 106 号。

〔4〕参见黄京平:《论吸收犯》,载《法学家》1993 年第 2 期。

〔5〕参见曲新久:《论吸收犯》,载《中国法学》1992 年第 2 期。

个犯罪行为之间存在包容关系,而牵连犯数个行为之间则不存在包容关系"[1]。

进入21世纪后,关于牵连犯与吸收犯如何界分的观点更为多样化。有的学者从数行为侵害的法益是否同一的角度对牵连犯与吸收犯予以区分,认为吸收犯的数行为侵害的法益必须具有同一性,而牵连犯的数行为侵害的法益不具有同一性。[2] 有的学者从数行为侵害的对象与法益是否同一的角度对牵连犯与吸收犯予以区分,认为吸收犯必须是数行为侵害同一对象的同一法益。[3] 有的学者从犯罪主观方面来区分牵连犯与吸收犯,认为牵连犯要求行为人实施的数行为必须是出于犯一罪的目的,而吸收犯并不要求行为人实施的数行为在主观目的上的同一性。[4] 有的学者从多方面来区分牵连犯与吸收犯,认为吸收犯包括同质吸收犯和异质吸收犯,吸收犯与牵连犯的区分应从行为对象、行为标志、关联标志、主观标志、罪名指向、罪数本质、处断规则七个方面进行,而行为对象是否同一是界分牵连犯与吸收犯的核心。[5] 有的学者从数行为触犯数罪名的性质是否相同的角度来区分牵连犯与吸收犯。这存在两种截然相反的观点。一种观点是否定异质吸收犯而肯定同质吸收犯,认为"只有在同一犯罪过程中完成行为与未完成行为之间以及同一共同犯罪中的主行为与从行为之间才成立吸收犯"[6]。"吸收犯与牵连犯的界分就在于数个犯罪行为是同质的还是异质的……若数个犯罪行为是异质的,则只存在构成牵连犯的可能,若数个犯罪行为是同质的,且排除

[1] 初炳东:《谈牵连犯和吸收犯的区别》,载《政法论丛》1995年第1期。

[2] 参见罗翔:《吸收犯之再认识》,载《中国刑事法杂志》2003年第5期。

[3] 参见张竹云、邵维国:《论吸收犯吸收关系的根据》,载《广州大学学报(社会科学版)》2013年第3期。

[4] 参见林亚刚:《论吸收犯的若干问题》,载《政治与法律》2004年第2期。

[5] 参见张小虎:《论牵连犯的典型界标》,载《中国刑事法杂志》2013年第5期。

[6] 薛丰民:《论吸收犯的吸收关系——兼论吸收犯与相关罪数形态的界限》,载《郑州大学学报(哲学社会科学版)》2013年第5期。

连续意图的存在,则只存在构成吸收犯的可能。"[1]也就是说,只有同质行为之间才可能成立吸收犯,异质行为之间不成立吸收犯而成立牵连犯。而另一种观点则是肯定异质吸收犯而否定同质吸收犯,认为"根据'法条内容及犯罪构成'判断,如果一犯罪行为当然包括或足以吸收另一犯罪行为,是吸收犯;如果一犯罪行为不能当然包括或足以吸收另一犯罪行为,是牵连犯"[2]。还有学者从牵连犯与吸收犯之间的关系来区分二者,认为"在某种意义上说,牵连犯也是吸收犯,反之则不然"[3]。

除牵连犯与吸收犯的界分存在很大争议之外,牵连犯的处断规则也一直存在各种不同的观点。有的学者主张对牵连犯从一重罪处断;[4]有的学者主张对牵连犯从一重罪从重处断;[5]有的学者主张对牵连犯实行数罪并罚;[6]有的学者主张"凡刑法分则条款对特定犯罪的牵连犯明确规定了相应处断原则的,均应严格依照刑法分则条款的规定,对特定犯罪的牵连犯予以处断;凡刑法分则条款未明确规定处断原则的牵连犯,应当适用从一重处断原则定罪处刑,不实行数罪并罚"[7]。

牵连犯与吸收犯的区分以及牵连犯的处断规则之所以在学界长期争论不休,笔者认为,主要原因是我国刑法总则中没有做出牵连犯的指示规定,分则对牵连犯处断规则的指示规定不一致、呈现多样化

---

[1] 徐岱、梁缘:《吸收犯之生存空间论——吸收犯之学理解释》,载《当代法学》2005年第3期。

[2] 古加锦:《吸收犯与牵连犯的界限探析》,载《福建警察学院学报》2015年第4期。

[3] 陈兴良:《本体刑法学》,商务印书馆2001年版,第618页。

[4] 参见赵俊新、黄洪波:《论牵连犯》,载《江汉论坛》2003年第1期。

[5] 参见高铭暄、马克昌主编:《刑法学》(第8版),北京大学出版社、高等教育出版社2017年版,第195-196页。

[6] 参见何承斌:《牵连犯的处罚原则再探讨》,载《安徽大学学报(哲学社会科学版)》2009年第2期。

[7] 贾宇主编:《刑法学》(上册),高等教育出版社2019年版,第267页。

的特点。而要结束这种争议，需要在刑法总则中明确牵连犯的特征与处断规则。

（三）从想象竞合犯与牵连犯的个案适用看设置指示规定的必要性

想象竞合犯是一行为触犯数个不同罪名的犯罪形态，而牵连犯是数行为触犯数个不同罪名的犯罪形态：行为数的不同是二者的明显区别。表面上看起来，二者很好区分，但在个案适用上却存在混淆不清的现象：对于同一案件事实中行为触犯数个不同罪名而构成的罪数形态，有的认为其是想象竞合犯，而有的认为其是牵连犯。

例如，被告人胡某受聘到石阡县某派出所工作期间，利用从事户籍管理工作的职务便利，受李某某等人请托，单独或伙同他人为60名湖南籍学生伪造石阡县户籍，此过程中多次收受他人贿赂共计56.75万元。该行为构成滥用职权罪和受贿罪。胡某的辩护人认为该案中的受贿罪与滥用职权罪属于想象竞合犯，应以受贿罪定罪处罚。但是，法官却认为，收受贿赂是滥用职权的目的行为，而滥用职权办理假户籍是其方法行为，故胡某行为构成的数罪属于牵连犯，并非想象竞合犯。[1]

又如，被告人李某某犯罪，吴川市公安局组织警力前往抓捕。李某某见被公安民警围捕，即在出租屋内拿出一瓶煤气，打开煤气瓶阀门释放煤气，并持打火机威胁上前抓捕的民警，与民警对峙。因房间内煤气浓度较大，在场民警当即紧急疏散附近居民，并在消防大队的协助下，强行攻入出租屋内对李某某实施抓捕。李某某见状，即拿出打火机点燃煤气，被消防大队消防车及时喷水扑灭火苗，后李某某被攻入屋内的民警抓获。该案行为既构成爆炸罪，又构成妨害公务罪。李某某的辩护人认为其行为构成的数罪属于牵连犯，而法官认为其属于想象竞合犯。[2]

---

〔1〕 参见贵州铜仁市中级人民法院刑事判决书，(2015)铜中刑终字第198号。

〔2〕 参见广东吴川市人民法院刑事判决书，(2018)粤0883刑初340号。

再如,被告人黄某勇、黄某良、魏某林以勒索财物为目的,非法持有枪支,采用暴力手段绑架他人的行为,既构成非法持有枪支罪,又构成绑架罪。三被告人的辩护人认为其行为构成的数罪属于想象竞合犯;而法官认为,该案被告人非法持有枪支是手段行为,绑架是目的行为,属于牵连犯。[1]

上述个案的辩护人与法官之所以对于同一案件事实中行为触犯的数个不同罪名在想象竞合犯与牵连犯之间存在分歧,主要是因为我国《刑法》中没有明确界定想象竞合犯、牵连犯的概念与特征,这导致对想象竞合犯中的"一行为"与牵连犯中的"数行为"的理解不同,进而得出了不同的罪数形态的结论。比如,胡某受贿、滥用职权案中,如果将胡某滥用职权看成是受贿罪中的"为他人谋取利益"的行为内容,则滥用职权是受贿行为的一部分,那么滥用职权行为既构成受贿罪,又构成滥用职权罪,是想象竞合犯,而不是牵连犯。但如果将滥用职权看成是受贿的手段,且以受贿为目的,就属于牵连犯。由于想象竞合犯是一行为触犯数罪名的罪数形态,牵连犯是数行为触犯数个不同罪名的罪数形态,二者的社会危害性不同,在处断规则上应区别对待,因此,基于想象竞合犯与牵连犯区分的必要性,刑法中有必要对想象竞合犯、牵连犯设置指示规定。

(四)从想象竞合犯与典型数罪在个案适用上的分歧看设置指示规定的必要性

想象竞合犯是一行为触犯数个不同罪名的罪数形态,典型数罪是数行为触犯数个不同罪名的罪数形态;二者虽然触犯的都是数个不同罪名,但行为数明显不同。表面上看起来,二者很好区分,但在个案适用上也存在混淆不清的现象:对于同一案件事实中行为触犯的数罪名之间的关系,有的实务工作者认为其是想象竞合犯,而有的实务工作者认为其是典型数罪而应进行数罪并罚。

---

[1] 参见广西南宁市西乡塘区人民法院刑事判决书,(2010)西刑初字第501号。

例如，被告人钱某、田某涛、陈某、李某以暴力方法抢劫正在依法执行职务的人民警察的警用枪支的行为，既构成妨害公务罪，又构成抢劫枪支罪。对此，公诉人认为应以抢劫枪支罪和妨害公务罪实行数罪并罚；但法官认为这是想象竞合犯，应从一重罪处断，即以抢劫枪支罪定罪处罚。[1]

又如，2017 年 4 月 29 日 0 时 30 分许，被告人唐某明醉酒后在元江县甘庄街道铜厂冲村委会新建组×号孙某 1 家中，将白酒洒在沙发上点燃。之后被告人唐某明持砍刀到孙某 1 家的烤酒房，将孙某 1 家的烤酒房的门锁砸坏，并将两缸白酒推倒，用打火机点燃。之后，被告人唐某明又在元江县甘庄街道铜厂冲村委会新建组 26 号自己家中，用柴等易燃物将自己家的一楼和二楼点燃，造成自己的房屋和其二哥唐某 1 的房屋全部被烧毁。经元江县价格认定管理办公室认定，被害人孙某 1 被烧毁和毁坏的财产价值人民币 6915 元，被告人唐某明自己家被烧毁的房屋价值人民币 9900 元，被害人唐某 1 被烧毁的房屋及物品价值人民币 12,160 元。该案中的行为既构成放火罪，又构成故意毁坏财物罪。关于二者的数罪关系，公诉人认为其是典型数罪，应数罪并罚；但法官认为其属于想象竞合犯，应以重罪既放火罪定罪处罚。[2]

再如，被告人林某东与黄某 2、方某（两人在逃，另案处理）、“黑仔”、“军仔”、“阿某 1”（身份不明）等人在阳江市闸坡镇新天地酒吧喝酒。次日凌晨 2 时许，林某东、黄某 2、方某等人离开酒吧时，在酒吧门口与几名外省男子（身份不明）发生口角，进而引发双方持械打斗。被告人林某东等人持刀追砍外省男子至新天地酒吧的停车场被新天地的保安袁某、马某 1 等人阻拦。当林某东等人回到新天地酒吧门口时，一外省男子驾驶车牌号码为粤 Q×××××的白色本田思域

〔1〕 参见四川广元市中级人民法院刑事判决书，(2015)广刑终字第 74 号。

〔2〕 参见云南元江哈尼族彝族傣族自治县人民法院刑事判决书，(2017)云 0428 刑初 114 号。

小车撞向林某东等人。林某东、黄某2等人被撞后，持刀追赶白色思域小车。当追至新天地酒吧停车场时，有些外省男子就坐进马某1停放在停车场的车牌号码为粤Q×××××的风神小车内，黄某2等人见此随即持刀对该车的后挡风玻璃、车尾盖等部位进行追砍，外省男子即驾车逃离现场。被告人林某东等人遂对外省男子进行追赶，后在闸坡镇海宝酒店对面路边发现外省男子驾驶的粤Q×××××白色本田思域小车停放在该处，遂对该车进行打砸。经鉴定，粤Q×××××本田思域小车的损失价值是16,221元，粤Q×××××风神小车的损失价值是2801元。对此，一审法院法官认为，被告人林某东等人持械聚众斗殴行为造成了外省人的车辆粤Q×××××和马某1的车辆粤Q×××××因被打砸而损毁，该行为同时触犯了聚众斗殴罪和故意毁坏财物罪两个罪名，是想象竞合犯，应择一重罪处断。公诉机关认为，前面的聚众斗殴行为和后面的故意毁坏财物行为，是在两个不同犯罪故意支配下实施的两个不同性质的犯罪行为，不属于同一行为同时触犯两个罪名，不应认定为想象竞合犯。二审法院法官赞同公诉机关的指控，也认为不应认定为想象竞合犯，应数罪并罚。[1]

上述案例中，公诉人与法官对于同一案件事实中的行为应以想象竞合犯处断还是以典型数罪进行数罪并罚的认识不一，主要原因在于没有把握好想象竞合犯与典型数罪的界限。而其之所以没有把握好想象竞合犯与典型数罪的界限，又是因为上述案件中行为触犯的数个不同罪名之间的关系到底是想象竞合犯还是典型数罪，刑法中缺乏明确的指示规定作为认定的法律依据。如果刑法中有关于想象竞合犯、典型数罪的指示规定，实务工作者在根据个罪的犯罪构成确定数罪的基础上，就可以根据指示规定确定其数罪关系是想象竞合犯还是典型数罪，就可避免在同一案件事实中的行为认定上出现构成想象竞合犯还是典型数罪的分歧。因此，从想象竞合犯与典型数罪在个案适用上的分歧来看，刑法对于想象竞合犯、典型数罪设置

---

[1] 参见广东阳江市中级人民法院刑事判决书，(2018)粤17刑终267号。

指示规定是完全必要的。

(五)从牵连犯与典型数罪在个案适用上的分歧看设置指示规定的必要性

牵连犯是数行为触犯数个不同罪名的罪数形态,典型数罪也是数行为触犯数个不同罪名的罪数形态;无论是在行为数上,还是在罪名数上,二者都是相同的,因此在没有指示规定的情况下,二者难以分清。对于同一案件事实中的数行为触犯数个不同罪名的情形,往往会出现实务工作者认识不一的现象。

例如,被告人王某中与被害人符某较为熟悉,王某中因琐事对符某不满,预谋窃取其手机等财物,再以其手机实施诈骗。2018 年 1 月 16 日 15 时 51 分左右,王某中驾驶其车牌号为粤 T×××××的汽车,在符某工作的北塔区梦幻·希腊神话前将其接上车。16 时 11 分许,王某中驾车行驶至大祥区附近一超市门口,让符某下车去买烟,趁其下车之机驾车逃离,以此窃取了符某的手提包,内含 iPhone8Plus 手机一部、YUFLYF9 手机一部等财物。此后,王某中立即修改了符某的微信(微信名为"A 鑫儿")密码,并将其微信中的 684 元转入王某中使用的微信中(微信名为"小村放牛娃")。随后,王某中用符某的手机及微信向符某的朋友实施诈骗,以此骗得他人财物共计 8550 元。经鉴定,符某的 iPhone8Plus 手机、YUFLYF9 手机的评估价合计为 8779 元。对于该案中王某中的盗窃与诈骗行为,王某中的辩护人认为盗窃是诈骗的手段,诈骗财物是其目的行为,二者构成牵连犯。但是,公诉人和法官认为,二者不构成牵连犯,应以盗窃罪和诈骗罪实行数罪并罚。[1]

又如,2019 年 4 月 15 日 17 时 30 分许,被告人裴某圭采用将 5 只疑似大壁虎的野生动物藏匿在泡沫箱并且使用衣服等物品进行掩盖的方式,逃避海关监管,非法从越南通过金水河海关出入境边防检查

---

〔1〕 参见湖南邵阳市北塔区人民法院刑事判决书,(2018)湘 0511 刑初 46 号。

站带入中国境内,准备次日在金水河的白某某农贸市场进行销售。4月16日上午,被告人裴某圭以每只50元的价格售卖疑似大壁虎野生动物的过程中,被金平县自然资源公安局当场抓获。经云南濒科委司法鉴定中心鉴定,被告人裴某圭售卖的5只疑似大壁虎野生动物均为蜥蜴目壁虎科壁虎属大壁虎(Gekkogekko),为国家Ⅱ级重点保护野生动物,经济价值为人民币25,000元。对于该案中走私并出售大壁虎的行为,公诉人认为构成走私珍贵动物罪和危害珍贵、濒危野生动物罪,应实行数罪并罚。但是,法院认为被告人的走私行为和销售行为具有手段行为和目的行为的牵连关系,构成牵连犯,不应实行数罪并罚。[1]

再如,在被告人于某洋等人通过虚开增值税专用发票侵占施×德公司财物案中,公诉人认为,被告人于某洋虚开增值税专用发票的行为构成虚开增值税专用发票罪,其侵占施×德公司财物的行为构成职务侵占罪,对其应实行数罪并罚。但是,一审、二审法院认为,虚开增值税专用发票行为是职务侵占的手段行为,职务侵占是目的行为,两罪构成牵连犯,应以重罪即职务侵占罪定罪处罚。[2]

上述案例中,公诉人与法官之间、辩护人与法官之间对于同一案件中的数行为触犯的数个不同罪名认识不一,主要原因在于没有把握好牵连犯与典型数罪的界限。而其之所以没有把握好牵连犯与典型数罪的界限,又是因为上述案件中数行为触犯数个不同罪名之间的关系到底是牵连犯还是典型数罪,刑法中缺乏明确的指示规定作为认定的法律依据。因此,从牵连犯与典型数罪在个案适用上的分歧来看,刑法对于牵连犯和典型数罪设置指示规定是完全必要的。

综上所述,刑法上设置指示规定是解决理论和司法实务上的罪数处断争议,统一司法适用标准,实现同案同判、罪刑均衡的必然要求。

---

〔1〕 参见云南金平苗族瑶族傣族自治县人民法院刑事判决书,(2019)云2530刑初135号。

〔2〕 参见辽宁辽阳市中级人民法院刑事判决书,(2018)辽10刑终197号。

第二章　刑法指示规定的理论基础

刑法创设指示规定的目的何在？在指示规定中处断规则既定的情况下，如何恰当解释确定指示规定适用的罪数范围与条件？这是研究刑法指示规定需要回答的问题，而罪刑均衡理论、罪数理论是回答这些问题的理论基础。再者，刑法指示规定所确定的处断规则的适用是以罪数为前提的，而罪数又是以行为数的区分为前提的，因此，指示规定的适用不可避免地要以行为数区分理论为基础。本章拟从解释论的角度对刑法指示规定涉及的这些理论进行阐述。

一、罪刑均衡理论

（一）罪刑均衡的提出、意涵与价值蕴含

"罪刑均衡的思想萌芽，可以追溯至古代的复仇习俗"。"在古代自然的平等观念、血缘宗族制度之下，以血族复仇、血亲复仇、同态复仇的方式回击犯罪是天经地义的。"[1]近代意义上的罪刑均衡是格劳秀斯、霍布斯、洛克、孟德斯鸠、霍尔巴赫等西方启蒙思想家针对封建专制制度下刑罚的身份性、残酷性、恣意性而倡导的重要刑法思想。资产阶级自然法学派的创始人格劳秀斯倡导以自然法作为判断行为善恶的标准，主张惩罚之苦等于行为之恶，从而实现刑与罪的等价或均衡，以避免封建专制刑罚基于身份不平等而导致的处罚不平等。古典自然法学派的代表人物霍布斯强调"统治者之赏罚，施之必须得当"，主张罚必当罪，罪刑相适应，反对量刑过轻过重的现象。英国的思想家洛克主张"处罚每一种犯罪的程度和轻重，以是否足以使

---

〔1〕 张小虎：《罪刑均衡蕴意探究》，载《现代法学》2002年第6期。

罪犯觉得不值得犯罪,使他知道悔悟,并且儆戒别人不犯同样的罪行而定"[1]。在洛克看来,罪刑只有均衡,才能正确发挥刑法的作用,畸轻畸重的刑罚只能阻碍刑法作用的发挥。法国的思想家孟德斯鸠认为,刑与罪之间应有适当的比例,刑罚的轻重应当协调;对不同的犯罪,刑罚一定要有区别;刑罚应当有性质之别、程度之分,应当按照罪行的性质和大小,决定刑罚的轻重。他说:"如果有一个人在大庭广众之下抢劫,另一个人既行劫又杀人的话,被处以同样的刑罚,必定是一个极其错误的判决。为了公共利益的安全,刑罚的轻重程度的区别是必须的,这是显而易见的道理。"[2]法国百科全书派的代表人物霍尔巴赫认为,对于犯罪的人,"应该按其为恶的大小量刑予以惩罚,而且,如果人们再没有希望使他们重返符合社会目的的行为,那就应该使他们永远置于无能为害的境况中"[3]。他主张罪刑相当,反对轻罪重刑,重罪轻刑。

承接启蒙主义思想家的罪刑均衡思想,刑事古典学派的重要代表人物贝卡里亚、边沁、黑格尔不但极力提倡罪刑均衡,而且对罪刑均衡理论作了进一步阐述。贝卡里亚在《论犯罪与刑罚》中阐述了罪刑均衡的必要性、重要性。他指出:"犯罪对公共利益的危害越大,促使人们犯罪的力量越强,制止人们犯罪的手段就应该越强有力。这就需要刑罚与犯罪相对称。"[4]"刑罚不但应当从强度上与犯罪相对称,也应该从实施刑罚的方式上与犯罪相对称"[5],以便更好地发

---

[1] [英]洛克:《政府论》(下篇),叶启芳、瞿菊农译,商务印书馆1983年版,第9-10页。

[2] [法]孟德斯鸠:《论法的精神》(上),孙立坚等译,陕西人民出版社2001年版,第106页。

[3] [法]霍尔巴赫:《自然的体系》(上卷),管士滨译,商务印书馆1999年版,第190页。

[4] [意]贝卡里亚:《论犯罪与刑罚》,黄风译,中国大百科全书出版社1993年版,第65页。

[5] [意]贝卡里亚:《论犯罪与刑罚》,黄风译,中国大百科全书出版社1993年版,第57-58页。

挥刑罚的效果。贝卡里亚还阐述了罪刑均衡的构建。他认为所有侵犯公共利益的犯罪有一个从最严重到最轻微的无形阶梯，按照从高到低顺序排列，为了实现罪刑均衡，需要有一个相应的、由最强到最弱的刑罚阶梯，与之对称，不打乱其次序。他认为："有了这种精确的、普遍的犯罪与刑罚的阶梯，我们就有了一把衡量自由和暴政程度的潜在的共同标尺。"〔1〕对于罪刑均衡的构建，贝卡里亚提出了处理罪刑关系的三个原则：一是相似性原则，即刑质与罪质应尽可能相似；〔2〕二是相当性原则，即刑量与罪量应相当；〔3〕三是相称性原则，即刑罚的执行方式应与犯罪相对称。〔4〕

英国功利主义法学家边沁在其《立法理论—刑法典原理》一书中更进一步提出了"刑罚之苦必须超过犯罪之利""刑罚的确定性越小，其严厉性就应该越大""两种罪行相联时，严重之罪应该适用严厉之刑"等衡量与实现罪刑均衡的五个主要规则。为了实现罪刑均衡，边沁还归纳了滥用之刑、无效之刑、过分之刑和昂贵之刑这四种刑罚不应适用。〔5〕

德国古典哲学的集大成者、著名政治法律思想家黑格尔在其所著的《法哲学原理》一书中也阐述了罪刑关系，认为刑与罪应具有等价报应关系，审判机关应根据犯罪的质与量来决定刑罚的轻重。他说："犯罪自在地是一种无限的侵害行为，但作为定在，它必须根据质

---

〔1〕［意］贝卡里亚：《论犯罪与刑罚》，黄风译，中国大百科全书出版社 1993 年版，第 66 页。

〔2〕参见［意］贝卡里亚：《论犯罪与刑罚》，黄风译，中国大百科全书出版社 1993 年版，第 57 页。

〔3〕参见［意］贝卡里亚：《论犯罪与刑罚》，黄风译，中国大百科全书出版社 1993 年版，第 47 页。

〔4〕参见［意］贝卡里亚：《论犯罪与刑罚》，黄风译，中国大百科全书出版社 1993 年版，第 57-58 页。

〔5〕参见［英］边沁：《立法理论——刑法典原理》，李贵方等译，中国人民公安大学出版社 1993 年版，第 66-70 页。

和量的差别予以衡量。"[1]具体来说,一是必须根据犯罪的性质来决定适用的刑罚:犯罪的性质不同,适用的刑罚应有不同,而不能无区别地对所有犯罪适用同一种刑罚。二是必须根据犯罪的社会危害程度来决定刑罚的轻重,同一种犯罪在不同情况下可能被判处不同刑罚。[2]

通过考察启蒙思想家们和前期刑事古典学派代表人物对罪刑均衡的倡导和阐述,我们可以发现,他们所主张的罪刑均衡有两个层面和两个方面的意涵。所谓两个层面的意涵,是指罪刑均衡包括立法层面的罪刑均衡和司法层面的罪刑均衡。有的思想家侧重从立法层面倡导或阐述罪刑均衡,有的则侧重于从司法层面阐述罪刑均衡;这意味着罪刑均衡既是对立法的要求,也是对司法的要求。正是这两个层面的要求,使罪刑均衡从刑法思想演变为刑法的一个基本原则。所谓两个方面的意涵,是指某一个具体罪的罪刑关系方面的均衡和不同个罪的罪刑关系方面的均衡。或者说,罪刑均衡的含义包括两个方面:一是就某一个罪的罪刑关系而言,其刑质、刑量应与其罪质、罪量相均衡或相适应,不能刑与罪不相称,不能轻罪重刑或重罪轻刑。这就要求个罪的刑种与刑度的搭配具有合理性,立法者应兼顾具体情节,运用一定的立法技术来合理地设置刑种与刑度。二是就个罪与个罪之间的罪刑关系而言,不同的犯罪应有不同的刑罚,重罪重罚,轻罪轻罚,做到个罪之间的刑刑关系协调。这就要求个罪与个罪之间的刑种与刑度的搭配具有协调性,对危害性质、危害程度相近的犯罪,适用大致相同的刑种与刑度。

上述罪刑均衡理论虽然自启蒙时期以来经历了几百年的变迁,经历了人类社会发展中的犯罪观和刑罚观的演进,但仍然是现在

---

[1] [德]黑格尔:《法哲学原理》,范扬、张企泰译,商务印书馆 1961 年版,第 98-99 页。

[2] 参见马克昌主编:《近代西方刑法学说史》,中国人民公安大学出版社 2008 年版,第 154-156 页。

所要坚持和运用的刑法理论;之所以如此,是因为罪刑均衡既蕴含着公正价值,又具有一定的功利追求。公正又称为正义,“从词源学上说,它具有正当、平等的含义”〔1〕。“正义是给每个人——包括给予者本人——应得的本分。”〔2〕美国学者罗尔斯指出:正义是社会制度的首要价值。〔3〕刑法作为社会重要的法律制度,其首要价值当然非公正莫属,刑法的公正性是刑法重要的价值追求之一。而在启蒙思想家和古典学派的学者看来,刑法的公正性主要是通过报应刑来实现的。刑罚是对犯罪的报应,刑罚的质与量完全以犯罪的质与量为转移,犯罪对社会造成的危害应当成为刑罚的尺度,这是报应刑的基本内涵。报应刑主要表现为道义报应、法律报应、规范报应三个方面;在刑与罪的具体标准的认定上,又存在等量说和等价说。〔4〕康德持等量报应观,主张刑罚不仅应当在量上而且应当在形式上与犯罪相均衡,并认为只有这样才能真正实现罪刑均衡。黑格尔反对康德的“以牙还牙、以眼还眼”式的等量报应观,认为这样极易出现刑罚上的同态复仇;因而提出了等价报应观,即刑罚应当与具体犯罪在特定环境和时间中的特定价值即犯罪对社会带来的具体危害相一致。简言之,刑法的公正性是通过刑罚与犯罪在价值上的等同性或等价性体现出来的,而这种等同性或等价性就是罪刑均衡的基本意涵。因此,罪刑均衡的基本价值就蕴含着公正。〔5〕

罪刑均衡不但蕴含着公正价值,而且具有功利追求,即具有预防犯罪的目的。贝卡里亚、边沁极力主张罪刑均衡,就是着眼于预防犯罪的功利性。贝卡里亚主张的以刑罚的阶梯来对应犯罪的阶梯,实

---

〔1〕 陈兴良:《刑法理念导读》,法律出版社 2003 年版,第 148 页。

〔2〕 [美]阿拉斯戴尔·麦金太尔:《谁之正义? 何种合理性?》,万俊人等译,当代中国出版社 1996 年版,第 56 页。

〔3〕 参见[美]约翰·罗尔斯:《正义论》,何怀宏等译,中国社会科学出版社 1988 年版,第 1 页。

〔4〕 参见刘守芬、汪明亮:《试论罪刑均衡的功能性蕴涵》,载《法制与社会发展》2001 年第 5 期。

〔5〕 参见陈兴良:《刑法理念导读》,法律出版社 2003 年版,第 331 页。

现罪刑均衡,就是为了预防犯罪。贝卡里亚指出:“刑罚的目的既不是要摧残一个感知者,也不是要消除业已犯下的罪行……刑罚的目的仅仅在于阻止罪犯再重新侵害公民,并规诫其他人不要重蹈覆辙。”[1]边沁提出衡量罪刑均衡的五个主要规则是从功利主义出发的。他认为“根据功利主义原则,犯罪是指一切基于可以产生或者可能产生某种罪恶的理由而人们应当禁止的行为”[2]。“惩罚的首要目的是防止发生类似的犯罪。过去发生的毕竟只有一个行为,而未来则未可限量。已经实施的犯罪仅涉及某一个人,类似的犯罪将可能影响整个社会。”[3]但是,他认为,对受刑人,为了防止其再犯,还必须进行必要的教育和采取矫正措施。刑罚只有在综合考虑了儆戒、改造、隔离、对被害人的赔偿、刑罚经济这五种因素的时候,才能被正当化。

(二)罪刑均衡是刑法指示规定的理论基础

《刑法》第5条规定了“刑罚的轻重,应当与犯罪分子所犯的罪行和承担的刑事责任相适应”的罪责刑相适应原则。这里的“刑罚的轻重”,不但是指立法上的、对应于某种具体犯罪的法定刑的轻重,而且是指司法上的、根据犯罪人所犯的罪行和承担的刑事责任所实际判处刑罚的轻重。这里的“犯罪分子所犯的罪行”,不但是指作为法定刑配置根据的、刑法分则条文所规定的具体个罪,而且是指作为司法机关量刑根据的、刑事案件中犯罪人所犯之罪(已然之罪)。而刑罚的轻重应当与犯罪分子所犯的罪行相适应,指的就是罪刑均衡:一方面包括立法层面的罪刑均衡和司法层面的罪刑均衡,另一方面包括个罪的罪刑均衡以及个罪之间的罪刑均衡。很明显,《刑法》第5条

---

〔1〕[意]贝卡里亚:《论犯罪与刑罚》,黄风译,中国大百科全书出版社1993年版,第42页。

〔2〕[英]吉米·边沁:《立法理论——刑法典原理》,李贵方等译,中国人民公安大学出版社1993年版,第1页。

〔3〕[英]吉米·边沁:《立法理论——刑法典原理》,李贵方等译,中国人民公安大学出版社1993年版,第26页。

规定是包含着罪刑均衡内容的,是刑法对古典学派所主张的罪刑均衡理论的肯定,以至于有的学者将该条规定的原则称为罪刑均衡原则。[1] 但笔者认为,将该条规定的原则称为罪责刑相适应原则比较合适:它不但包括罪刑均衡,还包括罪责均衡,即刑罚的轻重应当与犯罪人承担的刑事责任相适应。“刑事责任”的综合调节功能,使刑罚的轻重既与犯罪的社会危害性程度相适应,又与犯罪人的人身危险性大小相适应,从而打破了刑罚与犯罪的机械对应关系,使刑法做到公正与功利的统一。总之,罪责刑相适应原则是反映犯罪、刑事责任、刑罚三者之间关系的一个基本原则,而不只是反映犯罪与刑罚二者之间关系的原则。

1. 罪刑均衡是刑法指示规定立法的理论基础

罪刑均衡回答了刑法为何作出指示规定或者刑法作出指示规定的目的所在。耶林曾经指出:“目的是全部法律的创造者。每条法律规则的产生都源于一种目的,即一种实际的动机。”[2]刑法作出指示规定,必有其目的。从“依照处罚较重的规定定罪处罚”之规定、“依照处罚较重的规定定罪从重处罚”之规定、“依照数罪并罚的规定处罚”之规定这三种类型的指示规定来看,罪刑均衡回答了指示规定的目的何在的问题。

第一,从“依照处罚较重的规定定罪处罚”的指示规定来看。对于同一行为事实符合数个犯罪构成,触犯数个不同罪名的情形,如果立法上没有设置“依照处罚较重的规定定罪处罚”的指示规定,司法工作人员一般要根据自己认同的罪数理论上的观点来定罪处罚,有的对其从一重罪处断,有的从一重罪从重处断,有的实行数罪并罚,这将造成全国范围内对同样案件的处断规则及其结论不一,属于典型的同案不同判。例如,对于醉驾肇事造成严重后果的行为,在

---

〔1〕 参见陈兴良主编:《刑法总论精释》(上)(第 3 版),人民法院出版社 2016 年版,第 60 页。

〔2〕 [美]E. 博登海默:《法理学:法律哲学与法律方法》,邓正来译,中国政法大学出版社 1999 年版,第 109 页。

《刑法修正案(八)》之前,刑法上既没有危险驾驶罪,也没有“有前款行为,同时构成其他犯罪的,依照处罚较重的规定定罪处罚”之指示规定,司法实践中有的判定为交通肇事罪,有的判定为以危险方法危害公共安全罪,还有的实行数罪并罚,就是明显的例证。反之,如立法上设置了“依照处罚较重的规定定罪处罚”,司法工作人员对这种类型的案件就再也不能各行其是,必须从一重罪处断,从而可以避免同案不同判的现象。

然而,在罪数处断规则上,除“依照处罚较重的规定定罪处罚”外,还有“依照处罚较重的规定定罪从重处罚”和“依照数罪并罚的规定定罪处罚”。立法上无论是规定“依照处罚较重的规定定罪从重处罚”,还是规定“依照数罪并罚的规定处罚”,都可以统一司法适用,解决同案不同判的问题。如果立法上设置“依照处罚较重的规定定罪处罚”只是为了解决同案不同判的问题,那么对于同一行为事实符合数个犯罪构成的情形,立法者为何既不规定“依照处罚较重的规定定罪从重处罚”,也不规定“实行数罪并罚”,而是只规定“依照处罚较重的规定定罪处罚”呢?显然,“统一司法适用、避免同案不同判”并不是“依照处罚较重的规定定罪处罚”的规范目的。那么,其规范目的是什么呢?笔者认为,立法上设置该规定的主要目的是要避免司法上的重复评价,实现罪刑均衡。罪刑均衡原则要求刑质与罪质相称、刑量与罪量相称,做到有罪当罚,无罪不罚;轻罪轻罚,重罪重罚;一罪一罚,数罪并罚;同罪同罚,罪罚相当。[1] 而司法上的重复评价,加重了被告人的刑事责任,是刑量与罪量不相称、罚不当罪的主要表现,因而是违反罪刑均衡原则的,损害了刑法的正义性。刑法的正义性要求:在通过惩罚犯罪保护法益的同时,切实保障被追诉人的权利,防止不当加重被追诉人的刑责。但是,如果刑法在立法上不通过创设指示性规则来禁止司法上的重复评价,“就丧失了保障

[1] 参见赵秉志等:《论罪责刑相适应原则》,载《郑州大学学报(哲学社会科学版)》1999年第5期。

被告人权利的机能”[1]，最终无法实现罪刑均衡和刑法的正义性。

而对于同一行为事实符合数个犯罪构成、触犯数个不同罪名的情形，如果立法上不设置“依照处罚较重的规定定罪处罚”的指示规定，司法工作人员完全可能基于自己的认识或者其他理由对被告人的行为宣告构成数罪，进行并罚。若进行数罪并罚，无疑会导致部分犯罪构成事实的重复评价，加重被告人的刑事责任，导致轻罪重罚或罚不当罪。反之，若立法上设置了这种指示规定，司法工作人员对此种情形案件的处断就不能自由裁量，只能从一重罪处断，从而限制了司法权的滥用，被告人的刑事责任就不会因重复评价而加重，可以避免罚不当罪的结果。例如，对于组织实施爆炸式恐怖活动方面培训的行为，《刑法修正案（九）》如果在规定准备实施恐怖活动罪之后，不作出“有前款行为，同时构成其他犯罪的，依照处罚较重的规定定罪处罚”之指示规定，司法工作人员就可能凭借自己的主观判断，或者根据自己所认同的学术观点，或以其他理由，将其认定为准备实施恐怖活动罪和爆炸罪（预备犯）两个罪名，实行并罚。但对组织爆炸恐怖行为进行培训，既是准备实施恐怖活动罪的实行行为，又是爆炸罪的预备行为，如果将其认定为两个罪名进行并罚，就对组织爆炸恐怖活动培训的同一不法事实进行了两次评价，加重了行为人的刑事责任。但是，《刑法修正案（九）》设置了这种指示规定，司法工作人员就不能对组织实施爆炸式恐怖活动培训的行为以准备实施恐怖活动罪和爆炸罪实行并罚，只能从一重罪处断。这就避免了此种案件的不法内容在定罪量刑上的重复评价，避免了被告人承担过重的刑事责任。

第二，从“依照处罚较重的规定定罪从重处罚”的指示规定来看。在行为事实符合数个罪刑规范构成数罪的情况下，立法者设置指示规定，明确将其处断规则规定为从一重罪从重处断，而不是将其处断规则规定为从一重罪处断和数罪并罚，笔者认为，其规范目的有两个

[1] 张明楷：《刑法格言的展开》（第3版），北京大学出版社2013年版，第508页。

方面：一方面是为了避免刑法对行为事实的重复评价，另一方面又是为了避免刑法对行为事实的评价不足。立法者设置指示规定，意图通过这两个方面目的的实现来贯彻罪刑均衡原则。具体来说，在行为事实符合数个犯罪构成、构成数罪的情况下，刑法规定只选择一重罪定罪，作一罪处断，而不实行数罪并罚，是为了避免刑法对行为事实的重复评价；而在以一重罪定罪、不实行数罪并罚的情况下，刑法规定对其从重处罚，而不仅仅是选择一重罪处断，又是为了避免刑法对该行为事实的评价不足，使与定罪量刑有关的行为事实在刑法上都能得到应有的评价。

第三，从“依照数罪并罚的规定处罚”的指示规定来看。刑法有关数罪并罚的规定有总则数罪并罚规定和分则数罪并罚规定两种情形。总则数罪并罚规定旨在对分则规定的实行数罪并罚的犯罪提供指导原则和方法，并制约法官对分则规定的实行数罪并罚的犯罪的司法操作。但分则 11 个有关数罪并罚规定的条款并非对总则数罪并罚规定的原则、方法、条件的具体化，而是有其不同于总则数罪并罚规定的规范目的。在分则 11 个“依照数罪并罚的规定处罚”的指示规定中，行为人实施的行为构成数罪的情况下，刑法为何不规定“依照处罚较重的规定定罪处罚”和“依照处罚较重的规定定罪从重处罚”，而是规定“依照数罪并罚的规定处罚”呢？笔者认为，这些条款的规范目的不是要禁止刑法重复评价，而是要对行为人实施的犯罪行为予以充分的刑法评价，以避免刑法评价不足。因为这些条款中涉及的犯罪之间往往存在一定的关联性，有的数行为是出于一个总的犯罪目的实施或有一个总的犯罪目的统领，有的存在手段与目的或原因与结果行为的牵连，有的数行为发生在同一犯罪过程中。如果从数罪关系角度来看，有的情况下构成牵连犯，若以通常的处断规则来理解，这完全可以“依照处罚较重的规定定罪从重处罚”，但刑法指示规定要对其“依照数罪并罚的规定处罚”，显然是要对行为事实进行充分评价，实现罪刑均衡。

2. 罪刑均衡是刑法指示规定适用解释的理论基础

刑法指示规定总是要适用于司法实践的。这就不可避免地存在对指示规定的适用解释问题,而这种适用解释的理论基础就是罪刑均衡。罪刑均衡不但是指示规定确定的处断规则适用范围解释的理论基础,而且是不同指示规定确定的不同处断规则适用范围协调性解释的理论基础。

第一,罪刑均衡为指示规定中处断规则适用范围的解释提供理论基础。前已述及,指示规定是由适用条件和处断规则构成的,其适用条件涉及罪数范围问题,其处断规则解决的是如何定罪处罚问题,最终要落实到"罚"上,因此,指示规定实际上也就是要解决什么样的罪数应以何种规则来定罪处罚的问题。在指示规定中,处断规则虽然是明确、确定的,但其适用条件和罪数范围是需要解释的。例如,《刑法》第 133 条之一第 3 款规定:"有前两款行为,同时构成其他犯罪的,依照处罚较重的规定定罪处罚。"此处的"依照处罚较重的规定定罪处罚"是处断规则,是确定的;而"有前两款行为,同时构成其他犯罪的"是适用条件,是不明确、不确定的,该适用条件如何确定?它指的是何种罪数形态?这需要通过教义学解释来确定。在处断规则即"依照处罚较重的规定定罪处罚"已经法定的情况下,何种罪数适用于该既定的规则,应考虑罪与刑的均衡问题,也就是说,应以罪刑均衡为理论根据。

第二,罪刑均衡为不同指示规定中不同处断规则适用条件上的区别的解释提供理论基础。不同的指示规定中往往确定了不同的处断规则。例如,在不同的指示规定中,"依照处罚较重的规定定罪处罚""依照处罚较重的规定定罪从重处罚""依照数罪并罚的规定处罚"是不同的处断规则,根据这些不同的处断规则得出的处罚结论是不同的。既然如此,那么其适用的罪数范围和适用条件应考虑有所区别,不能是处断规则不同,而罪数形态相同。因此,在解释具有不同处断规则的指示规定适用的罪数范围和适用条件时,要确定相应的罪数范围,对适用条件作出恰当的解释,做到不同处断规则在适用罪数范围上的协调性,就需要以罪刑均衡为理论基础,贯彻罪责刑相适应原则的要求。

二、罪数理论

前已述及,指示规定的存在前提是一行为触犯数个不同罪名和具有关联性的数行为触犯不同的罪名。正由于此,立法上才需要对这种情况做出处断规则选择的指示。而一行为触犯数个不同罪名和具有关联性的数行为触犯不同的罪名是刑法理论上所指的“罪数问题”,这正是罪数论的研究前提。根据有罪必罚、一罪一罚的原理,行为符合一个犯罪构成的,就应给予一罪的处罚;行为符合数个犯罪构成的,就应给予数罪的处罚。然而,由于刑法分则规定的法条之间或者犯罪行为之间错综复杂的关系,在某些情况下,虽然行为符合数个犯罪构成,但实行数罪数罚并不能贯彻罪刑均衡原则。这时,就需要解释为何行为符合数个犯罪构成而只能予以一罪处罚,这便是罪数论。[1] 更明确地说,只有行为符合数个犯罪构成,才存在罪数论的问题,需要进行罪数处断,因此罪数理论是立法上创设指示规定和司法上适用指示规定的理论基础。

“罪数是日本刑法学对触犯数个罪名的犯罪现象的一种理论概括”[2],“从用语本身就可以得知其基本含义,即行为人所犯之罪的数量”[3],或者说,行为人所犯的罪是一个还是数个。如果是一个,按照刑法分则规定的某一个罪定罪量刑即可;但如果是数个,就存在是按照一罪处断还是按照数罪处断的问题;如果是按照一罪处断,还存在是按照一重罪处断还是按照一重罪从重处断,抑或按照指定的某个罪处断或从重处断的问题。既然如此,一罪与数罪的区分

---

〔1〕 参见庄劲:《犯罪客体重合性罪数标准的倡导》,载《中国刑事法杂志》2006 年第 2 期。

〔2〕 陈兴良:《从罪数论到竞合论——一个学术史的考察》,载《现代法学》2011 年第 3 期。

〔3〕 张明楷:《罪数论与竞合论探究》,载《法商研究》2016 年第 1 期。

标准显得尤为重要和关键。其区分标准不同,同样的案件事实,有的认为是一罪,有的可能认为是数罪,结果会导致处断结论不同。而罪数理论主要就是研究一罪与数罪的区分标准、罪数形态的类型及其处断规则问题形成的观点、学说的总称。简言之,“先对犯罪的个数(罪数)加以判断、进而在实施了数个犯罪的场合再考虑对其如何适用刑罚,研究这一问题的就是罪数论”[1]。换言之,罪数论是行为人实施的行为是一罪还是数罪,以及若是数罪该如何适用刑罚的理论。其中“先对犯罪的个数(罪数)加以判断”是罪数论所要解决的首要问题,而对犯罪的个数进行判断必然涉及一罪与数罪之区分标准问题。

(一)一罪与数罪的区分标准

1. 观点分歧

一罪与数罪的区分标准历来是日本罪数论的争议焦点,大致存在着行为说、意思说、结果说(法益侵害说)、构成要件标准说等不同观点。[2] “我国罪数理论是在 20 世纪 80 年代后期从日本引进的”[3],因深受日本罪数论的影响,我国学界观点的多样性与日本较为接近。归结起来,中、日刑法理论上一罪与数罪的区分标准存在主观标准说、客观标准说、构成要件标准说、犯罪构成标准说、综合标准说等诸多观点。

(1)主观标准说

该说从主观主义的立场出发来确立一罪与数罪的区分标准。主观标准说又有犯意标准说、罪过标准说和意思支配下的目的标准说三种观点。

---

〔1〕 [日]山口厚:《刑法总论》(第 3 版),付立庆译,中国人民大学出版社 2018 年版,第 388 页。

〔2〕 参见[日]山口厚:《刑法总论》(第 2 版),付立庆译,中国人民大学出版社 2011 年版,第 367 页。

〔3〕 陈兴良:《从罪数论到竞合论——一个学术史的考察》,载《现代法学》2011 年第 3 期。

第一,犯意说。该说认为犯意的个数是区分一罪与数罪的标准。基于一个犯意实施的行为,构成一罪;基于数个犯意实施的行为,构成数罪。日本的牧野英一和木村龟二均持该说。[1] 我国也曾有个别学者主张该说。[2]

第二,罪过说。该说认为,罪过是犯罪构成的核心,[3]“只能以罪过为标准确立犯罪行为的数量,即一个罪过支配下实施的一系列举动就是一个犯罪行为”。[4] 有学者认为,“除了我国刑法中明确将符合数个犯罪构成的几个犯罪行为规定为一罪的情况外,都应该按照犯罪行为中主观罪过的个数来判定罪数”[5]。

第三,意思支配下的目的标准说。该说认为,“从行为一方面表现意思,一方面转向结果的观点来看,在意思的支配下达到一个目的为一罪。而且目的数由应达到结果的数而决定,但是结果的数不是现实发生的结果,而是由意图达到结果的数来决定”[6]。行为是犯罪意思支配下的目的外化表现,因此以意思支配下的犯罪目的的个数作为区分一罪与数罪之标准,就是理所当然的事。日本的平场治安持该说。[7] 该说是为了弥补犯意标准说的不足而提出的。我国没有人主张该观点。

(2)客观标准说

该说从刑法客观主义的立场出发来确立一罪与数罪的区分标准。客观标准说又有行为标准说、法益标准说和犯罪客体或法益侵害重合性标准说等观点。

---

〔1〕 参见吴振兴:《罪数形态论》,中国检察出版社 2006 年版,第 16 页。

〔2〕 参见王觐:《中华刑法论》,中国方正出版社 2005 年版,第 297-299 页。

〔3〕 参见王爱群:《罪数判断之“罪过”标准论——以想象竞合犯罪数本质的判断为例》,载《河南大学学报(社会科学版)》2010 年第 6 期。

〔4〕 陈忠林主编:《刑法》(总论),中国人民大学出版社 2003 年版,第 159 页。

〔5〕 吴念胜:《我国刑法中罪数理论的困惑与解读》,载《西南民族大学学报(人文社科版)》2006 年第 3 期。

〔6〕 张绳祖:《日本的罪数论与数罪并罚》,载《法学研究》1987 年第 1 期。

〔7〕 参见吴振兴:《罪数形态论》,中国检察出版社 2006 年版,第 16-17 页。

第一,行为说。该说认为犯罪是人的行为,行为的个数是区分一罪与数罪的标准。具体来说,行为人实施一个行为,构成一罪;行为人实施数个行为,构成数罪;一个行为不能构成数罪,数个行为也不能只构成一罪。行为说又有自然行为说与法的行为说之分。自然行为说认为应根据自然意义上的身体动作的个数来判定行为的个数,即一个动作为一个犯罪行为,即使该动作发生数个结果,也是一个犯罪行为;而若存在数个动作,则为数个犯罪行为。法的行为说认为应从法规范的角度来判断行为的个数,一个自然动作若符合数个构成要件,则是数个犯罪行为,而若数个自然动作只符合一个构成要件,则为一个犯罪行为,法的行为个数应依构成要件的符合次数而定。〔1〕

第二,法益说。该说认为,犯罪是侵害法益的行为,行为侵害法益的个数是区分一罪与数罪的标准。行为一次侵害一个法益,构成一罪;行为侵害数个法益,构成数罪;行为数次侵害一个法益也构成数罪。至于法益个数应依法益种类不同而定。日本学者泷川幸辰、宫本英修等主张法益标准说。〔2〕

第三,犯罪客体或法益侵害重合性说。犯罪客体重合性说认为,犯罪构成不是罪数的判断标准,因为犯罪构成的功能在于判断行为是否构成犯罪,说明行为具有可罚性,而不能说明行为可罚性的数量;罪数论的目的是在行为构成犯罪的前提下,解决行为应以一罪处罚还是应实行数罪并罚的问题。该说进而认为,"罪数的判断标准应当是犯罪客体的重合性……"〔3〕近年来,持该观点的学者又将之发展为法益侵害重合性说,认为"判断罪数的标准就是诸罪名不法评价的重复性。若诸罪名对行为的不法评价存在重复,为一罪,不可并

〔1〕 参见郭莉:《罪数判断标准研究》,载《法律科学(西北政法大学学报)》2010年第5期。

〔2〕 参见吴振兴:《罪数形态论》,中国检察出版社2006年版,第15页。

〔3〕 庄劲:《犯罪客体重合性罪数标准的提倡》,载《中国刑事法杂志》2006年第2期。

罚;若诸罪名对行为的不法评价并无重复,为数罪,必须并罚"[1]。而不法的本质是侵害法益,故判断不法评价重复性的标准只能是法益。不过,罪数的判断并非以侵害法益的个数为标准,而应是以法益侵害的重合性为标准。"若诸罪名评价的法益侵害存在重合,为一罪;若诸罪名评价的法益侵害不存在重合,为数罪。"[2]

(3)构成要件标准说

该说认为,犯罪是具备构成要件该当性、违法性、有责性的行为,将行为、结果、犯意等构成要件要素单独抽出来作为标准是不能决定犯罪个数的,而应当以将上述诸要素综合成整体的刑法各条的构成要件作为标准来区分一罪与数罪。日本的小野清一郎持该说。他说:"在罪数论中,我提倡以构成要件为标准,即有充分满足一次构成要件的事实为一罪。有充分满足两次构成要件的事实即为二罪,以此类推。"[3]该说也得到了大塚仁的赞同。[4] 该说主张犯罪的个数应根据构成要件评价的次数来决定,"案件事实一次符合一个构成要件的是一罪;案件事实数次符合一个构成要件或者符合数个构成要件的是数罪"[5]。这种观点实际上统合了行为、犯意、法益等犯罪的各种要素,同时考虑构成要件的特质而对罪数进行的综合判断。构成要件标准是日本多数学者和判例所主张的罪数判断标准。

(4)犯罪构成标准说

我国学者在全面评析西方学者罪数判断标准的主要观点之基础上,提出了犯罪构成标准说。该说认为犯罪构成是区分一罪与数罪的标准:行为具备一个犯罪构成的,构成一罪;行为具备数个犯罪构

---

[1] 庄劲:《机能的思考方法下的罪数论》,载《法学研究》2017年第3期。

[2] 庄劲:《机能的思考方法下的罪数论》,载《法学研究》2017年第3期。

[3] [日]小野清一郎:《犯罪构成要件理论》,王泰译,中国人民公安大学出版社1991年版,第108页。

[4] 参见[日]大塚仁:《刑法概说》(总论)(第3版),冯军译,中国人民大学出版社2003年版,第413页。

[5] 方鹏:《德国刑法竞合理论与日本罪数理论之内容比较与体系解构——兼及中国罪数理论的走向选择和体系重构》,载《比较法研究》2011年第3期。

成的，构成数罪。[1] 我国有不少学者支持该说。例如，叶良芳教授认为，“罪数判断的实质是检视行为事实与犯罪构成是否相符合的过程”，而“犯罪构成是犯罪成立的主客观诸要件的有机统一体，是判断行为事实是否成立犯罪的全部，因而，以犯罪构成作为罪数判断的基准，不但能彻底坚持主客观相统一原则，而且在逻辑上也具有自洽性”[2]。

(5)个别化说

该说认为，罪数有不同的种类，以一个标准对所有种类的罪数进行区分相当困难，比如构成要件说不能说明连续犯和包括的一罪的一罪性。因此，应根据罪数的不同种类采取不同的区分标准：区分是否为单纯一罪应以构成要件说为标准；在想象竞合犯、牵连犯的场合，应以行为说为区分标准；而在连续犯、包括一罪的场合，应将行为说与法益说结合起来作为其区分标准。[3]

(6)综合标准说

该说又有双层系统标准说和“以法益为中心、综合考量其他要素”的综合标准说两种观点。

第一，双层系统标准说。该说将罪数区分为规则罪数和不规则罪数两类，认为犯罪构成标准不能解决一切罪数区分问题，在犯罪构成理论这一解决规则罪数的判断系统之外，还需创设专门解决犯罪构成理论所不能解决的不规则罪数区分的判断系统。因此应形成两大判断系统，其中犯罪构成理论是第一判断系统，特殊罪数形态是第二判断系统，应有特殊的判断标准。[4]

第二，“以法益为中心、综合考量其他要素”的综合标准说。该说主张判断罪数应以法益为中心，同时综合考量意思、行为等要素。例

---

〔1〕 参见吴振兴：《罪数形态论》，中国检察出版社 1996 年版，第 16 页。

〔2〕 叶良芳：《罪数论的体系性反思与建构》，载《浙江大学学报(人文社科版)》2007 年第 4 期。

〔3〕 参见[日]平野龙一：《刑法总论Ⅱ》，有斐阁 1975 年版，第 408 页。

〔4〕 参见莫晓宇：《罪数理论的体系性思考》，载《中国刑事法杂志》2002 年第 2 期。

如日本曾根威彦认为,“罪数论必须构筑在实质的犯罪概念上,而非在形式的构成要件上,从而,考量罪数时,应以结果(法益)为中心,同时综合斟酌意思、行为等要素”[1]。我国也有学者认为,上述关于一罪与数罪的区分标准均有其缺陷,应该采取综合标准来判断罪数,即“应当在法益说的基础上,综合行为、犯意等各种犯罪要素,并考虑刑罚的适当性,而判断的结果,只有一罪或数罪”[2]。

2. 学界对于一罪与数罪区分标准不同观点的评判

对于犯意说,学界一般持否定态度。例如,有学者认为,犯意发自行为人的内心,外人难以探知,故完全以行为人的犯意决定犯罪的个数,实践中很难把握,不具有可操作性。[3] 有学者认为,如果以犯意作为区分一罪与数罪的标准,那么行为人以一个犯意实施数次行为,侵害数个不同的法益,也只成立一罪,是不妥当的。[4] 还有学者认为,只以犯意个数来确定罪数,忽视客观方面的情况,必然导致主观归罪,这是违背主客观相一致原则的。[5]

对于行为说,学界也一般持否定态度。例如,有学者认为,行为说注重犯罪的行为要素,固然有其合理性,但是除了行为,犯罪还有其他要素,如法益、主观罪过等,也是成立犯罪所不可缺少的,若将之忽略,则不合适。并且,如果彻底贯彻行为说中的自然行为说,会造成不当结论。例如,行为人分别以两个自然的身体动作枪杀两人和以一个自然的身体动作枪杀两人,如果按自然行为说,前者成立两罪而后者只成立一罪,这在刑罚的适用上不公平。可见,一罪与数罪的

---

[1] 陈子平:《刑法总论》,台北,元照出版公司 2008 年版,第 648 页。

[2] 郭莉:《罪数判断标准研究》,载《法律科学(西北政法大学学报)》2010 年第 5 期。

[3] 参见郭莉:《罪数判断标准研究》,载《法律科学(西北政法大学学报)》2010 年第 5 期。

[4] 参见陈子平:《刑法总论》,台北,元照出版公司 2008 年版,第 647 页。

[5] 参见刘宪权:《罪数形态理论正本清源》,载《法学研究》2009 年第 4 期。

区分不能全由行为的个数决定。[1] 有学者认为,“有许多犯罪类型以数个意思活动以及身体举动为必要,行为说对于已经预定数个行为的犯罪(如诈欺罪),以及结合数个可独立成罪的行为而成为一个犯罪的结合犯(如强盗罪)等,将难以说明”[2]。还有学者认为,如果只根据客观行为来确定罪数,忽视行为人的主观方面,会导致客观归罪,这违背主客观相一致原则。[3]

对于法益说,学界大多持否定或商榷态度。例如,陈子平教授认为,法益说“主张以侵害法益之个数决定罪数。惟于犯罪之成立上,行为及构成要件系不可欠缺者,故忽视行为及构成要件而决定罪数,并非妥当”[4]。但也有学者对法益说持肯定态度。例如,张明楷教授认为“法益说具有实质的合理性”。“由于刑法的目的是保护法益,犯罪的本质是侵害法益,所以,应当根据行为所侵犯的法益数量评价其符合几个犯罪构成或者构成几个犯罪。”[5]

对于构成要件标准说,日本学界一般持肯定态度。团藤重光、福田平、大塚仁、大谷实、川端博、野村稔等均持该说。例如,大塚仁在指出犯意标准说、行为标准说、法益标准说的缺陷之后,认为“应该采用构成要件标准说,必须根据构成要件符合性评价的次数来确定罪数”[6]。大谷实认为,“犯罪是以构成要件符合性为基准而成立的,在决定成立几个犯罪的场合,只能以构成要件符合性为标准……”[7]但日本也有学者对构成要件标准说持批判态度。例如,山口厚认为,

---

[1] 参见郭莉:《罪数判断标准研究》,载《法律科学(西北政法大学学报)》2010 年第 5 期。

[2] 陈子平:《刑法总论》,台北,元照出版公司 2008 年版,第 647 页。

[3] 参见刘宪权:《罪数形态理论正本清源》,载《法学研究》2009 年第 4 期。

[4] 陈子平:《刑法总论》,台北,元照出版公司 2008 年版,第 647 页。

[5] 张明楷:《刑法学》(上)(第 5 版),法律出版社 2016 年版,第 456-457 页。

[6] [日]大塚仁:《刑法概说》(总论)(第 3 版),冯军译,中国人民大学出版社 2003 年版,第 413 页。

[7] [日]大谷实:《刑法总论》,黎宏译,法律出版社 2003 年版,第 355 页。

“构成要件标准说什么都说了,但是和什么都没说一样”[1]。

我国学界对于构成要件说一般持批评态度。例如,我国大陆权威的刑法学教科书认为,构成要件说有严重缺陷,“因为按照西方刑法理论,构成要件符合性只是犯罪成立的条件之一,行为要构成犯罪,除了应具备构成要件符合性条件外,还必须具备违法性和有责性,所以行为符合构成要件的次数不等于犯罪的个数,从而以构成要件为标准并不能准确地将一罪与数罪加以区分”[2]。有学者认为,“构成要件说有综合犯罪的客观要件和关照刑法不同规定的优势,但实际上是对行为标准说、结果标准说和法益标准说的整合,本质上很难超越客观说”[3]。我国台湾地区也有学者认为,构成要件标准说不易说明包括的一罪的一罪性。[4] 但是,有学者对上述看法提出了批评,认为我国的犯罪构成标准说只不过是一种完善的构成要件标准说而已;无视两者之间的联系,对构成要件标准说持断然排斥态度是不可取的。[5]

对于犯罪构成标准说,国内学界一般持肯定态度。例如,有学者认为,犯罪构成标准说克服了上述各种观点的缺陷和片面性,坚持了主客观相一致原则,贯彻了罪刑法定原则,契合了罪数判断的实质,已经成为我国刑法学界大多数人的共识。[6] 有学者认为,“在我国罪数论中坚持犯罪构成标准,能够达到合理划分一罪与数罪的目

---

[1] [日]山口厚:《刑法总论》(第3版),付立庆译,中国人民大学出版社2018年版,第389页。

[2] 高铭暄、马克昌主编:《刑法学》(第8版),北京大学出版社、高等教育出版社2017年版,第182页。

[3] 齐文远主编:《刑法学》(第2版),北京大学出版社2011年版,第176页。

[4] 参见陈子平:《刑法总论》,台北,元照出版公司2008年版,第647-648页。

[5] 参见陆诗忠:《我国罪数理论之基本问题研究》,载《法律科学(西北政法学院学报)》2007年第2期。

[6] 参见刘宪权:《罪数形态理论正本清源》,载《法学研究》2009年第4期。

的”〔1〕。但也有学者认为,犯罪构成标准说存在“有碍判明不典型一罪的罪数本质”“逻辑顺序错误”“评价主次不明”“导致罪数划分体系之标准杂糅”等问题。〔2〕 还有学者认为,犯罪构成标准只能解释实质的一罪和法定的一罪,而对于处断的一罪,“犯罪构成标准的判断是做无用功,因为真正决定应否数罪并罚的是对处断一罪的判断”〔3〕。

对于个别化说,有的学者进行了利弊分析和批评,认为“个别化说的优点是全面、灵活,能适应区别刑法规定的各种犯罪的需要。但是,由于其标准的多元化,实际上等于否定了区分一罪与数罪的统一标准”〔4〕。“个别化说针对不同犯罪采取不同的判断标准,则没有坚持标准的统一性。”〔5〕甚至有学者认为,个别化说的采用是其他学说以失败告终之后的无奈之举。〔6〕

3. 一罪与数罪区分标准的学界观点评析

笔者认为,看一罪与数罪的区分标准是否合理或可取,首先必须明确确立罪数区分标准的具体任务是什么;如果不明确罪数区分标准的具体任务,就可能导致罪数区分标准功能的扩大化,甚至可能导致其承担解决整个罪数论问题的重任。在笔者看来,罪数论需要解决的是三个层次的问题,即一罪与数罪的区分、罪数的类型划分和罪数形态处断规则的确立。这三个层次的问题存在递进的逻辑关系:前一问题的解决只是后一问题解决的前提,后一问题的解决需要依赖前一问题的解决。正如金字塔的层级:下一层是上一层的基础,上

〔1〕 王明辉、唐煜枫:《论刑法中的一罪概念——兼及罪刑关联概念的建立》,载《政治与法律》2009 年第 3 期。

〔2〕 参见周啸天:《再论罪数的判断标准》,载《山西师大学报(社会科学版)》2011 年第 5 期。

〔3〕 庄劲:《机能的思考方法下的罪数论》,载《法学研究》2017 年第 3 期。

〔4〕 齐文远主编:《刑法学》(第 2 版),北京大学出版社 2011 年版,第 176 页。

〔5〕 叶良芳:《罪数论的体系性反思与建构》,载《浙江大学学报(人文社科版)》2007 年第 4 期。

〔6〕 参见陈文昊:《大竞合论的匡正与型构》,载《研究生法学》2016 年第 2 期。

一层是在认同下一层的前提下而存在或展开的。每一层次的问题都有其具体任务,不可杂糅在一起一并考虑。其中,一罪与数罪的区分的具体任务仅仅是解决行为事实的罪数评价问题,即行为事实是构成一罪还是构成数罪的问题,而不包括罪数的类型划分和具体的罪数形态处断规则的确立问题。至于罪数类型划分和罪数形态处断规则的确立,是这一层次问题解决之后的问题,或者说,罪数类型划分应依什么标准、处断规则应如何确立,是罪数区分之后需要进一步考虑的问题。依此看来,在德、日三阶层犯罪论体系语境下,构成要件标准说具有合理性,而在我国犯罪构成四要件理论的语境下,犯罪构成标准说具有合理性。以构成要件标准说和犯罪构成标准说来区分一罪与数罪,都符合罪刑法定原则的要求。罪数区分标准的其他观点都存在这样或那样的缺陷与不合理性或不可取性。其中法益标准说和以法益为中心综合考量其他要素的综合标准说是实质的犯罪观的反映,有背离罪刑法定原则的危险。

(1)三阶层犯罪论语境下构成要件标准说的合理性与可取性

日本的构成要件标准说主张以构成要件符合性评价的次数为标准来判断行为事实是一罪还是数罪,其合理性可从以下几个方面来看:

首先,构成要件符合性是认定行为成立犯罪的基本要件。“德日刑法理论的通说认为,一种行为成立犯罪必须具备构成要件符合性、违法性和有责性三个要件”〔1〕,这三个要件之间具有逐层递进的逻辑关系。〔2〕其中构成要件符合性是成立犯罪的基本要件,是入罪要件、认定犯罪的积极要件,而其他两个要件都必须以之为基础;且是具备构成要件符合性的行为的出罪要件和认定犯罪的消极要件,即符合构成要件的行为只有具备违法阻却事由和责任阻却事由时才能出罪,否则该行为便成立犯罪。

---

〔1〕 张明楷:《外国刑法纲要》,清华大学出版社 1999 年版,第 73 页。

〔2〕 参见陈兴良主编:《刑法总论精释》(第 3 版),人民法院出版社 2016 年版,第 96 页。

其次,在犯罪成立三阶层体系中,只有构成要件符合性评价的次数可作为罪数的区分标准,而违法性和有责性评价次数均不宜或无法作为罪数的区分标准。之所以说构成要件符合性评价的次数可以作为一罪与数罪的区分标准,是因为构成要件是刑法规定的、以罪状为载体的、包含着主客观方面要素的犯罪类型,也是立法者对于具有法益侵害性或威胁性的行为在刑法中的确认。对于具有法益侵害或威胁性的行为确定的处罚范围和处罚程度,是立法者考量之后的结果;所以,司法者通过对法定构成要件的把握来评价犯罪个数,也是对立法意图的贯彻。而违法性不一样。德、日刑法理论一般认为,违法性有形式的违法性和实质的违法性之分,二者互为表里关系。形式的违法性是违反实定法规范的性质,它要以法定的构成要件为依据判定,或者说,构成要件符合性是违法性的存在根据,也是其认识根据。〔1〕 因此,若将行为符合形式违法性的次数作为一罪与数罪的区分标准,最终必然要以构成要件符合性评价次数为标准来区分罪数。实质的违法性是违反实定法背后的法秩序或法伦理的性质;它是超越形式违法性的东西,对该问题仁者见仁、智者见智。因此,如果以符合实质的违法性次数作为区分罪数的标准,则因实质的违法性的不确定性而有违反罪刑法定原则之嫌;退一步说,如果以实质的违法性的外在表现即形式的违法性作为区分罪数的标准,则最终还是要落实到构成要件符合性的评价上来。显然,违法性评价的次数不宜作为一罪与数罪之区分标准。而有责性评价则无法作为罪数的区分标准。有责性是指对实施符合构成要件的、违法的行为的人的非难可能性。责任的要素包含责任年龄、责任能力、故意或过失、违法性认识、期待可能性等内容,责任判断也包括对这些要素的判断。因为这些内容都集中于一个犯罪主体,而同一犯罪主体在实施某一行为或数个关联行为时的责任年龄、责任能力一般是同一的,因此无法以有责性评价的次数作为罪数的区分标准。

---

〔1〕 参见张明楷:《外国刑法纲要》,清华大学出版社 1999 年版,第 75-76 页。

将构成要件符合性评价的次数作为一罪与数罪的区分标准,不但具有合理性,而且具有可取性。因为在罪刑法定原则的要求下,构成要件是法定的、定型的,立法者一旦在刑法中规定了某个犯罪的类型,就确定了下来,除非立法修改。既然已经确定,司法者就必须以之为据评价行为是否具备构成要件符合性,进而作出是否成立犯罪的判断;所以,以构成要件符合性评价次数作为一罪与数罪的区分标准具有可操作性。而违法性和有责性的判断是出罪的判断、消极的判断,故将违法性或有责性评价作为罪数判断标准可操作性不强,是不可取的。

(2)四要件犯罪论语境下犯罪构成标准说的合理性和可行性

犯罪构成标准说的合理性可从以下几个方面来看:首先,"犯罪构成是认定犯罪的法律标准"〔1〕。我国刑法理论的通说认为,一种行为成立犯罪必须具备犯罪客体、犯罪客观方面、犯罪主体和犯罪主观方面这四要件,缺少其中任何一个要件都不能成立犯罪;而且这四要件所形成的犯罪构成是刑法规定的,具有法定性。这是罪刑法定原则的基本要求。既然如此,司法上以法定的犯罪构成为标准来认定行为是否成立犯罪以及成立犯罪的个数,是贯彻罪刑法定原则的基本要求。其次,一罪与数罪的区分所要解决的是罪的个数问题,属于罪的确定问题,而不是罪的处断问题。既然是罪的确定问题,就必须以犯罪构成为标准进行判断,看行为是符合一个犯罪构成还是符合数个犯罪构成;如果以其他标准为判断依据,不但偏离了罪刑法定原则对犯罪构成法定性的要求,而且会导致罪的确定不当。最后,更进一步说,罪的个数确定与罪的成立判断是同时性问题,而不是历时性问题。具体来说,行为事实是否成立犯罪的判断要以刑法分则规定的个罪的犯罪构成为标准,在以个罪的犯罪构成为标准判断行为事实是否成立犯罪之时,必然要判断其构成什么罪,是构成一罪还是构成数罪。这就是说,罪的成立判断与罪的个数判断不能截然分

〔1〕 张明楷:《刑法学》(上)(第5版),法律出版社2016年版,第99页。

开，思维上是同时进行的，不是先判断是否成立犯罪，再判断是否构成数罪。既然如此，罪的成立判断标准与罪的个数区分标准必然是同一的，都是法定的犯罪构成。

以行为事实符合犯罪构成的个数作为区分罪数的标准不但具有合理性，而且具有可行性。因为犯罪构成是法定的，是判定行为是否成立犯罪以及成立何罪的法律标准，所以以行为符合犯罪构成的个数来判定罪数具有可操作性。

(3)主观标准说的不可取性

无论是在德、日，还是在我国，主观标准说只是少数人的见解，一直没有成为学界的通说。之所以如此，是因为其不可取性比较明显。

首先，从整个主观标准说来看，一罪与数罪的区分是行为事实成立犯罪个数的判定，而成立犯罪的个数必须以法定的犯罪构成为依据，这是罪刑法定原则的要求。而主观标准说只以犯意或犯罪意思的个数、罪过的个数或犯罪目的的个数作为区分一罪与数罪的标准，忽视了犯罪成立的客观面，在犯罪成立条件上违背了主客观相统一原则，也与罪刑法定原则所要求的犯罪成立条件的法定性相悖；同时，犯意、罪过、犯罪目的都属于行为人的主观心态，采用这些主观标准与现代刑法理念不符。因为现代刑法强调“无行为则无犯罪”，故行为是犯罪概念的基底；而且行为只有侵害或现实地威胁法益时，才能纳入刑法处罚范围，而上述三种主观标准均忽视了犯罪概念的基底和本质。

其次，从犯意标准说来看，所谓犯意，是指犯罪的意图或想法。而人的一个意图或想法，可能外化为数个举动或行为。照此理解，多种不同的犯罪行为完全可能在某一个犯意支配下实施。那么，以犯意的个数作为区分罪数的标准，会导致一个犯意支配下实施的数个符合不同犯罪构成的行为只能成立一罪的结果。例如，甲在一个图财的犯意支配下，先后实施了盗窃、抢夺和抢劫行为，按照刑法规定的犯罪成立条件，这三种行为均可独立成罪，如果具备盗窃罪、抢夺罪和抢劫罪的成立条件，那就应当构成这三个罪。然而，如以犯意个数为标准,这种情况就只能成立其中的一罪;而且究竟以何罪论处,还会成为难以抉择的问题。显然,以犯意为标准区分一罪与数罪可能会导致罪刑极不相适应,违背罪责刑相适应原则,故犯意标准说是不可取的。

再次,从罪过标准说来看,罪过是行为人实施危害行为时故意或过失的主观心理态度。从我国刑法规定来看,罪过存在直接故意、间接故意、过于自信的过失和疏忽大意的过失四种形式。若以罪过的个数作为区分罪数的标准,则会导致一个行为若存在两个不同的罪过心理构成两个罪的情况发生。例如,甲想枪杀乙,在明知站在乙旁边的丙可能会被射杀的情况下,为了杀死乙,仍然开枪向乙射击,结果不但枪杀了乙,而且枪杀了丙。此案甲存在直接故意和间接故意两种罪过心理,若以罪过数为标准区分罪数,则对甲的一个枪杀行为就要以两个故意杀人罪定罪。但若以两个故意杀人罪定罪,就会导致甲实施的一个行为被重复评价,这对甲有失公允,因此罪过标准说是不可取的。

最后,从犯罪目的标准说来看,以犯罪目的的个数作为罪数的区分标准,更不可取。因为学界一般认为,犯罪目的只存在于直接故意犯罪中,间接故意犯罪和过失犯罪不存在犯罪目的,那么,犯罪目的就不能成为间接故意犯罪的一罪与数罪、过失犯罪的一罪与数罪的区分标准。而且,即便是直接故意犯罪,如果是目的犯,也难以以犯罪目的作为罪数的区分标准;因为目的犯的目的具有层次性,包括直接故意中的意志因素和特定犯罪目的(主观的超过要素),这种情况下到底以哪一层次的目的作为一罪与数罪的区分标准,犯罪目的标准说没有明确。而且同一案件,如果以特定犯罪目的作为区分罪数的标准,可能构成一罪;但如以直接故意中的意志因素作为区分罪数的标准,就可能构成两个罪。此外,若以犯罪目的的个数作为区分一罪与数罪的标准,则在一个犯罪目的支配下实施符合不同犯罪成立条件的行为,就只能构成一罪,这是不符合刑法对于不同犯罪的区分要求的。

(4)客观标准说的不可取性

首先,从整个客观标准说来看,成立犯罪的个数必须以刑法规定的犯罪构成为依据,而客观标准说只以行为个数、侵害法益的个数、犯罪客体或法益侵害的重合性作为区分一罪与数罪的标准,都不是以法定的犯罪构成这个整体来评价行为事实,违背了犯罪构成基本原理和认定犯罪的法律要求。因为法定的犯罪构成虽然是由犯罪客体、犯罪客观方面、犯罪主体、犯罪主观方面构成的,但是其中任何一个要件都不能代替犯罪构成整体,否则就犯了以偏概全的错误。而若犯以偏概全的错误,其得出的罪数结论往往会与以犯罪构成为标准得出的结论大相径庭,与实定法的要求相悖。

其次,从行为说来看,以行为的个数作为区分一罪与数罪的标准,虽然重视以行为作为犯罪概念的基底,但是,究竟什么是刑法中的行为,学界存在自然行为论、有意行为论、目的行为论、社会行为论等多种观点,从不同的观点来界定行为,会得出不同的结论,这势必会影响行为个数的判定。而将行为个数作为区分一罪与数罪的标准首先就必须分清行为的个数。然而,一行为与数行为以什么为标准来区分,学界观点林立,见仁见智,尚无定论。[1] 以不同的标准来区分行为个数,会得出不同的结论。因此,以行为的个数作为区分一罪与数罪的标准存在行为个数如何认定的问题。

再次,从法益说来看,以行为侵害法益的个数作为区分一罪与数罪的标准,虽然重视犯罪的本质在认定犯罪中的作用,但是,法益是一个抽象的概念,在许多个罪立法中并无明确的表达,它需要从个罪的立法定位与犯罪成立条件中进行归纳抽象才能得出结论。故法益侵害认定者的认识不同,可能会得出不同的结论,从而导致罪数认定上的争议。而且,行为侵害法益的个数必须与具体的犯罪相连接才能认定,单纯从行为侵害法益的个数上是不能认定行为事实的犯罪个数的。或者说,以法益为标准判定犯罪个数是不能离开犯罪构成

---

〔1〕 关于行为个数的区分问题,下文将有专门阐述。

标准的,如果行为事实未达到数个犯罪的成立条件,即便行为侵害了数个法益,也不能构成数罪。再者,刑法规定的犯罪并非都是只侵犯一个法益,有的犯罪侵犯数个法益,例如抢劫罪、贪污罪等,这些犯罪也只是一个罪,并不是数罪,如果说它是数罪,就不符合抢劫罪、贪污罪等犯罪的犯罪构成的法定性和罪刑法定原则的要求。因此,单纯以行为侵犯法益的个数为标准是不能区分一罪与数罪的,法益标准只有与犯罪构成标准相结合才能起到作用。

最后,从犯罪客体或法益侵害重合性说来看,该说认为行为符合不同的犯罪构成、触犯不同的罪名是罪数论的前提,并以此为逻辑起点来讨论罪数判断问题。笔者认为,这种观点混淆了行为成立犯罪与成立犯罪的个数、罪数判断与罪数处断这两对概念。行为成立犯罪与成立犯罪的个数虽然是同时判定的,但不能将二者等同起来。因为二者要解决的问题是不同的:行为成立犯罪解决的问题是,行为是否构成犯罪;而行为成立犯罪的个数所解决的问题是,行为是构成一罪还是数罪。所以,行为符合不同犯罪构成的判定并非罪数论的前提,而是罪数论的内容。更值得注意的是,这种观点还混淆了罪数判断与罪数处断的概念。罪数判断是解决行为事实是构成一罪还是数罪的问题,而罪数处断是解决行为在构成数罪的情况下如何定罪处罚的问题。罪数判断是罪数处断的前提,但并不必然导致罪数处断,其与罪数处断都属于罪数论的内容。而犯罪客体或法益侵害重合性标准说实际上讨论的不是罪数判断问题,而是罪数处断问题。因此该观点从根本上脱离了罪数判断的本体,是不可取的。

(5)个别化标准说的不合逻辑性

首先,个别化标准说主张根据罪数的不同种类采取不同的区分标准,犯了前后倒置的逻辑错误。罪数的区分标准讨论的是行为事实评价为一罪还是数罪的问题,区分的是犯罪个数;而罪数种类讨论的是罪数的类型划分问题,区分的是罪数类型。从二者发生的时间逻辑上看,罪数区分在先,罪数类型区分在后。因此,罪数的类型划分是以罪数的区分为前提的。而个别化标准说意味着先要区分罪数的种类,然后才能确定罪数的区分标准,不符合罪数问题的逻辑性,这是个别化说的根本缺陷。

其次,根据个别化说,单纯的一罪的区分应以构成要件说为标准,连续犯、吸收一罪等包括的一罪的区分应将行为说与法益说结合起来作为标准,想象竞合犯、牵连犯的区分应以行为说为标准。而这里的单纯的一罪、连续犯、吸收一罪、想象竞合犯、牵连犯等均是罪数形态类型划分的结果,而不属于一罪与数罪的划分问题,也不是罪数区分的直接结论。显然,这种观点没有分清罪数区分与罪数类型区分这两个不同层面的问题,将两个层面的问题混为一谈,从而将罪数区分标准作为罪数类型区分的标准。更进一步说,个别化标准说实际上区分的是罪数类型,而不是罪数。如果按照这种观点继续推演,就必然还需要进一步思考:连续犯、想象竞合犯、牵连犯等罪数形态概念从何而来?它们又是以什么为标准对罪数进行区分后得出的?很明显,个别化标准说实际上根本没有说明罪数的区分标准是什么,因此这种观点是不合理的。

(6)综合标准说的不可取性

第一,双层系统标准说存在明显的缺陷。首先,该说将罪数区分为规则罪数和不规则罪数两类,认为规则罪数的区分应以犯罪构成为标准,而对于不规则罪数的区分,应创设不受犯罪构成理论制约的特殊判断标准,〔1〕但这种特殊的罪数判断标准是什么,却语焉不详。这就给罪数区分带来了疑惑和不确定性,这是该观点最大的缺陷或不足。其次,该说认为实质的一罪、法定的一罪和处断的一罪属于特殊的罪数形态,需要运用犯罪构成标准之外的罪数判断标准来区分,同样没有认清到底是先有罪数区分还是先有罪数类型的问题,犯了与个别化标准说一样的逻辑错误,结果必然导致罪数理论上的逻辑混乱。

第二,"以法益为中心、综合考量其他要素"的综合标准说存在不

〔1〕 参见莫晓宇:《罪数理论的体系性思考》,载《中国刑事法杂志》2002年第2期。

合理性。首先,以法益为中心或本位来区分一罪与数罪是实质的犯罪观在罪数论上的反映。实质的犯罪观认为犯罪的本质是侵害法益,应以犯罪的本质为指导来解释刑法规定,确定刑法处罚范围。例如,日本的前田雅英教授认为,“构成要件符合性的判断,是从实质上判定是否存在达到值得科处刑罚程度的法益侵害。违法性的判断,也必须是以优越的利益为中心的实质判断;责任必须是扎根于国民规范意识的实质的非难可能性”〔1〕。张明楷教授也主张“对于刑法规定的行为,以实质合理性为根据进行解释,将不值得追究刑事责任的行为排除在犯罪之外”〔2〕。然而,什么是侵害法益“达到值得科处刑罚程度”,什么是侵害法益“不值得追究刑事责任”,或者说侵害法益达到什么程度才能追究刑事责任,都是非常不明确的,存在任意解释、侵犯人权的危险。因此,以法益为中心或本位来区分一罪与数罪有违罪刑法定原则。

其次,以法益为中心,综合考量犯意、行为等要素,甚至还要考虑“刑罚的必要充分性”来区分一罪与数罪,〔3〕表面上看,似乎弥补了单采法益标准、犯意标准或行为标准的缺陷,做到了罪数判断上的全面考量,但实际上使罪数判断标准越来越模糊,缺乏司法实践上的可操作性。因为“刑罚的必要充分性”是一个十分模糊的、见仁见智的概念,缺乏一个具体的衡量标准;况且现实中的犯罪案件所侵犯的法益可能是一个,也可能是数个;行为可能是一个,也可能是数个;犯意可能是一个,也可能是数个。在法益、行为、犯意三者之间,存在多种排列组合问题,行为事实究竟是一罪还是数罪,如果以该说确立的标准来判断,最终还是不可避免地会落到法益标准、行为标准或犯意标准上来,陷入法益标准说、行为标准说、犯意标准说的片面性缺陷。例如,行为人盗窃数额较大的、正在使用中的电线的行为,究竟构成

---

〔1〕 刘艳红:《实质犯罪论》,中国人民大学出版社 2014 年版,第 2 页。

〔2〕 张明楷:《法益初论》,中国政法大学出版社 2000 年版,第 263 页。

〔3〕 参见郭莉:《罪数判断标准研究》,载《法律科学(西北政法大学学报)》2010 年第 5 期。

一罪还是数罪？如果根据该综合标准说来判断，应先进行法益个数考量，然后以行为个数考量、犯意个数考量为补充。很明显，这种行为既侵犯电力公司的财产权，又侵犯电力用户的公共安全，因此法益个数应认定为两个，以法益个数为标准应评价为数罪；但在这种情况下行为人实际上只实施了一个盗割电线的行为，其犯意也只有一个，即盗窃犯意，若以行为个数、犯意个数考量，则应评价为一罪。如果以数罪评价，那么行为、犯意考量就没有起作用；如果以一罪评价，则法益考量就没有起作用。该行为事实到底应评价为一罪还是评价为数罪，如果是综合起来看，则无法确定；如果要确定罪数，就只能是要么以法益个数考量，要么以行为个数或犯意个数考量。如果是这样，最终还是法益标准、行为标准或犯意标准在起作用，综合标准实际上没有起任何作用。显然，"以法益为中心、综合考量其他要素"的综合标准说是最不合理的。

综上所述，中外学界在一罪与数罪的区分标准上存在各种不同的观点，对于各种不同的观点，学界又存在各种不同的看法。从其合理性或可取性来看，如果采用三阶层犯罪论体系来讨论罪数问题，那么构成要件标准说具有合理性和可取性；如果采用四要件犯罪论体系来讨论罪数问题，则犯罪构成标准说具有合理性和可取性；而无论是在三阶层犯罪论体系还是在四要件犯罪论体系的语境下来讨论罪数问题，主观标准说、客观标准说、个别化说和综合标准说都存在不合理性或不可取性。因此，本书采取犯罪构成标准说。

(二)罪数的类型划分

以犯罪构成为标准区分一罪与数罪之后，需要进一步讨论的问题就是罪数的类型划分。罪数既然包括一罪与数罪，那么罪数的类型划分就包括一罪的类型划分和数罪的类型划分。

1. 一罪的类型划分

(1)学界不同观点

关于一罪的类型划分，学界有"两分法"、"三分法"、"四分法"等各种不同的观点。“两分法”是指将一罪的类型区分为两类,然后再做细分。两分法又有各种不同的观点。日本大谷实教授将一罪区分为本来的一罪和科刑的一罪。其中本来的一罪是指“犯罪成立上的一罪,即被评价为一次符合构成要件的事实”〔1〕;科刑的一罪是指“虽然在犯罪的成立上是数罪,但在刑罚适用上可以看作为一罪”〔2〕。我国有的学者将一罪区分为典型一罪与非典型一罪。其中典型一罪包括接续犯、举动犯、徐行犯等犯罪形态;非典型一罪包括继续犯、结果加重犯、想象竞合犯、结合犯等犯罪形态。〔3〕有的学者将一罪区分为实质的一罪和形式的一罪。其中实质的一罪是指一罪名规定中只包含一个犯罪构成,如法条竞合、想象竞合犯、吸收犯、结果加重犯、单一的行为犯等犯罪形态;形式的一罪是指一罪名规定中包含了数个犯罪构成,如连续犯、结合犯和部分牵连犯。〔4〕有的学者将一罪区分为单纯的一罪和复杂的一罪。其中“单纯的一罪是指行为人实施的危害行为触犯单一的犯罪构成”;复杂的一罪是指行为事实“所触犯的犯罪构成是复合的犯罪构成”〔5〕。

“三分法”是指将一罪的类型区分为三类,然后再做细分。“三分法”又有多种不同的观点。日本有学者将一罪区分为单纯的一罪、包括的一罪和科刑上一罪。〔6〕我国台湾地区有学者将一罪分为单纯的一罪、评价的一罪和科刑的一罪。其中单纯的一罪是指某具体行为事实,如果经过刑法评价后,并经认识上罪数的检验,仅成立一罪的情况;评价的一罪是指某具体行为事实,经认识上罪数的检

〔1〕[日]大谷实:《刑法总论》,黎宏译,法律出版社2003年版,第356页。

〔2〕[日]大谷实:《刑法总论》,黎宏译,法律出版社2003年版,第362页。

〔3〕参见叶良芳:《罪数论的体系性反思与建构》,载《浙江大学学报(人文社科版)》2007年第4期。

〔4〕参见杨兴培:《论一罪的法律基础和事实基础》,载《法学》2003年第1期。

〔5〕陆诗忠:《我国罪数理论之基本问题研究》,载《法律科学(西北政法学院学报)》2007年第2期。

〔6〕参见[日]山口厚:《刑法总论》(第2版),付立庆译,中国人民大学出版社2011年版,第368页。

验,虽然符合数个犯罪构成,但进入评价上罪数的检验之后,认定其仅成立一罪的情况;科刑的一罪是指某具体行为事实,在评价上的罪数为数罪,但在科刑上必须合并以单一罪进行评价而依一罪处断的情况。[1] 我国台湾地区也有学者将一罪分为本来的一罪、包括的一罪和科刑上的一罪。其中本来的一罪包括单纯的一罪和法条竞合;包括的一罪又分为同性质的包括一罪(集合犯、接续犯、连续犯等)和异性质的包括一罪(吸收一罪);科刑上的一罪包括想象竞合犯、牵连犯和连续犯。[2] 我国早期有学者将一罪分为三种情况:一是一行为在刑法上被规定为一罪或处理时作为一罪的情况,包括继续犯、想象竞合犯、结果加重犯;二是数行为在刑法上被规定为一罪的情况,包括结合犯、惯犯;三是数行为在处理时被作为一罪的情况,包括连续犯、牵连犯和吸收犯。[3] 也有学者将一罪分为单纯的一罪、实质的一罪和裁判上的一罪。[4] 其中单纯的一罪是指行为事实具备一个犯罪构成,构成一罪的情况,如继续犯、法条竞合等;实质的一罪是指数个行为或一个行为产生加重结果,形式上具备数个犯罪构成,实质上构成一罪的情况,如结合犯、结果加重犯、吸收犯;裁判上的一罪是指一个行为触犯数个罪名,或者数行为具备数个犯罪构成但作为一罪处理的情况,如想象竞合犯、连续犯、牵连犯等。[5] 近年张明楷教授借鉴日本学者的观点,将一罪分为单纯的一罪(包括继续犯、法条竞合等)、包括的一罪(连续犯、集合犯、吸收一罪)和科刑的一罪(包括想象竞合犯与不并罚的牵连犯)。其中单纯的一罪是指无论依据什么标准,都只能评价为一罪,只能适用一个刑法分则条文的情形;包括的一罪是指对行为进行孤立评价,可能得出数罪的结论,但如果进行整体评价,只需要适用一个刑法分则条文的情形;科刑的一罪是

〔1〕 参见甘添贵:《罪数理论之研究》,中国人民大学出版社 2008 年版,第 10 页。
〔2〕 参见陈子平:《刑法总论》,台北,元照出版公司 2008 年版,第 650-678 页。
〔3〕 参见顾肖荣:《刑法中的一罪与数罪》,学林出版社 1986 年版,第 505 页。
〔4〕 参见马克昌主编:《犯罪通论》,武汉大学出版社 1999 年版,第 619 页。
〔5〕 参见马克昌主编:《犯罪通论》,武汉大学出版社 1999 年版,第 619 页。

指行为构成数罪,应当适用数个刑法分则条文,但只需要适用一个重法定刑的情形。[1] 还有学者以犯罪客体是否具有重合性为标准,将罪数分为一罪与数罪,认为一罪的类型包括法条竞合、吸收犯和结果加重犯。这些罪数形态的客体均具有重合性。[2]

"四分法"是指将一罪分为四类,然后再做细分。日本有的学者将一罪分为单纯的一罪、特种的一罪、包括的一罪和处断的一罪。其中包括的一罪包括常业犯、惯习犯和接续犯;处断的一罪包括想象竞合犯、牵连犯和连续犯。[3] 我国台湾地区有的学者将一罪分为一行为符合一个构成要件的一罪(具体包括单纯的一罪、包括的一罪、接续犯、继续犯、结果加重犯和法条竞合)、一行为符合数个构成要件的一罪(如想象竞合犯)、数行为符合一个构成要件的一罪(如集合犯)和数行为符合数个构成要件的一罪(如牵连犯、连续犯和结合犯)四类。[4] 吴振兴教授也主张四分法,但与上述观点不同。他将一罪的类型区分为两对四种,即单纯的一罪与实质的一罪、法定的一罪与处断的一罪。[5] 其中单纯的一罪是指在一个罪过形式下实施一个行为,符合一个犯罪构成的情况;实质的一罪是指行为事实虽在形式上具有数罪特征,但实质上是一罪的情况,如结果加重犯、继续犯、法条竞合等。法定的一罪是指行为事实本来符合数个犯罪构成,但基于某种特定的理由,法律将其规定为一罪,如结合犯。处断的一罪是指行为事实本来符合数个犯罪构成,但因其固有的特征,处断时作为一罪的情况,如连续犯、牵连犯、吸收犯。[6]

---

[1] 参见张明楷:《刑法学》(上)(第5版),法律出版社2016年版,第461页。

[2] 参见庄劲:《犯罪客体重合性罪数标准的倡导》,载《中国刑事法杂志》2006年第2期。

[3] 参见吴振兴:《罪数形态论》,中国检察出版社2006年版,第42页。

[4] 参见陈朴生、洪福增:《刑法总则》,台北,五南图书出版公司1982年版,第286-297页。

[5] 参见吴振兴:《罪数形态论》,中国检察出版社2006年版,第49页。

[6] 参见吴振兴:《罪数形态论》,中国检察出版社2006年版,第49-50页。

(2)学界观点存在的问题

第一,上述观点大多背离了学者所主张的一罪与数罪的区分标准。对于一罪与数罪的区分标准,学界存在各种不同的观点,有的主张法益标准说,有的主张行为标准说,有的主张构成要件标准说,有的主张犯罪构成标准说,等等。如果按照法益标准说,行为只侵害一个法益的,才是一罪;如果按照行为标准说,只有一个行为的,才是一罪;如果按照构成要件标准说,行为只有符合一个构成要件的,才是一罪;若按照犯罪构成标准说,则行为只有符合一个犯罪构成的,才构成一罪。但是,上述对于一罪的类型划分的学者大都没有坚持自己所主张的罪数区分标准。例如,日本大谷实教授是构成要件标准说的支持者,他将一罪区分为本来的一罪和科刑上一罪,而科刑上一罪并不是行为符合一个构成要件而是符合数个构成要件。山口厚教授是法益说的支持者,他将一罪区分为单纯的一罪、包括的一罪和科刑上一罪,〔1〕而包括的一罪和科刑上一罪都存在侵害数个法益的情况。我国的张明楷教授是法益说的赞同者,他将一罪分为"单纯的一罪(包括连续犯、法条竞合等)、包括的一罪和科刑的一罪(包括想象竞合与不并罚的牵连犯)"〔2〕,而包括的一罪和科刑的一罪并不只是侵害一个法益而是侵害数个法益。吴振兴教授是犯罪构成标准说的支持者,他将一罪区分为单纯的一罪与实质的一罪、法定的一罪与处断的一罪,而他所指的处断的一罪是符合数个犯罪构成的情形。显然,这些学者所指的一罪并不完全是自己所主张的罪数区分标准下的一罪,其背离了自己所认同的罪数区分标准。

第二,一罪类型划分的标准不明确。分类必须要有明确的标准;只有标准明确,才有利于认识根据这种标准划分的不同类型。但是,上述对于一罪的类型划分的各种观点中,有的分类标准是不明确

---

〔1〕 参见[日]山口厚:《刑法总论》(第3版),付立庆译,中国人民大学出版社2018年版,第390页。

〔2〕 张明楷:《刑法学》(上)(第5版),法律出版社2016年版,第461页。

的。例如,有的学者将一罪分为典型的一罪与非典型的一罪,典型与非典型的区分标准是什么,该学者只字未提。有的学者将一罪分为实质的一罪与形式的一罪,其区分标准是什么,该学者也未明确。有的学者将一罪分为单纯的一罪与实质的一罪、法定的一罪与处断的一罪,其划分标准是什么,不得而知。有的学者将一罪分为单纯的一罪、包括的一罪和科刑的一罪,对于其区分标准是什么,也未论及。总之,这些学者对于一罪的类型划分都没有阐明其分类标准。

第三,一罪类型划分的标准不统一。从逻辑上说,分类标准必须统一。标准不同,则类型不同。按照逻辑法则,同一层面上的不同类型应有统一的分类标准,否则就不符合逻辑。但是,上述对于一罪的类型划分的各种观点,很多都没有统一的分类标准。例如,"三分法"中有的将一罪分为单纯的一罪、评价的一罪和科刑的一罪,有的将一罪分为单纯的一罪、包括的一罪和科刑上一罪,有的将一罪分为本来的一罪、包括的一罪和科刑的一罪;四分法中有的将一罪分为单纯的一罪、特种的一罪、包括的一罪和处断的一罪。这些分类虽然可以通过解释来理解其划分出来的类型的含义,但其不是以一个标准划分出来的,违背逻辑,容易产生悖论。正如有的学者所言,"现有的罪数论都无一例外地将裁判上一罪、处断的一罪或科刑的一罪在分类中划入一罪体系,这种划分无疑并不是运用统一的罪数判断标准进行合理判断的结果。这就产生一个悖论,一方面裁判上一罪、处断的一罪及科刑的一罪等被纳入了一罪体系,另一方面这种纳入又不是运用统一的罪数划分标准进行判断的结果"。[1]

第四,所谓实质的一罪、裁判的一罪、处断的一罪或科刑的一罪等一罪概念都与一罪、数罪的概念相冲突。一罪是相对于数罪来说的,二者在逻辑上是一种非此即彼的关系。如果说行为事实符合一个犯罪构成的,是一罪;那么行为事实符合数个犯罪构成的,就应该

[1] 王明辉、唐煜枫:《论刑法中的一罪概念——兼及罪刑关联概念的建立》,载《政治与法律》2009年第3期。

属于数罪。就某一个犯罪形态而言，不可能同时具有一罪和数罪的属性。但是，上述观点中，有的将行为事实符合数个犯罪构成的情况称之为实质的一罪、裁判的一罪、处断的一罪或科刑的一罪，纳入了一罪的范围，同时借助数罪和一罪两个概念来反映其特征，这既违背了一罪概念的本质，也与数罪概念相冲突，不可避免地存在逻辑上的冲突。

(3)笔者的看法

既然一罪是按照罪数区分标准区分罪数的结果，那么一罪应在根据罪数区分标准区分出一罪与数罪之后再根据一定的标准进行分类。在区分标准上，笔者赞同犯罪构成标准说，即一罪是符合一个法定的犯罪构成的行为。既然是对一罪的类型划分，就应在符合一个法定的犯罪构成的犯罪中进行再分类，而不能把一罪的类型划分与罪数区分混同在一起。说得更明确一点，即不能把符合数个法定犯罪构成的情形纳入一罪的范畴来认识。据此，笔者认为，上述学界所提及的各种一罪类型中，只有单纯的一罪、继续犯、集合犯、法条竞合、结果加重犯、结合犯才能纳入一罪的范畴。因为按照学界普遍认同的单纯的一罪的概念，单纯的一罪是指行为人在一个罪过形式支配下，实施一个行为，符合一个犯罪构成的犯罪；法条竞合是因刑法的错综规定导致一个行为事实符合数个犯罪构成但只能适用一个法条而排斥其他法条适用的情形，其因只适用一个法条规定的犯罪构成最终构成一罪；继续犯实际上也是在一个犯意支配下实施一个时间上具有持续性的行为，只符合一个法定犯罪构成的犯罪；集合犯可能存在数个行为，但立法上预设其符合一个犯罪构成，因此也符合一罪的特征。结果加重犯是指刑法规定的一个犯罪行为，由于发生了加重结果而加重了法定刑的情况，其实际上只符合一个法定的犯罪构成。结合犯是指数个原本独立的犯罪行为，通过刑法规定将其结合为一个新的犯罪的情况，其实际上也只符合一个法定的犯罪构成。而其他所谓的一罪类型，如想象竞合犯、牵连犯、吸收犯、连续犯等，均应纳入数罪的范畴。因为这些罪数形态事实上符合数个法定的犯罪构成,立法上也未预设其构成一罪,所以应独立评价为数罪。既然如此,其无法称之为一罪;如果将其称为一罪,必然导致一罪概念的逻辑问题。

2. 数罪的类型

关于数罪的类型,学界也有不同的观点。日本山口厚教授将数罪分为并合罪和单纯数罪。其中并合罪是指虽属数罪,但因为具有同时审判的可能性,在科刑时予以特别的考虑,仅宣告了一个加重的刑罚的犯罪;单纯数罪是指属于数罪且不具有并合罪的关系的犯罪。〔1〕我国台湾地区甘添贵教授将数罪分为并罚数罪和单纯数罪。其中并罚数罪是指某具体行为事实应评价为数罪,科刑上也不得以一罪处断,而应数罪并罚的犯罪;单纯数罪是指无同时审判可能性的数个具体犯罪。〔2〕大陆有的学者将数罪分为"三对六种",即实质的数罪与想象的数罪、同种数罪与异种数罪、需要并罚的数罪和不需要并罚的数罪。有的将数罪分为"两对四种",即同种数罪与异种数罪、并罚数罪与非并罚数罪。〔3〕有的将数罪分为典型数罪与非典型数罪。其中典型数罪包括同种数罪和异种数罪;非典型数罪包括连续犯、牵连犯等。〔4〕有的认为数罪是指并罚的数罪,包括同种数罪和异种数罪。〔5〕

上述各种观点,有的从是否需要并罚的角度对数罪进行区分,有的从犯罪性质是否相同的角度对数罪进行区分,做到了分类标准的统一性,这是值得肯定的。但是,有的观点由于将一些符合数个犯罪构成的情形纳入了一罪的范围,从而认为数罪仅指并罚的数罪,缩小

---

〔1〕参见[日]山口厚:《刑法总论》(第2版),付立庆译,中国人民大学出版社2011年版,第368页。

〔2〕参见甘添贵:《罪数理论之研究》,中国人民大学出版社2008年版,第11页。

〔3〕参见吴振兴:《罪数形态论》,中国检察出版社2006年版,第51-54页。

〔4〕参见叶良芳:《罪数论的体系性反思与建构》,载《浙江大学学报(人文社科版)》2007年第4期。

〔5〕参见张明楷:《刑法学》(上)(第5版),法律出版社2016年版,第461页。

了数罪的范围,是值得商榷的。

笔者认为,数罪是指行为事实符合两个或两个以上犯罪构成的犯罪。在此范围内,以是否需要并罚为标准,数罪可以区分为并罚数罪和非并罚数罪。并罚数罪是指形式上符合数个犯罪构成、实质上也需要进行并罚的数罪。从并罚数罪是否由刑法分则明文规定看,有的并罚数罪是由刑法分则明文规定的,而有的并不是刑法分则明文规定的,因此并罚数罪又可以分为法定的并罚数罪和非法定的并罚数罪。非并罚数罪是指形式上符合数个犯罪构成但基于罪刑均衡的考量实质上不需要进行并罚的数罪。想象竞合犯、部分牵连犯、吸收犯、连续犯形式上都符合数个犯罪构成,但实质上是不需并罚的,因此都属于非并罚数罪。从行为数来看,有的非并罚数罪由一行为构成,而有的非并罚数罪由数行为构成,因此非并罚数罪又可分为一行为的非并罚数罪(如想象竞合犯)和数行为的非并罚数罪(如部分牵连犯、吸收犯、连续犯)。以犯罪性质是否相同为标准,数罪也可分为同种数罪和异种数罪。同种数罪是指数行为符合同一犯罪构成、触犯同一罪名的数罪,如连续犯、不属于连续犯的多次犯罪行为等。同种数罪一般不并罚,因而一般属于不并罚的数罪。异种数罪是指数行为符合数个不同的犯罪构成、触犯数个不同罪名的数罪,如吸收犯、牵连犯、数行为不存在任何关联的典型数罪等。有的异种数罪应并罚,如数行为不存在任何关联的典型数罪;有的异种数罪不应并罚,如吸收犯、部分牵连犯。因而从是否需要并罚的角度,异种数罪可区分为并罚的异种数罪和不并罚的异种数罪。

(三)罪数的处断规则

在解决了罪数区分标准和罪数类型划分这两个层面的问题之后,接下来需要解决的是罪数的处断规则问题。确立适当的罪数处断规则是罪数理论的出发点,也可以说是其最终目的。然而,学界对于罪数的区分标准、罪数类型划分的研究很重视,但对罪数处断规则则不够重视,以至于至今尚未完成罪数处断规则的体系性建构。罪数处断规则被放到各个罪数形态之中研究,处于零散状态。

根据上述对于罪数类型的划分,罪数处断规则有一罪的处断规则和数罪的处断规则两种情形。就一罪的处断规则而言,由于一罪只符合一个法定的犯罪构成,根据罪责刑相适应原则,一罪只能以一罪处断,即根据刑法分则规定的某个罪的罪与刑定罪量刑即可,无须再做其他考量。而数罪有并罚数罪和非并罚数罪两种类型。就并罚的数罪而言,该种数罪既然是并罚的数罪,当然应实行数罪并罚,即先对数罪分别定罪量刑,然后按照刑法总则规定的数罪并罚原则进行刑罚裁量确定执行刑。就非并罚的数罪而言,很明显,该种类型的数罪不并罚。在不并罚的情况下,为何数罪不应并罚以及如何确定其处断规则便是需要深入研究的问题。

1. 非并罚数罪不并罚的理由

关于非并罚数罪不并罚的理由,有的在同种数罪中讨论,有的在具体的罪数形态中讨论,尚未进行整体性阐述。比如,有的学者专门论述了同种数罪不应并罚的观点;〔1〕有的在想象竞合犯中讨论想象竞合犯不应数罪并罚,有的在牵连犯中讨论牵连犯不应数罪并罚,有的在吸收犯中讨论吸收犯不应数罪并罚,等等。在同种数罪或具体的罪数形态中讨论数罪不并罚的理由虽然具有针对性,但缺乏体系性、类型化思考,存在明显的不足。

储槐植教授曾指出:“数罪应并罚,一罪不并罚这是法制常规。数罪(实是或形似)不并罚,是常规之外的特例。作为数罪不并罚的基本理由的‘罪之并合’便是刑法中罪数问题研究的中心。”〔2〕在此,储槐植教授认为“罪之合并”是数罪不并罚的理由,进而提出了“罪数不典型”概念。但为何应实行“罪之合并”,他并未深究。其实,“罪之合并”只是陈述了数罪不并罚的表象,并未揭示数罪不并罚

〔1〕 参见韩光军:《同种数罪应否并罚新探》,载《武汉大学学报(哲学社会科学版)》2009年第1期。

〔2〕 储槐植:《论罪数不典型》,载《法学研究》1995年第1期。

的根本原因。

笔者认为,数罪不并罚是为贯彻禁止重复评价原则。禁止重复评价是指对同一案件事实进行定罪量刑时禁止予以两次以上(含两次)的刑法评价,以免加重犯罪人的刑事责任。我国刑法虽然没有明文规定该原则,但其在司法解释和司法实务中是有明确体现的。

定罪和量刑是刑事司法的两个重要环节。这两个环节对于案件事实的使用,都有可能出现重复评价。因此,重复评价可区分为定罪上的重复评价和量刑上的重复评价。定罪上的重复评价"是指对于某一事实,已经成为认定甲罪的构成事实,再拿来作为认定乙罪的事实。""量刑上的重复评价是指犯罪构成要素(定罪情节)在定罪过程中已经被刑法评价过一次后,再次作为裁量刑罚所应考虑的因素或情节重复使用的情形。"〔1〕无论是定罪上的重复评价还是量刑上的重复评价,都会不恰当地加重犯罪人的刑事责任,〔2〕违反罪刑均衡原则,乃至罪刑法定原则,有损刑法的正义性。

首先,同种数罪一般不并罚是为贯彻禁止重复评价原则。因为同种数罪虽然是数罪,但其是行为人基于同一犯意而反复实施同性质犯罪行为的犯罪。这些行为尽管形式上呈现数罪特征,但从行为人基于同一犯意而反复实施的多个犯罪行为来说,显然不同于基于数个不同的犯意而实施的多个犯罪行为的情况。前者表现为行为人单一的主观恶性和单一的人身危险性,而后者并非如此。同种数罪的反复实施,只是表明行为人单一的主观恶性、单一的人身危险性在量上有增加,而并无质的区别。〔3〕因此,为禁止对同一犯意的重复评价,不宜对同种数罪实行并罚。

其次,对于想象竞合犯、吸收犯、牵连犯等不典型数罪不并罚也

〔1〕 周光权:《论禁止重复评价——以刑满后发现同种余罪的处理为切入点》,载《人民检察》2012年第9期。

〔2〕 参见陈兴良:《禁止重复评价研究》,载《现代法学》1994年第1期。

〔3〕 参见韩光军:《同种数罪应否并罚新探》,载《武汉大学学报(哲学社会科学版)》2009年第1期。

是为了贯彻禁止重复评价原则。因为这些具体的罪数形态要么只有一个行为(如想象竞合犯),要么只有一个犯意,如果对其数罪并罚,就是对一个行为、一个犯意的重复评价,就会加重犯罪人的刑事责任,有违刑法的正义性。

2. 非并罚数罪的处断规则

非并罚数罪因为符合数个犯罪构成,形式上触犯数个罪名,所以其处断规则有从一罪处断、从一重罪从重处断和刑法指定按照某一罪定罪处罚或从重处罚。关于这些处断规则的适用,下文将设专章研究,此处不做讨论。

综上所述,罪数理论观点林立,其既是罪数判断与处断的理论基础,也为立法者在刑法中设立指示规定提供了缘由。如果立法者不在刑法中设置指示规定,司法者对于一行为符合数个犯罪构成或者数行为符合数个犯罪构成的情形,就只能根据自己所认同的罪数理论进行区分和处断,就可能导致同案不同判的结果。这是立法者不希望看到的。

三、行为数区分理论

刑法指示规定是为解决罪数处断问题而作出的规定,而罪数处断问题又是以一行为触犯数罪名或数行为触犯数罪名为存在条件的。从刑法指示规定来看,一行为触犯数罪名与数行为触犯数罪名,尽管都是触犯数个不同罪名,但在处断规则上一般是有所不同的。因此,理解刑法指示规定就不可避免地要以刑法上的行为数区分理论为基础。只有把握好行为数的区分,才能做出罪数处断规则的正确选择,才能准确理解和适用刑法指示规定。正因为这样,行为数的区分才成为司法上不可回避的问题;也正因为这样,行为数的区分标准才成为刑法理论上的关注点。无论是日本的罪数论,还是德国的竞合论,以及我国的罪数论,都提出了行为数区分标准的种种观点,而在不同的观点下区分行为数会得出不同的结论。例如,甲见乙的汽车内有名贵皮包,于是打破车窗而盗走皮包。对此,有的认为是一行为,而有的认为是数行为。又如,对于行为人一次收买 6 名儿童的行为事实,有的认为是一行为,而有的认为是数行为。[1] 这种根据不同的行为数区分标准得出的不同行为数结论势必会影响定罪量刑。因为公诉机关对行为事实,只有先判定行为数,才能确定罪名,作出恰当的起诉;审判机关对行为事实,只有先确定行为数,才能作出恰当的定罪量刑。因此,深入探讨行为数的区分标准具有非常重要的实践意义。

(一)日本罪数论下行为数的区分标准

日本的罪数论以确定罪数的区分标准为基础对罪数进行分类阐述形成,即首先讨论确定罪数的区分标准,然后以确定了的罪数标准对罪数进行分类阐述。罪数区分标准的通说观点以及审判实务基本上所采用的观点是构成要件标准说,即"根据构成要件性评价的次数"来区分一罪与数罪。[2] 日本学界一般以构成要件为标准,总体上将罪数区分为本来的一罪、科刑上一罪和并合罪。也就是说,学界一般将一罪分为本来的一罪和科刑上一罪两类。不过,也有学者将本来的一罪中的单纯的一罪析出,单独作为一类,从而将一罪分为单纯的一罪、评价上的一罪和科刑上一罪三类,[3]或者将一罪分为单纯的一罪、包括的一罪和科刑上一罪。[4] 对科刑上一罪的类型,由于《日本刑法典》第 54 条第 1 款有明文规定,日本学界没有争议,都认为包括想象竞合犯(观念竞合)和牵连犯;而对于本来的一罪包括哪些、如何细分,日本学界分歧很大。有的认为本来的一罪包括集合

[1] 参见陈洪兵:《应从法益视角规范性考量行为个数》,载《天府新论》2012 年第 2 期。

[2] [日]大塚仁:《刑法概说》(总论),冯军译,中国人民大学出版社 2003 年版,第 413 页。

[3] 参见[日]前田雅英:《刑法总论讲义》(第 6 版),曾文科译,北京大学出版社 2017 年版,第 346 页。

[4] 参见[日]山口厚:《刑法总论》(第 3 版),付立庆译,中国人民大学出版社 2018 年版,第 390 页。

犯、包括的一罪、法条竞合、不可罚的事前事后行为。[1] 有的将本来的一罪划分为单纯的一罪和包括的一罪。法条竞合和结合犯属于单纯的一罪;包括的一罪划分为同质的包括的一罪和异质的包括的一罪。其中同质的包括的一罪有集合犯、接续犯、连续犯;异质的包括的一罪有吸收犯,不可罚的事前、事后行为。[2] 有的将包括的一罪分为吸收的一罪(伴随行为、共罚的事前行为或事后行为)和狭义的包括的一罪(接续犯、连续犯、集合犯等)。[3] 前田雅英教授认为单纯的一罪包括结合犯、集合犯;评价上的一罪包括法条竞合以及包括的一罪。[4] 由此可见,日本罪数论除了科刑上一罪和并合罪概念已经达成共识,在本来的一罪、单纯的一罪、包括的一罪等概念上分歧很大。学者研究探讨的重点、费力最多的领域也在于此。

在日本罪数论下,行为数的区分只在想象竞合犯中涉及。由于日本刑法明文规定想象竞合犯是“一个行为触犯二个以上罪名”(一行为数罪),因此“一个行为”是构成想象竞合犯的必要前提;认定想象竞合犯,必然要认定“一个行为”,这就需要区分一行为与数行为。如果行为事实能够排除一个行为,则为数个行为,不能构成想象竞合犯。

“关于一个行为的实质性含义,判例认为指的是抛开法律上的评价,舍弃构成要件上的视角,基于自然意义上的观察,行为人的动态在社会见解上被评价为一个动态的情形。”[5]可见,这里的“行为”是指构成要件评价之前的事实性行为,是作为存在论的行为。判断

[1] 参见[日]大塚仁:《刑法概说》(总论)(第3版),冯军译,中国人民大学出版社2003年版,第414-426页。

[2] 参见[日]大谷实:《刑法总论》,黎宏译,法律出版社2003年版,第356-365页。

[3] 参见[日]山口厚:《刑法总论》(第3版),付立庆译,中国人民大学出版社2018年版,第396-404页。

[4] 参见[日]前田雅英:《刑法总论讲义》(第6版),曾文科译,北京大学出版社2017年版,第347-348页。

[5] [日]前田雅英:《刑法总论讲义》(第6版),曾文科译,北京大学出版社2017年版,第355页。

一个行为的标准为自然观察和社会见解的结合。自然观察是基础,社会见解是最终衡量标尺。但是,在日本学界,关于一个行为的判断标准,观点不一。曾有单以自然观察来判断、单纯根据社会见解来判断、以构成要件为基准来判断、以意思决定来判断等见解。例如,山口厚教授认为,“无论如何,出于一个意思决定这一点可谓是‘一个行为’的实质意思”〔1〕。例如,醉酒驾驶与业务上过失致死行为是出于不同的意思决定实施的,并非观念竞合;而无照驾驶与醉酒驾驶都是出于驾驶行为这一个意思决定,因此成立观念竞合。在这里,是否出于一个意思决定是区分一个行为与数个行为的唯一标准。也有学者认同判例确定的标准,将自然观察与社会见解结合起来作为判断一行为与数行为的标准。例如,大谷实教授认为,“是否是一个行为,应当基于自然观察上,以社会见解为基础进行评价决定”〔2〕。还有学者以社会通念标准为主,以规范性标准为补充来判断行为数。例如,大塚仁教授认为,所谓“一个行为”,是指在社会通念上,行为作为事物的自然状态是一个。不过,有的场合也需要某种程度的规范性理解。〔3〕

此外,日本学界认为,虽然在行为事实中分别构成犯罪的行为有两个以上,但这些行为重合时,重合的部分是一个行为,也成立想象竞合犯。〔4〕这里,对于一个行为,需要进行行为重合性判断。而对于具有什么样的重合才可以认为是一个行为,学界大致存在如下四种观点:一是主要部分重合说,即认定为一个行为的情况,必须是数个符合构成要件的自然行为的主要部分重合;二是部分重合说,即各个自然行为只要有部分重合就可以认定为一个行为;三是着手重合

---

〔1〕［日］山口厚:《刑法总论》(第3版),付立庆译,中国人民大学出版社2018年版,第405页。

〔2〕［日］大谷实:《刑法总论》,黎宏译,法律出版社2003年版,第363页。

〔3〕参见［日］大塚仁:《刑法概说》(总论)(第3版),冯军译,中国人民大学出版社2003年版,第421页。

〔4〕参见［日］大谷实:《刑法总论》,黎宏译,法律出版社2003年版,第363页。

说,即在实行着手的阶段上,各自然行为必须重合,才能认定为一个行为;四是分割不能说,即认定为一个行为的情况,必须是不得不将一方的行为作为另一方的行为的情况。[1] 大谷实教授采纳的是着手重合说。[2] 但大塚仁教授认为,着手重合说有过于缩小想象竞合犯范围之嫌,主要部分重合说是妥当的。[3]

综上所述,日本罪数论下,行为数区分标准讨论仅限于想象竞合犯,而且是以"一个行为"为视角展开。自然观察和社会见解结合作为一行为的判断标准成为判例和学理的主流观点。而在数行为重合认定为一行为上,学界尚未取得一致认识。

(二)德国竞合论下行为数的区分标准

德国竞合论讨论的是"同一个行为人对法律的多个损害存在于一个判决的程序之中"时应如何处理的问题。[4] 其基本结构建立在复数构成要件实现的基础上,如有复数构成要件被实现时,则属于竞合论处理的问题。德国竞合论中一般都有犯罪单数、犯罪复数、想象竞合、实质竞合、法条竞合、行为单数、行为复数等概念。这些概念中,除了行为单数、行为复数是《德国刑法典》明文规定的概念,其他概念均是德国刑法理论上的归纳。其中,想象竞合是对应行为单数的概念,实质竞合是对应行为复数的概念;而法规竞合没有法律上的规定,仅仅是学理上的归纳而已。

李斯特将犯罪数区分为犯罪单数与犯罪复数:犯罪单数可能表现为行为单数或行为复数,法条竞合即属于行为单数的情形;犯罪复

---

〔1〕 参见[日]大谷实:《刑法总论》,黎宏译,法律出版社 2003 年版,第 363 页。

〔2〕 参见[日]大谷实:《刑法总论》,黎宏译,法律出版社 2003 年版,第 364 页。

〔3〕 参见[日]大塚仁:《刑法概说》(总论)(第 3 版),冯军译,中国人民大学出版社 2003 年版,第 422 页。

〔4〕 参见[德]克劳斯·罗克辛:《德国刑法学总论》(第 2 卷),王世洲等译,法律出版社 2013 年版,第 601 页。

数则包括重新犯罪和实质竞合的情形。[1] 施特拉腾韦特、韦塞尔斯将犯罪竞合分为不纯正竞合和纯正竞合两种:不纯正竞合即法条竞合,纯正竞合包括想象竞合和实质竞合。[2] 罗克辛将犯罪竞合分为想象竞合(构成行为单数)、真实竞合(构成行为多数)和法规竞合(法律单数)三种。[3] 耶赛克将犯罪竞合分为真正竞合和非真正竞合两种:真正竞合包括想象竞合和实质竞合,非真正竞合即法条单一(传统的法规竞合)。[4] 可见,在德国竞合论中,想象竞合和实质竞合属于真正竞合、纯正竞合,而法规竞合则是不真正竞合、假性竞合。这是德国竞合论的基本观点。

行为单数和行为复数的区分是德国竞合论的出发点,也是竞合理论最重要的问题,因为"德国立法者根据对法律的多个损害是以一个行为或者多个行为为基础的,将这类案件置于不同的法律后果之下"[5]。《德国刑法典》第 52 条和第 53 条的法律后果的差异就是建立在该区分的基础之上的。[6] 该法第 52 条规定:"同一行为触犯数个刑法法规,或数次触犯同一刑法法规的,只判处一个刑罚。"这是对行为单数构成的想象竞合及其法律后果的规定。第 53 条规定:"因犯数罪同时受审判,因而被判处数个有期自由刑或罚金刑的,应宣告

[1] 参见[德]弗兰茨·冯·李斯特:《德国刑法教科书》,徐久生译,法律出版社 2000 年版,第 393-400 页。

[2] 参见[德]冈特·施特拉腾韦特、[德]洛塔尔·库伦:《刑法总论 1——犯罪论》,杨萌译,法律出版社 2006 年版,第 434-446 页;约翰内斯·韦塞尔斯:《德国刑法总论》,李昌珂译,法律出版社 2008 年版,第 477 页。

[3] 参见[德]克劳斯·罗克辛:《德国刑法学总论》(第 2 卷),王世洲等译,法律出版社 2013 年版,第 601-637 页。

[4] 参见[德]汉斯·海因里希·耶赛克、[德]托马斯·魏根特:《德国刑法教科书》,徐久生译,中国法制出版社 2017 年版,第 999 页。

[5] [德]克劳斯·罗克辛:《德国刑法学总论》(第 2 卷),王世洲等译,法律出版社 2013 年版,第 601 页。

[6] 参见[德]汉斯·海因里希·耶赛克、[德]托马斯·魏根特:《德国刑法教科书》,徐久生译,中国法制出版社 2017 年版,第 964 页。

总和刑。"[1]这是对行为复数构成的实质竞合及其法律后果的规定。因此,德国学界在处理竞合问题时,首先要解决的问题是:作为法规范评价对象的行为,是单数还是复数的问题。

对于行为单数和行为复数的区分,德国学理及实务倾向于采取单一确认方式,即以确认行为单数为核心来区分行为单数与行为复数,或者说,先判断行为单数,一旦行为单数确定,则可采用排除法确定行为复数。但是,在行为单数的范围确定上,罗克辛教授指出:"迄今为止仍然没有得到令人满意的澄清"[2]。可见学界观点分歧较大。经梳理,大致有如下几种观点:

第一,李斯特的意志与结果结合论。他认为,"若由一个统一的意志活动引发一个统一的结果,则该意志活动的行为为单数"。此外,具备下列两种情形之一的,也同样成立行为单数:一是"以一个意志活动引发数个结果";二是"以数个意志活动引发一个符合构成要件的结果"。[3] 不过,数个意志活动引发的是否为一个结果,需要根据具体情形而定。由此可见,李斯特是将主观意志与客观结果结合起来区分一行为与数行为。单一意志引发单一结果、单一意志引发数个结果和数个意志引发单一结果都是一行为,数个意志引发数个结果则为数行为。李斯特是刑事近代学派的杰出代表,而该观点是德国竞合论下行为数区分标准的最早的观点。

第二,韦塞尔斯的行为意志决定论。韦塞尔斯以行为决意是否具有同一性来判断行为单数。他认为"自然意义上的一个行为""法律意义上的一个行为""数个相同种类的行为动作""自然的行为单数"都属于行为单数。而对这四种行为单数的判断都要考虑行为意志的同一性,即"是否基于一个同一的意志决意"。例如,他认为,如

---

〔1〕《德国刑法典》,徐久生、庄敬华译,中国方正出版社 2004 年版,第 19 页。

〔2〕[德]克劳斯·罗克辛:《德国刑法学总论》(第 2 卷),王世洲等译,法律出版社 2013 年版,第 603 页。

〔3〕参见[德]弗兰茨·冯·李斯特:《德国刑法教科书》,徐久生译,法律出版社 2000 年版,第 386-388 页。

果在“一个”意志动作里实现的是一个行为决意,这样的行为则成立自然意义上的一个行为。数个同种类的行为动作,如果是基于一个同一的意志决意,则构成行为单数。〔1〕

第三,施特拉腾韦特、耶赛克和金德霍伊泽尔的基于构成要件的行为单数论。施特拉腾韦特、耶赛克、金德霍伊泽尔都是以实定法规范为视角,以构成要件的符合、实现为基础来确定行为单数的。不过,这三位刑法学者在行为单数的范围上认识有所不同。施特拉腾韦特虽然在他的著作中讨论了自然的行为单数,但他并不认可判例所认可的自然的行为单数,他认可的只是符合构成要件的行为单数。他认为,符合构成要件的行为单数是指基于法定构成要件的要求,即便从外部看存在数个行为,也只能认定为一个行为,或者说,是法律将数行为联结构成行为单数或概括规定为行为单数。〔2〕 耶赛克则不但认可符合构成要件的行为单数,而且认同自然的行为单数。他将构成要件的行为单数分为广义的构成要件的行为单数和狭义的构成要件的行为单数两种。狭义的构成要件的行为单数,“从单纯实现构成要件本身就可认定行为单数”;广义的构成要件的行为单数是指“行为人超越了单纯地实现构成要件,根据相关刑法规定也应当被认为是行为单数(自然的行为单数)”〔3〕。显然,耶赛克所指的狭义和广义的符合构成要件的行为单数实际上也就是对应于符合构成要件的行为单数和自然的行为单数。耶赛克指出,“对于确定是行为单数还是行为复数起决定作用的,可能是各自被破坏的法定构成要件的意义”〔4〕。可见,他是从法规范的视角、以构成要件为基础来区分行

〔1〕 参见[德]约翰内斯·韦塞尔斯:《德国刑法总论》,李昌珂译,法律出版社2008年版,第462-465页。

〔2〕 参见[德]冈特·施特拉腾韦特、[德]洛塔尔·库伦:《刑法总论1——犯罪论》,杨萌译,法律出版社2006年版,第430-431页。

〔3〕 [德]汉斯·海因里希·耶赛克、[德]托马斯·魏根特:《德国刑法教科书》,徐久生译,中国法制出版社2017年版,第967-969页。

〔4〕 [德]汉斯·海因里希·耶赛克、[德]托马斯·魏根特:《德国刑法教科书》,徐久生译,中国法制出版社2017年版,第967页。

为单数与行为复数的。金德霍伊泽尔也是从法规范的违反、构成要件的实现情况对行为单数与行为复数进行区分的。他认为"自然意义上的行为、自然的行为单数、构成要件上的行为单数和连续行为这四者成立实现构成要件的行为单数",除此之外则为行为复数。显然,金德霍伊泽尔对自然的行为单数的概念也是予以肯定的。[1]

第四,罗克辛的行为构成论。罗克辛是德国对行为单数研究最为深入、阐述最为详细的学者。在他的观点中,"行为构成"是核心概念,他将行为单数划分为"自然意义上的行为"、"行为构成的行为单数"和"自然的行为单数"三种。自然意义上的行为是指"一个单独的意志性动作造成了这个行为构成的实现"。对其起决定作用的始终仅仅是单独动作,而不是同时性。"行为构成的行为单数存在于这个符合行为构成的举止行为在概念、事实或者特征上以多个单独行为为条件之时",是"在多个自然意义上的行为通过一个行为构成而被夹成一个'法的'行为",因此也称为法的或规范的行为单数。自然的行为单数是指"不同的单个动作由于其相似性以及在时空上的相近性,在一种被司法判决称为自然思考方法的基础上被总结在一起"的行为单数。[2] 相较于第三种观点,罗克辛的行为构成论对于行为单数的范围确定要广得多。

第五,判例上的见解。德国判例认为,"如果不同的行为部分是基于同一的意志决定,且时间和空间又有如此紧密的联系,以至于它被一个与之无关的观察者认为是一个行为的,那么,一个事件过程的表面上可分割的数个组成部分应当被视为一个单一的行为"[3]。这种观点对于单一行为的认定是从同一的意志决定、时空上紧密联系

[1] 参见[德]乌尔斯·金德霍伊泽尔:《刑法总论教科书》(第6版),蔡桂生译,北京大学出版社2015年版,第475-478页。

[2] 参见[德]克劳斯·罗克辛:《德国刑法学总论》(第2卷),王世洲等译,法律出版社2013年版,第603-607页。

[3] [德]汉斯·海因里希·耶赛克、[德]托马斯·魏根特:《德国刑法教科书》,徐久生译,中国法制出版社2017年版,第965-966页。

和无关者的观察认定三个方面来把握的。

从《德国刑法典》第52条和第53条的规定来看,行为单数是想象竞合的前提,行为复数是实质竞合的前提。但行为单数不能等同于单一行为,还包括触犯同一刑法法规的数次行为;因此行为复数也不能等同于数个行为,它应该是能够认定为犯罪复数的数行为。上述五种观点虽然在行为单数与行为复数的区分上认识有所不同,但都是从《德国刑法典》第52条、第53条的规定出发来解释行为单数、行为复数的范围的,而且都是通过对行为单数的认定来讨论行为单数与行为复数的区分的。这也就是说,行为单数确定之后,行为复数就可进一步确定。因此,行为单数的认定,就成为德国竞合论前提判断的核心问题。

(三)我国学界对于行为数区分标准的立场与观点

在我国刑法学界,有的学者受到德国竞合论的影响而以竞合论立场讨论行为数的区分标准,有的受到日本罪数论的影响而以罪数论立场讨论行为数的区分标准。不过,也有不分罪数论与竞合论立场来讨论行为数的区分标准问题的学者。因此,我国对于行为数区分标准既有竞合论立场的认知,也有罪数论立场的认知,还有不区分罪数论与竞合论的认知。

1. 行为数区分标准的罪数论立场及观点

罪数论一直是我国学界在一罪与数罪区分及其处断问题上的主流观点。无论是我国台湾地区还是大陆,都有不少学者以罪数论立场来讨论行为数的区分标准问题。例如,我国台湾地区甘添贵教授在《罪数理论之研究》一书中系统地阐述了罪数论的基本理论。他认为,有关探讨犯罪个数及其如何处罚的理论,在日本学界被称为罪数论,在德国学界被称为犯罪竞合论,实际上只是理论上的用语有差异,而其内容并无多大差别。因此,对于有关探讨犯罪个数及其如何处罚的理论,他仍然称为罪数论。[1] 前已述及,罪数论下行为数的区分标准只在想象竞合犯中论及。甘添贵教授认为,“想象竞合犯之一个行为,乃系事实存在之自然行为,经法的评价后,始成为各构成要件之行为,并分别成立数罪名……评价自然行为的标准,应从自然之观点以及社会通念之立场加以决定”[2]。至于如何决定该自然行为具有“一个性”,则为评价方法问题。在评价方法上,他将一个行为分为“应视为一个行为”与“得视为一个行为”两种情形讨论。“所谓应视为一个行为,乃就行为人之动态个别加以观察,已无法再将其细分之一个行为”;“所谓得视为一个行为,乃就行为人之动态个别加以观察,虽难以认其为一个行为,但将其全体合并观察时,仍得视为一个行为”[3]。对于数个符合构成要件的行为,何种情况下得视为一个行为,他主张采用主要部分重合说;但若采此说仍然无法或难以判定行为是否具有“一个性”时,应以构成要件行为的相互不可分割性、不可避免性或依存性以及构成要件行为的统合性或者发展结合性作为补充评价方法。[4] 可见,甘添贵教授对于行为数的区分标准,是以自然观察+社会通念的标准为基础,以主要部分重合说等观点为补充的。陈子平教授作为罪数论的坚持者也持有该观点。他认为想象竞合犯中的“一个行为”“系指在脱离法的评价而舍弃构成要件观点的自然观察下,行为人之举止,于社会通念上,仅受到‘一个’的评价而言”[5]。

张明楷教授是我国大陆学界罪数论的坚持者。他在《罪数论与竞合论探究》一文中认为,在我国既有的学术背景下,不可能完全以

---

[1] 参见甘添贵:《罪数理论之研究》,中国人民大学出版社 2008 年版,第 3 页。

[2] 甘添贵:《罪数理论之研究》,中国人民大学出版社 2008 年版,第 114 页。

[3] 甘添贵:《罪数理论之研究》,中国人民大学出版社 2008 年版,第 114-115 页。

[4] 参见甘添贵:《罪数理论之研究》,中国人民大学出版社 2008 年版,第 117-119 页。

[5] 陈子平:《刑法总论》,台北,元照出版公司 2008 年版,第 663 页。

竞合论取代罪数论,问题只是如何构建我国的罪数论。[1] 因此,他在其所著的于 2021 年出版的《刑法学》(第 6 版)中,仍然以"罪数"为标题设置一章讨论罪数论问题。他认为想象竞合犯中的一个行为"不是从犯罪构成的评价上看是一个行为,而是基于自然的观察,在社会的一般观念上被认为是一个行为。但是……还要进行某种程度的规范评价"[2]。可见,张明楷教授对于一行为判定主张的是自然标准+社会通念+规范标准,是从自然与规范的双重视角下来衡量的。

对于张明楷教授的上述观点,有的学者基本赞同。例如,王明辉认为,对于想象竞合犯中"同一行为"的判定,"已经超越了单一犯罪构成的符合性判断问题,而是一种构成要件间的关系性思考"[3]。"在'同一行为'的整体判断过程中,既有自然思考也有规范思考",即对"同一行为"的判断应分两步:第一步是纯粹的自然判断,不必正式介入规范内容,即使存在规范介入,也只是一种"前见"的影响;第二步则是规范性的判断,即通过对数个犯罪内涵的考量,对之前所得出的结论加以限定,以最终得出"同一行为"认定的结论。[4]

2. 行为数区分标准的竞合论立场及观点

受德国竞合论的影响,无论是我国台湾地区还是大陆,都有学者主张竞合论而质疑罪数论。例如,我国台湾地区柯耀程教授是毕业于德国的刑法学博士,他在所著的《刑法竞合论》一书中认为:"罪数论的见解,并不能提供一套强而有力的说法。""区分一罪与数罪,均不能对于法律效果的判断,提供任何一种实际之作用,只是陷入行为与构成要件交互关系所形成的迷宫之中而已。""同时对于一罪的认

[1] 参见张明楷:《罪数论与竞合论探究》,载《法商研究》2016 年第 1 期。

[2] 张明楷:《刑法学》(上)(第 6 版),法律出版社 2021 年版,第 643 页。

[3] 王明辉、唐煜枫:《想象竞合犯之"同一行为"判断》,载《中国刑事法杂志》2009 年第 12 期。

[4] 参见王明辉、唐煜枫:《想象竞合犯之"同一行为"判断》,载《中国刑事法杂志》2009 年第 12 期。

定标准,流于理念之争的情况,更使区分一罪与数罪的标准,更加模糊,也因此使罪数论在解决复数构成要件实现的问题时,变得更为脆弱。"[1]陈兴良教授是我国大陆最早提出将罪数论改为竞合论的学者,[2]其在主编的《刑法总论精释》一书中专设"竞合论"一章阐述刑法竞合问题。认为罪数论不妥之处有:一是"罪数中的'罪'字,在罪数形态中就有行为、构成要件、宣判罪名等多种含义,这些含义混杂使用,前后矛盾,极其混乱";二是"罪数形态理论对罪数标准的探讨也步入了自相矛盾的境地";三是"一些罪数形态根本不应归入罪数形态,而是行为形态。例如,连续犯、惯犯属于特殊行为形态的问题,结果加重犯涉及的是犯罪结果形态,这些情形实际上都是一行为符合一构成要件,是构成要件该当性讨论的问题"[3]。

以竞合论立场来讨论行为数的区分标准,陈兴良教授不但运用了德国刑法中的行为单数、行为复数等概念,而且采纳了德国竞合论对于行为单数与行为复数区分的思考方法,即认为"对于行为单复数的判断,只要首先确认了行为单数的具体形态,就能依照排除法明确界定行为复数"[4]。因此他对于行为单复数的判断从行为单数的判断开始,认为行为单数通常可分为四类,即"自然意义上的纯粹单一行为、自然的行为单数、构成要件的行为单数和法律拟制的行为单数",除此之外的情况为行为复数。多数的行为单数也是行为复数。他认为,行为单复数的区分标准"虽然是以自然标准为基础的,但也掺杂着规范标准"[5]。其理由是:从本质上讲,行为个数的判断是对

[1] 柯耀程:《刑法竞合论》,中国人民大学出版社 2008 年版,第 57-58 页。

[2] 参见陈兴良:《从罪数论到竞合论——一个学术史的考察》,载《现代法学》2011 年第 3 期。

[3] 陈兴良主编:《刑法总论精释》(下)(第 3 版),人民法院出版社 2016 年版,第 601 页。

[4] 陈兴良主编:《刑法总论精释》(下)(第 3 版),人民法院出版社 2016 年版,第 605 页。

[5] 陈兴良主编:《刑法总论精释》(下)(第 3 版),人民法院出版社 2016 年版,第 602-605 页。

行为的一种事实判断,应当在规范判断之前进行,因此,其依据的标准应当是自然标准。但是,自然标准往往是观念上的大概标准,含混不清,这使在有些情况下根据自然标准无法识别行为单复数。而案件事实最终需对应于规范规定,当以自然标准得出数个行为结论时,就需要运用规范标准。[1] 由此可见,陈兴良教授对于行为数的区分,主张的是"自然标准+规范标准"。

柯耀程教授虽然也是以竞合论立场阐述行为数的区分,但是他并不完全认同德国竞合论中行为单数与行为复数的区分标准与方法,特别是对行为单数概念持质疑和反对态度。他认为德国竞合论将行为单数概念与一般行为概念严加区分,既有逻辑上的错误,也有方法上的偏差,应对竞合论所产生的行为单数概念加以舍弃,使用刑法中一般的行为概念即可。他说:"行为概念在刑法中,仅有一个,毕竟刑法体系的结构系从犯罪行为论导致法律效果论……而犯罪行为论的行为评价,本就不限定在以单一构成要件该当适用的范围,即使有复数构成要件的存在,评价客体,仍旧为评价客体并不会转变为客体评价。"[2] 据此,他认为,行为是否单一是属于存在面决定的问题,其自然需要从现实面加以观察。而认定的标准有如下两个方面:一是"行为的客观情状是否具有一致性";二是"从一致性的行为情状是否能推知一致性的行为动机"。[3] 可见,柯耀程教授对于行为数的区分,主张的是客观情状+行为动机的标准。

此外,我国有学者从犯罪竞合论出发,讨论行为数的区分标准问题,但得出的结论与上述观点不同。例如,陈忠林教授认为,"存在论上的行为,不必然等同于规范论上的行为,存在论中行为个数的标准,也不必然能在刑法体系尤其是犯罪竞合论中适用"。刑法中的行为个数应以刑法规定为标准,而行为个数的规范标准应是"罪过标

---

[1] 参见陈兴良主编:《刑法总论精释》(下)(第3版),人民法院出版社2016年版,第602-603页。

[2] 柯耀程:《刑法竞合论》,中国人民大学出版社2008年版,第88-89页。

[3] 参见柯耀程:《刑法竞合论》,中国人民大学出版社2008年版,第87-88页。

准”,因为“罪过是唯一在内容上完全包括了全部犯罪成立条件的事实,决定其他事实的法律性质”〔1〕。可见,陈忠林教授主张的是罪过标准。

3. 不分罪数论与竞合论的行为数区分观点

除了从罪数论和竞合论立场讨论行为数的区分标准,我国也有学者不分罪数论和竞合论立场来讨论行为数的区分标准问题。例如,陈洪兵教授近些年发文提出了不必严格区分法条竞合与想象竞合犯的大竞合论,即只要属于竞合,就从一重处断。〔2〕不过,他所主张的大竞合论只包括法条竞合和想象竞合,并不像德国刑法理论将竞合分为想象竞合、实质竞合和法规竞合。他的主张只是为了解决法条竞合与想象竞合难以区分的理论与实务问题。无论是日本罪数论还是德国竞合论,都认为法条竞合(法条单一)与想象竞合(观念竞合)是有区别的,而且也是应当区分的;所以他的不区分法条竞合与想象竞合的大竞合论观点,可以说既不是日本罪数论的立场,也不是德国竞合论立场。在论及竞合(包括法条竞合和想象竞合)问题时,对于行为数的区分,陈洪兵教授在多篇论文中认为,“认定行为个数,不应单纯从自然意义上观察行为人的身体动静,而应当从构成要件的角度进行规范性评价,同时从行为所侵害的是否是人身专属法益,行为人是否认识到行为对象的不同属性而多次突破规范意识,行为的主要部分是否重叠等方面进行综合考量”〔3〕。陈洪兵教授将自

---

〔1〕 陈忠林、李瑞杰:《犯罪行为个数的认定》,载《法治社会》2016年第6期。

〔2〕 参见陈洪兵:《不必严格区分法条竞合与想象竞合——大竞合论之提倡》,载《清华法学》2012年第1期;陈洪兵:《〈刑法修正案(九)〉中“同时构成其他犯罪”相关条款的理解适用——“大竞合论”立场再提倡》,载《政治与法律》2016年第2期。

〔3〕 陈洪兵:《竞合处断原则探究 兼与周光权、张明楷二位教授商榷》,载《中外法学》2016年第3期;陈洪兵:《〈刑法修正案(九)〉中“同时构成其他犯罪”相关条款的理解适用——“大竞合论”立场再提倡》,载《政治与法律》2016年第2期;陈洪兵:《行为个数与罪数的认定处理》,载《人民法院报》2016年11月9日,第6版。

己的观点概括为“综合考量说”。[1]

(四)我国行为数区分标准的立场与观点之选择

1. 行为数区分应否考虑罪数论或竞合论立场

前已述及,对于行为数的区分,有的以竞合论立场确定标准,有的以罪数论立场确定标准,而有的不分罪数论和竞合论来讨论行为数的区分标准。这就提出了一个问题:行为数区分应不应该考虑竞合论立场或罪数论立场呢?笔者的回答是肯定的,因为罪数论和竞合论是两套不同的话语体系,而行为数区分在罪数论和竞合论中的目的与功能不同。

首先,罪数论与竞合论是两套不同逻辑建构的话语体系。日本的罪数论与德国的竞合论虽然“所讨论的具体问题(现象)相同、研究的目的相同”[2],但是,二者是由不同的逻辑建构形成的不同话语体系。日本的罪数论是以罪数为基本概念、以罪数区分标准为出发点、以罪数评价为核心、以罪数处断为归宿的逻辑线索建构起来的话语体系。这套话语体系是由罪数区分标准、罪数形态(单纯的一罪、包括的一罪、科刑上一罪)及其处断、并合罪及其处断等单元构成。而德国的竞合论是以竞合为基本概念、以行为数区分为出发点、以行为单数为核心、以竞合处断为归宿的逻辑线索建构起来的话语体系。这套话语体系是由行为单数与行为复数、想象竞合、实质竞合、法条单一(法规竞合、法律单数)等单元组成。在这两套话语体系中,虽然均有法条竞合与想象竞合的概念,但是二者的内涵与外延并不相同。德国竞合论中法条竞合的吸收关系在日本罪数论中基本上不属于法条竞合关系;因德国刑法和日本刑法对想象竞合的规定不同,德国竞合论中的想象竞合比日本罪数论中的想象竞合的外延要宽得多。日本刑法只规定“一个行为同时触犯两个以上罪名”的情况属于想象竞

---

〔1〕 参见陈洪兵:《行为个数与罪数的认定处理》,载《人民法院报》2016 年 11 月 9 日,第 6 版。

〔2〕 张明楷:《罪数论与竞合论探究》,载《法商研究》2016 年第 1 期。

合,而德国刑法将“一个行为触犯数个刑法法规”和“数次触犯同一刑法法规”的情况都纳入想象竞合。在德国竞合论中,凡是纳入行为单数范围的,都属于想象竞合。

其次,行为数区分在罪数论和竞合论中的目的不同。在日本罪数论中,一行为与数行为的区分是为了认定想象竞合犯(观念竞合)及区分其与牵连犯、包括的一罪等罪数形态及并合罪;而在德国竞合论中,行为单数与行为复数的区分是为了区分和处断想象竞合与实质竞合。

最后,行为数区分在罪数论和竞合论中的功能不同。行为数区分在日本罪数论中只在想象竞合犯(观念竞合)的“一个行为”中讨论,其基本功能是确定想象竞合犯的范围,实现罪刑均衡。它只具有实体法功能,不具有程序法功能。而在德国竞合论中,行为单数与行为复数的区分并非局限于想象竞合,而是整个竞合论的出发点;其基本功能是区分犯罪单数与犯罪复数,实现适当的刑罚。它不但具有实体法功能,而且具有程序法功能,因为以行为复数为先决条件的实质竞合的量刑规定只适用于“存在同时受审判的可能性”[1]。

2. 我国行为数区分的应有立场:竞合论抑或罪数论

既然行为数区分应考虑竞合论或罪数论立场,那么,我国对于行为数区分应采竞合论立场还是罪数论立场呢? 笔者认为,德国竞合论下的行为数区分不适合我国,我国应坚持罪数论立场。

第一,德国竞合论下行为数区分不适合我国。

其一,德国竞合论下行为数被区分为行为单数与行为复数,这种区分是德国刑法上的区分,“行为单数”与“行为复数”概念也是德国刑法明文规定的概念;而我国刑法中没有这样的概念,这样的概念也难以被我国刑法理论所接受。因为德国竞合论中的“行为单数”,并非仅指“一个行为”,而是存在多种不同的形态,如“自然意义上的行

---

〔1〕 [德]汉斯·海因里希·耶赛克、托马斯·魏根特:《德国刑法教科书》,徐久生译,中国法制出版社 2017 年版,第 991 页。

为”“构成要件的行为单数”“自然的行为单数”等。构成要件的行为单数包括多行为犯、继续犯等；自然的行为单数包括构成要件的反复实现、构成要件的连续（逐渐）实现等。[1] 行为复数是构成需要并罚的实质竞合的数个行为，是多个行为单数。而在我国刑法理论中，数个行为可能需要并罚，也可能作为一罪处断而不并罚。因此，德国刑法中的行为单数与行为复数概念难以被我国刑法理论接受。

其二，我国行为数区分是指一行为与数行为的区分，这种区分的意义在于界分想象竞合犯与牵连犯、吸收犯等罪数形态。而德国刑法中的行为单数与行为复数并不对应于我国刑法理论上的一行为与数行为；行为单数可能是一行为，也可能是数行为。其区分的意义也不在于界分想象竞合犯与牵连犯、吸收犯等罪数形态，而是为了区分想象竞合与实质竞合。而德国的想象竞合实际上包含数行为触犯数法条的情形。例如，德国的判例与理论通说认为，行为人伪造文书后又使用该伪造的文书骗取他人财物的行为，是伪造文书罪与诈骗罪的想象竞合犯；而对于这种情况，我国学界的通说认为其是典型的牵连犯。因此，德国的相关理论难以被我国刑法理论借鉴。此外，德国的实质竞合论也不符合我国刑法的相关规定。比如，连续犯与集合犯在德国竞合论中，均被认定为实质竞合而作为数罪处理；但在我国刑法中，连续犯大多被规定为一罪，[2] 而集合犯是刑法将同种类的数行为预定为一罪的犯罪形态。

第二，罪数论立场应坚持。

其一，新中国刑法理论上的罪数论是从 20 世纪 80 年代后期开始，通过借鉴日本的罪数论逐步形成的，可以说，与日本的罪数论具有同源性和共通性。我国现有的罪数论，与日本的罪数论一样，也是从罪数区分标准开始确定一罪与数罪类型，然后分别对一罪类型及

---

〔1〕 参见[德]汉斯·海因里希·耶赛克、托马斯·魏根特：《德国刑法教科书》，徐久生译，中国法制出版社 2017 年版，第 967-969 页。

〔2〕 参见张明楷：《罪数论与竞合论探究》，载《法商研究》2016 年第 1 期。

其处断和数罪类型进行阐述的理论建构。其中许多概念，如罪数、想象竞合犯、继续犯、牵连犯、集合犯、结合犯、法条竞合、包括的一罪等，都源于日本的罪数论，且基本含义相同。张明楷教授指出："刑法学不是自然科学，当某些概念已经形成约定俗成的含义时，要改变其含义是相当困难的。"[1]因此，"在我国刑法理论一开始就借鉴日本的罪数论、对相关概念已形成共识定义的学术背景下，要以竞合论取代罪数论是相当困难乃至不可能的"[2]。事实上，我国以竞合论立场来解释一行为与数行为的犯罪认定与处断的学者只是少数，主流观点仍然是罪数论。

其二，我国刑法虽然不像日本刑法在总则中规定了想象竞合犯及其处断规则，但分则中有多处规定了"依照处罚较重的规定定罪处罚"，而其适用的条件即"一个行为"，这与日本刑法中的想象竞合犯的适用前提"一个行为"相一致。因此无论是我国还是日本刑法上都存在"一个行为"的判定问题，那么一行为与数行为的区分标准具有共通性；而德国刑法中的行为单数与行为复数的区分与我国一行为与数行为的区分不具有共通性。

其三，日本罪数论下不但一行为与数行为的区分存在于想象竞合犯的认定过程中，而且法条竞合、集合犯、连续犯、牵连犯、吸收犯等罪数形态都需要区分一行为与数行为。我国对于罪数形态的认定亦是如此。如法条竞合与想象竞合需要认定"一个行为"，连续犯、牵连犯、集合犯、吸收犯需要认定"数个行为"。

因此，总体上看，我国的罪数论与日本的罪数论基本上具有相同的话语体系和逻辑建构，我国几十年的司法实践也是运用罪数论来解决实践中出现的一罪与数罪问题的。因此，我国罪数论的立场应坚持，行为数的区分标准应在罪数论的视角下确定。

3. 罪数论立场下行为数区分标准之取舍

罪数论下行为数区分标准观点多样，有自然观察说、社会行为

---

〔1〕 张明楷：《罪数论与竞合论探究》，载《法商研究》2016年第1期。

〔2〕 张明楷：《罪数论与竞合论探究》，载《法商研究》2016年第1期。

说、行为决意说、“自然观察+社会通念(社会见解)”说、“单一动机+单一事实情状”说、“自然标准+规范标准”说、“自然观察+社会通念+规范评价”说、“综合考量说”等观点。从行为数区分是否需要考虑法规范的角度,这些观点可分为两类:第一类认为行为数区分属于事实层面的问题,不能考虑法规范。自然观察说、社会行为说、行为决意说、“自然观察+社会通念(社会见解)”说、“单一动机+单一事实情状”说即属此类。第二类认为行为数区分不纯粹是事实层面的问题,还需考虑规范评价。“自然标准+规范标准”说、“自然观察+社会通念+规范评价”说、“综合考量说”即属此类。这就提出了一个问题:行为数区分是否需要考虑法规范或作一定的规范评价?如果需要,则第一类观点即可否定;如果不需要,则第二类观点即可否定。

笔者认为,行为数区分不能是纯粹的事实判断,应包含一定的规范评价。理由是:第一,刑法上的行为不能等同于社会生活中的行为。社会生活中的行为很宽泛,只有进入规范评价的社会生活上的行为,才能成为刑法上的行为。正如日本的小野清一郎所言,“刑法上的行为,归根到底是符合构成要件的行为……与构成要件的评价无关的行为,在刑法中是完全没有意义的”。[1] 第二,刑法上行为数区分的目的在于界分罪数形态。比如,想象竞合犯与牵连犯、吸收犯的区分,如果不与刑法规范联系起来考虑,就不能确定牵连犯、吸收犯的数行为。刑法上行为数区分只有与刑法规范相连接,才具有存在的价值。第三,其他法规范乃至于其他领域均存在行为概念,但行为只有进入刑法视野,才能称其为刑法上的行为。这就离不开刑法规范的评价。第四,刑法规范的变化会引导或影响社会通念的变化,从而使人们对行为数的认识发生变化。例如,在刑法规范上原来是一个行为,当刑法修改为作两个行为来规制时,社会通念的认识就会向两个行为转变。第五,人的动作举止只有进行法规范的评价,才

---

〔1〕 [日]小野清一郎:《犯罪构成要件理论》,王泰译,中国人民公安大学出版社2004年版,第80页。

能类型化为一个或数个行为,才具有确定性。从这个意义上说,构成要件意义上的规范性评价对于行为数的判定是不可或缺的。由此可见,那种完全脱离刑法规范来考察刑法中行为数的观点即自然观察说、社会行为说、行为决意说、“自然观察+社会通念(社会见解)”说、“单一动机+单一事实情状”说是不可取的。

在行为数区分标准应包含一定的规范评价的情况下,前述的“自然标准+规范标准”说、“自然观察+社会通念+规范评价”说、“综合考量说”之间,哪一种观点可取呢?要三选一的话,就需要回答如下三个问题:

第一,自然观察应否作为行为数的区分标准?自然观察要不要?自然观察,有的也称为自然标准。所谓自然标准,是指行为数的判断,撇开行为的社会意义和法律意义,仅从自然的立场观察,如果是基于一个行为决意实现了一个意思活动的身体动作,就是一个行为。笔者认为,自然观察不应作为行为数的区分标准,因为自然观察是通过人的感官获得的对外界客观世界的认识。自然观察本身是一种物理性活动,其结论是感性认识。同样的外界变动、行为举止,不同的人因观察角度、认识能力、判断标准不同,会得出不同的结论。“自然的观察方式是很不确定的。”[1]事实上,一个物理性的动作总是可以细分为多个动作,比如喝水行为可以分为取杯、倒水、往口里送水、咽水等一系列动作。因此,对于人的外界举动是一行为还是数行为,以自然观察为标准,结论会因人而异。故自然观察不能作为行为数的区分标准,更不能是唯一标准。因为如果将自然观察作为刑法上行为数的唯一标准,会导致对以一次性举动构成的行为在刑法上处断不公。例如,行为人明知他人家里既有巨额现金又有枪支,某天以一次性举动将该现金和枪支盗走的行为事实与分两次分别盗走现金和枪支的行为事实的实质危害没有任何差别,但如果按照自然标准,一

---

〔1〕[德]冈特·施特拉腾韦特、[德]洛塔尔·库伦:《刑法总论Ⅰ——犯罪论》,杨萌译,法律出版社2006年版,第431页。

次性盗走现金和枪支的行为只能构成一行为触犯数罪名的想象竞合犯,以一重罪处断;而分两次盗走现金和枪支存在两个行为,应实行数罪并罚。这显然是不公平的。不过,自然观察对于行为数的判断又是必要的。因为没有自然观察,就不能获得对行为举止的认识。从这个意义上说,自然观察是对行为的确认,是判断行为数的基础;如果通过自然观察不能确定动作的行为性,就没有必要判断行为数。

第二,社会通念应否作为行为数的区分标准?社会通念是指处于一定地域、一定时代的社会上的通常观念。它并非某个个体的个人认识,也不是个人认识的平均值,而是超越个人认识的一般人认识、普通人认识。日本的阿部纯二认为,社会通念以集团意识的形式存在具有客观性。因此,"决定使用社会通念作为补充基准时,应考虑将审判官严格限制在这个范围,不能自主决定其内容"[1]。

笔者认为,作为行为数的区分标准,社会通念的介入是必要的。通过自然观察认为存在动作的情况下,是一个还是数个动作,需要运用常识判断,而这个常识就是社会见解、通常观念。只有通常观念认为是一个行为时,作为法官的一个行为的判断,才能得到社会的认可;如果通常观念认为是数个行为,而法官认为是一个行为,是不能得到社会认可的。这就是说,通常观念作为行为数的认定标准的意义在于:使法官的判断不背离常识。因此,不介入社会通念的"自然标准+规范标准"的行为数区分标准是不可取的。不过,需要注意的是,社会通念并不是固定不变的意识,而是开放的集体意识,[2]在不同的国家或地区,在不同的时代,即使在同一社会,也是不断变化的,具有地域性、时代性、开放性。随着社会的变化,人们对事物的认知会发生变化,通常观念也会发生变化。过去发生的举动在当时的

---

[1] [日]阿部纯二:《刑法判例与社会通念》,载《法时》52卷5号,第40页。转引自蒋小燕:《淫秽物品的"淫秽性"之判断标准——以社会通念为基点》,载《法学评论》2011年第1期。

[2] 参见蒋小燕:《淫秽物品的"淫秽性"之判断标准——以社会通念为基点》,载《法学评论》2011年第1期。

通常观念下被认为是一个举动,而在现在的通常观念下可能被认为是数个举动。因此通常观念具有一定程度的不确定性,不能作为判断行为数的最终标准。必须有刑法规范的介入,才能准确确定行为数。此外,将具有开放性的社会通念作为行为数判断的标准有可能存在的问题是:如果没有防止法官任意判断的体系,社会通念就会成为法官主观判断的挡箭牌,不能保证法官判断的客观性,将社会通念作为判断行为数的标准就起不到应有的作用。因此,从这个意义上说,也必须有刑法规范的介入。

第三,行为数区分除了以自然观察为基础、以社会通念为标准,进行一定的规范评价时,是否还需要考虑其他因素?笔者认为,“综合考量说”中的“行为人基于认识到行为对象的不同属性而产生的规范意识的突破次数”、“行为主要部分的重合性”以及“行为侵害法益的人身专属性”,虽然有的情况下应作为区分行为数的考量因素,但这些因素用来区分行为数时是不能离开规范评价的,实际上只是规范评价的展开而已,不是独立的行为数的评价标准。首先,“行为人基于认识到行为对象的不同属性而产生的规范意识的突破次数”明显属于规范评价的范围,因为其中的“规范意识”应该是法规范意识,而行为人是否具有法规范意识以及突破规范意识次数的判断应以法规范为标准。其次,行为的主要部分是否重合的判断也是一种规范判断。因为“行为终究是作为该当构成要件的行为”〔1〕,行为的主要部分重合是指符合构成要件的各自然行为的主要部分重合,而各自然行为是否符合构成要件的判断属于典型的规范判断。最后,“行为侵害的法益是否具有人身专属性”的判断仍然离不开规范评价。因为“确定法益的内容,应以刑法规定为依据,既要考虑具体犯罪所属的类罪,也要以刑法对具体犯罪的规定为根

〔1〕 [日]山口厚:《刑法总论》(第3版),付立庆译,中国人民大学出版社2018年版,第405页。

据"〔1〕。此外,对于侵害人身专属法益的行为,如果是"根据被害者的人数确定行为个数"〔2〕,也就不可避免地进行了一定的规范评价。例如,对于一次收买6名儿童的行为,陈洪兵教授认为:"至于是1次收买,还是分6次收买,在刑法评价上不应该有差别……应认为在规范性意义上存在6个行为、侵害了6个法益、6次符合收买被拐卖的儿童罪的构成要件。"〔3〕显然他对于自己所主张的"行为侵害的法益是否具有人身专属性"应作为行为数的考量因素的观点论证是没有离开规范评价的。

综上所述,在行为数的区分标准上,罪数论的立场应坚持。而在罪数论的立场上如何区分一行为与数行为,要以自然观察为基础,以社会通念为一般标准,还要对行为进行一定的规范评价。那些不考虑规范评价的纯事实性区分标准不可取;而只考虑自然观察和规范评价,而不介入社会通念标准的观点也是不可取的。

〔1〕张明楷:《刑法学》(上)(第5版),法律出版社2015年版,第66页。

〔2〕陈洪兵:《行为个数与罪数的认定处理》,载《人民法院报》2016年11月9日,第6版。

〔3〕陈洪兵:《应从法益视角规范性考量行为个数》,载《天府新论》2012年第2期。

第三章　刑法指示规定与注意规定、法律拟制的区分

要使刑法的“指示规定”概念成为刑法教义学的分析工具，就需要讨论其与注意规定、法律拟制的不同，阐述其作为独立概念的必要性。如果“指示规定”有必要作为独立的概念存在于刑法教义学中，就需要将其与注意规定、法律拟制进行区分，明确这种区分的意义。本章拟从解释论的角度阐述刑法指示规定与注意规定、法律拟制的区分及其意义。

一、指示规定与注意规定的区分

（一）注意规定的概念与特征

“注意规定”是“我国刑法学者首创的一个概念”〔1〕。这个概念是张明楷教授最先提出来的；他对注意规定的定义与特征的阐述获得了学界的广泛认同，现已成为基本的共识。他认为，注意规定是指在刑法已经对某一问题作出了基本规定的情况下，提示司法人员注意、避免司法人员忽略的规定。其基本特征是重复性和提示性。重复性是指内容重复，刑法设置的注意规定并未改变基本规定的内容，只是重申基本规定的内容；对某个问题的处理，即便没有注意规定，也存在相应的法律适用根据即基本规定。提示性是就注意规定的功能而言，是指注意规定只起提示作用，其表述的内容与相关基本规定的内容完全相同，因而不会导致将原本不符合相关基本规定的

〔1〕 周铭川：《论刑法中的注意规定》，载《东北大学学报（社会科学版）》2016年第5期。

行为也按相关规定处理。[1]

不过,张明楷教授对于注意规定的重复性与提示性这两个特征之间的关系,或者说哪个特征是本质的、主要的,未予阐述。笔者认为,注意规定的本质特征必须是能够使注意规定与基本规定、法律拟制等规定相区别的独有特征。而能将注意规定与其他规定区别开来的特征是重复性,也就是说,重复性是注意规定的本质特征。而提示性不能将注意规定与其他规定区别开来,提示性只是注意规定的重要功能,这种功能法律拟制也有。既然如此,对注意规定的定义应注意揭示其重复性特征,而不是提示性特征。因此,笔者赞同对注意规定作如此解释:注意规定是立法者为防止司法工作人员混淆刑法的有关规定或者防止司法工作人员忽略本该按照某种犯罪定罪处罚的情形而设置的,通过对基本规定的解释或补充来实现该目的,但并不改变基本规定的内容。其所表述的行为类型只不过是基本规定的行为类型中一种较为具体的行为而已,其内容实际上已包含于基本规定之中,因而与基本规定的内容实际上具有一致性。[2]

从注意规定与基本规定的关系上看,刑法分则的基本规定是独立规定犯罪构成要件的规定,是将 A 行为类型设置成 A 罪的规定;而注意规定不是这样,其只是对符合某种犯罪构成要件的行为进行重申,要按某种犯罪论处,是将事实上本来就属于 A 行为类型的 A1 行为规定为属于 A 行为因而要按 A 罪论处的规定。例如,《刑法》第 382 条第 3 款规定:“与前两款所列人员勾结,伙同贪污的,以共犯论处。”此处的“前两款”是指:(1)国家工作人员利用职务上的便利,侵吞、窃取、骗取或者以其他手段非法占有公共财物的,是贪污罪;(2)受国家机关、国有公司、企业、事业单位、人民团体委托管理、经营国有财产的人员,利用职务上的便利,侵吞、窃取、骗取或者以其他手

---

〔1〕 参见张明楷:《刑法学》(下)(第 5 版),法律出版社 2016 年版,第 673-674 页。

〔2〕 参见刘宪权、李振林:《刑法中的法律拟制与注意规定区分新论》,载《北京社会科学》2014 年第 3 期。

段非法占有国有财物的，以贪污论。这两款规定了贪污罪的行为及其对象，也限定了贪污罪的主体范围。此处的“与前两款所列人员勾结”是指行为人与国家工作人员相勾结，行为人与受委托管理、经营国有财产的人员相勾结。显然，该款规定是关于非国家工作人员与国家工作人员相勾结，非国家工作人员与受委托管理、经营国有财产的人员相勾结共同实施贪污犯罪如何处理的规定，属于注意规定。因为共犯分为“实行犯、组织犯、教唆犯和帮助犯”四种，[1]不具有国家工作人员身份或者不具有受委托管理、经营国有财产的人员身份的人虽然不能成为贪污罪的实行犯，但可以成为贪污罪的组织犯、教唆犯、帮助犯；所以，即使没有第382条第3款的规定，司法工作人员对这种情况也会按贪污罪的共犯作出正确处理。因而该款规定只是重复了共同犯罪和贪污罪的基本规定，只具有提示性。

又如，《刑法》第163条的前两款作出了关于非国家工作人员受贿罪的构成要件和法定刑的规定。该条第3款规定：“国有公司、企业或者其他国有单位中从事公务的人员和国有公司、企业或者其他国有单位委派到非国有公司、企业以及其他单位从事公务的人员有前两款行为的，依照本法第三百八十五条、第三百八十六条的规定定罪处罚。”第385条、第386条是关于受贿罪的规定。该款并没有改变受贿罪的基本规定的内容，只是对受贿罪主体的范围加以具体化，目的在于提示司法工作人员注意：国有公司、企业或者其他国有单位中从事公务的人员以及这些国有单位委派到非国有公司、企业以及其他单位从事公务的人员，属于受贿罪主体的范围；如果其利用职务上的便利，索取他人财物或者非法收受他人财物，为他人谋取利益，数额较大，就构成受贿罪，不能以非国家工作人员受贿罪定罪处罚。

因此，注意规定的解释模式为：如果注意规定指出“对A1行为应当依照A罪论处”，那么，只有当A1行为完全符合A罪的构成要

[1] 参见高铭暄、马克昌主编：《刑法学》(第8版)，北京大学出版社、高等教育出版社2017年版，第172页。

件时,才能将A1行为依照A罪论处。[1]

(二)指示规定与注意规定之异同比较

指示规定与注意规定都依赖于基本规定而存在,都有使基本规定适用明确化、具体化的功能,都需要运用基本规定所确立的犯罪构成和法定刑才能发挥定罪处罚的作用;而且,无论是指示规定还是注意规定,都旨在提示、引导司法工作人员怎样适用刑法有关规定,因而在用语结构形式上都是采用"适用条件+处理规则"的模式。例如,《刑法》第260条之一第3款是指示规定。该款中的"有第一款行为,同时构成其他犯罪的"是适用条件的表述;"依照处罚较重的规定定罪处罚"是其处理规则的表述。又如,《刑法》第156条是注意规定。该条中的"与走私罪犯通谋,为其提供贷款、资金、帐号、发票、证明,或者为其提供运输、保管、邮寄或者其他方便的"是适用条件的表述;"以走私罪的共犯论处"是其处理规则的表述。由此可见,从刑法规定的外在结构形式上很难区分指示规定与注意规定。

但是,从客观上看,刑法中的指示规定与注意规定是存在不可忽视的区别的。主要表现在以下三个方面:

第一,从二者与基本规定的关系上看,是不同的。注意规定只是对基本规定的内容的重申。例如,《刑法》第156条的注意规定,只是重申走私罪和共同犯罪的基本规定。因为"与走私罪犯通谋"指的是行为人与走私犯罪人形成了走私犯罪的共同故意,"为其提供贷款、资金、帐号、发票、证明,或者为其提供运输、保管、邮寄或者其他方便"指的是行为人实施了走私犯罪的帮助行为;所以,对于这种情况,即使没有这个规定,也要以走私罪的共犯论处。而指示规定不是对基本规定的内容的重申,而是指示司法工作人员在遇到罪数处断问题时应该如何选择适用基本规定。例如,《刑法》第120条之二第

---

[1] 参见周铭川:《论刑法中的注意规定》,载《东北大学学报(社会科学版)》2016年第5期。

2款作出的“有前款行为,同时构成其他犯罪的,依照处罚较重的规定定罪处罚”的指示规定,既不是对第120条之二第1款即准备实施恐怖活动罪的重申,也不是对其他基本规定的重申,而是在第1款规定的准备实施恐怖活动的行为符合数个基本规定、需要进行罪数处断的情况下,指示司法工作人员应如何选择适用有关基本规定。

第二,从适用条件上看,二者是不同的。注意规定适用于一个行为只符合分则某一个具体罪的基本规定的犯罪构成、触犯单一罪名的情形。例如,《刑法》第102条第2款规定:“与境外机构、组织、个人相勾结,犯前款罪的,依照前款的规定处罚。”该注意规定依存的基本规定只是《刑法》第102条第1款的规定,只构成背叛国家罪这个罪名。而指示规定适用于行为符合数个基本规定的犯罪构成、构成数罪名的情形,例如,《刑法》第287条之二第3款“有前两款行为,同时构成其他犯罪的,依照处罚较重的规定定罪处罚”的指示规定。该条之二第1、2款规定的是帮助信息网络犯罪活动罪,第3款指出该行为可能“同时构成其他犯罪”,这意味着帮助信息网络犯罪活动的行为可能同时符合两个或两个以上基本规定的犯罪构成,触犯两个或两个以上的罪名。对于这种情况,刑法指示司法工作人员“依照处罚较重的规定定罪处罚”。

第三,从功能上看,二者也是有所不同的。注意规定的内容属于“理所当然”的事情,司法工作人员对此并不难以决断,因此只对司法工作人员起到一种提示作用,以免司法工作人员忽视或误解;即使没有该规定,司法工作人员也要按照有关基本规定进行处理。而指示规定是“难以决断时如何决断”的规定,是司法工作人员在处理个案面临数种处断规则或结论的选择时,指引司法工作人员应如何作出选择,而且只能作出指示规定所限定的选择,不能作出别的选择的规定。例如,对于司法实践中存在的,在生产、销售的伪劣商品上假冒他人注册商标的行为如何定罪处罚,理论和实务上均存在争议:有的认为属于法条竞合,应按照重法优于轻法原则处理;有的认为属于想象竞合犯,应择一重罪处断;有的认为属于牵连犯,应从一重罪从重处断或实行数罪并罚;有的认为属于两个单独的犯罪,应实行数罪并罚。[1] 显然,在这种观点不一的情况下,司法工作人员很难决断;只有刑法上设置指示规定,才能对这种情况的处理规则予以明确。

(三)指示规定与注意规定的区分方法

上文对指示规定与注意规定不同之处的阐述,虽然能在一定程度上区分指示规定与注意规定,但是,要判断刑法分则中的一个条文规定究竟是指示规定还是注意规定,还应通过以下方法进行综合考察:

第一,看该规定能否被删除。由于注意规定是对基本规定的重申或具体化,只有提示作用,因此即使没有该注意规定,也应按基本规定进行处理。因而,注意规定是可以被删除的规定;[2] 如果被删除了,同样情形的处理结果不会发生变化。例如,对于一般主体与贪污罪特殊主体伙同贪污的情形,即使没有《刑法》第 382 条第 3 款的规定,根据刑法总则关于共同犯罪的规定,也应以贪污罪的共犯论处。该规定在《刑法》第 382 条中存在还是不存在,均不会影响这种情形的处理结果,因此是可以删除的,是注意规定。又如,对于行为人与境外机构、组织、个人相勾结,背叛国家,危害中华人民共和国的主权、领土完整和安全的行为,即使没有《刑法》第 102 条第 2 款的规定,也应以背叛国家罪定罪处罚,因而该款规定也是可以删除的,是注意规定。而指示规定不是可有可无的规定,不能删除;如果删除了,会导致司法处理不一,同案异判,定罪量刑不平衡。例如,《刑法》第 133 条之一第 3 款规定:"有前两款行为,同时构成其他犯罪的,依照处罚较重的规定定罪处罚。"很明显,"依照处罚较重的规定定罪处罚"适用的前提是同一行为事实符合数个犯罪构成,触犯数个不同罪

---

〔1〕 参见高铭暄、马克昌主编:《刑法学》(第 6 版),北京大学出版社、高等教育出版社 2014 年版,第 435 页。

〔2〕 参见陈洪兵:《刑法分则中注意规定与法律拟制的区分》,载《南京农业大学学报(社会科学版)》2010 年第 3 期。

名,需要进行罪数处断。而刑法理论上关于罪数形态的判断及处断规则均有分歧,且有的罪数形态在采取何种处断规则上分歧很大,司法工作人员针对同样的犯罪事实若根据不同的观点作出处断,往往会得出不同的结论。进一步说,司法工作人员到底如何对其定罪处罚,存在多种选择,具有疑难性,这就需要立法者明示到底如何处理。立法上作出的规定,指明了解决疑难问题的途径;若删除该规定,则会导致司法处断不一的结果,因此该规定是不可删除的,是指示规定。

第二,看该规定能否推广适用。由于注意规定的内容属"理所当然"的事情,因而可以推广适用于其他与其相似的情形,即其他没有设置注意规定的条款,也可以适用该注意规定的处理规则。例如,《刑法》第 382 条第 3 款规定的"伙同贪污的,以共犯论处"属于贪污罪共同犯罪的处理规定,该规定源于《刑法》第 25 条关于共同犯罪的基本规定,可以说是对该基本规定在贪污罪上的具体化。因而该注意规定可以推广适用于受贿罪,即在《刑法》没有规定"伙同受贿的,以共犯论处"的情况下,依据刑法总则关于共同犯罪的规定,对于非国家工作人员与国家工作人员伙同受贿的,也能够以受贿罪的共犯论处。而指示规定具有专属性,是立法上专门解决某个罪数问题的规定,不可推广适用。例如,《刑法》第 399 条第 4 款规定:"司法工作人员收受贿赂,有前三款行为的,同时又构成本法第三百八十五条规定之罪的,依照处罚较重的规定定罪处罚。"这也就是说,司法工作人员在办理刑事案件过程中徇私枉法、收受贿赂的情形,既可构成受贿罪,又可构成徇私枉法罪,存在罪数处断问题。对于这种情形,如果立法上没有作出专门的处断规则的规定,司法上是对其从一重罪处断、从一重罪从重处断还是实行数罪并罚呢?司法者可以自由裁量,作出选择,但这会影响司法裁判的统一性。而立法上作出该规定,明确了罪数处断规则,就可以避免这种情况。但其不可推广适用于其他渎职犯罪,只能适用于第 399 条第 4 款规定的情形。因为从实践中渎职犯罪发案情况来看,渎职犯罪通常与贿赂犯罪相伴而生或发生勾连,该款规定如果推广适用于其他受贿、渎职犯罪,就会使许多本应从一重罪从重处断或数罪并罚的受贿、渎职犯罪实行从一重罪处断,导致处罚偏轻,这是不利于预防渎职犯罪和贿赂犯罪的。

第三,看该规定适用的罪刑规范是否具有可选择性。虽然注意规定和指示规定都要适用基本规定中的罪刑规范,但是,由于注意规定具有重复性特征,只是基本规定适用的具体化,因此,注意规定所要适用的罪刑规范是不可选择的。例如,《刑法》第156条规定中的行为,所要适用的是总则共同犯罪和分则走私罪的基本规定;除适用走私罪的罪刑规范外,不存在适用其他罪刑规范的问题,因而在适用的罪刑规范上具有不可选择性,故该条规定是注意规定。而指示规定是对罪数处断问题的专门规定,涉及数个罪刑规范可供适用,所要适用的罪刑规范是可以选择的,所以需要指示规定的指引,以确定司法适用的规则。如《刑法》第157条第2款规定中,"以暴力、威胁方法抗拒缉私"是在走私犯罪的过程中发生的,既构成走私罪,又构成妨害公务罪,存在走私罪和妨害公务罪两个基本规定的适用问题;如果没有该款规定,对于这种牵连犯,司法上是从一重罪处断,还是从一重罪从重处断,抑或实行数罪并罚,是可以选择的。该款明确规定对其以走私罪和妨害公务罪进行并罚,就是对"以暴力、威胁方法抗拒缉私"行为构成的数罪的处断规则的确定,属于指示规定。

二、指示规定与法律拟制的区分

(一)法律拟制的概念与特征

法律拟制是一个非常古老的概念,早在古罗马法时代就已经开始使用这个概念。[1] 古罗马法时代为了使法律规定的诉权能够用来调整新产生的社会关系,立法者便在诉讼中将某些新的要素虚拟为法律规定的要素,使某些原本没有诉权的主体能够通过扩张诉讼

[1] 参见李振林:《刑法中法律拟制论》,法律出版社2014年版,第10页。

而得到一定的司法救济。[1] 后来,随着拟制在法学领域的广泛应用,法律拟制的概念也走向复杂化,出现了各种不同的观点。

关于法律拟制的概念主要有三种观点:第一种观点是"类推说",认为法律拟制是一种类推。如德国的考夫曼认为,"拟制的本质是一种类推:在一个已证明为重要的观点之下,对不同事物相同处理……"[2]在考夫曼看来,法的现实化是由类推的方式实现的。"法在本质上系一种特定关系性的理解,在特定的法律关系中,不同事物获得同等对待,乃是以某种介质为比较之中点的,最终是以类推的方式实现的。"[3]我国也有学者认为,"法律拟制在思维层面上系属类推而非单纯的法律技术"[4]。第二种观点是"立法技巧、方法或技术说",认为"法律拟制是一种纯粹的立法技巧,是立法者为了避免法律条文用语重复、冗长而采用的一种文字表达方式"[5]。"拟制实际就是一种立法方法,有着本体规则的本质和特征,只能依从它,不能反对它。"[6]"法律拟制是立法者在复杂的现实中通过相对简化的规则设置法律的一种立法技术。"[7]第三种观点是"法律改变说",认为法律拟制是一种法律改变,它改变了基本法律规范中的法律概念以及法律规范的适用范围。[8]

刑法上所讲的法律拟制,是指立法者将原本并不符合某一刑法

---

[1] 参见黄风编:《罗马法词典》,法律出版社2002年版,第112页。

[2] [德]亚图·考夫曼:《类推与"事物本质"——兼论类型理论》,吴从周译,台北,学林文化事业有限公司1999年版,第59页。

[3] 谢潇:《法律拟制的哲学基础》,载《法制与社会发展》2018年第1期。

[4] 谢潇:《法律拟制的哲学基础》,载《法制与社会发展》2018年第1期。

[5] 肖建国、肖建华:《民事诉讼证据操作指南》,中国民主法制出版社2002年版,第375页。

[6] 黄茂荣:《法学方法与现代民法》,中国政法大学出版社2001年版,第167页。

[7] 赵春玉:《法律拟制正当性的诠释学思考》,载《北大法律评论》2016年第1期。

[8] See Bryan Garher, *Black's Law Dictionary*, West Publishing Co., English Edition, 1999, p. 913.

基本规定的行为强行赋予该规定的法律效果,[1]以实现立法者简约立法、方便司法和防控特定犯罪以更好地保护法益的目的。笔者认为,这实际上是"法律改变说"在刑法领域的运用。它有两个主要特征:

第一,行为事实虽然不同,但法律效果等同。即将不同于基本事实的行为事实,赋予其基本事实的法律效果。其特点是导致将不同的行为事实按照相同的行为事实处理。正如卡尔·拉伦茨所言,法律拟制是"有意地将明知为不同者等同视之……目标通常在于:将针对一构成要件(T1)所作的规定,适用于另一构成要件(T2)"[2]。立法者并不是认为T2事实上与T1相同,而是通过拟制的手段,将T2规定为T1的一种事例,对T2赋予T1的法律效果。为达到这个目的,立法者指示法律适用者:应该将T2"视为"T1的一个事例。[3]例如,《刑法》第267条第2款规定:"携带凶器抢夺的,依照本法第二百六十三条的规定定罪处罚。"这是学界公认的一种法律拟制。因为抢夺罪与抢劫罪的构成要件存在诸多不同,在法益侵害性上抢劫罪重于抢夺罪,即使携带凶器抢夺(未使用凶器),也不符合《刑法》第263条抢劫罪的基本规定。显然,法律拟制是立法者将本来并不符合某一基本规定的行为强制赋予该规定的法律效果,因而其所规定的内容与基本规定的内容总是存在较大的差异。[4]

第二,引证性。所谓引证,是指某一法律对行为事实的调整没有作出完整的规定,需要引用其他法律规定或条款来说明或处理。"由于法律拟制是将此事实等同于彼事实,将不同视为相同,因此在设置

---

[1] 参见刘宪权、李振林:《刑法中的法律拟制与注意规定区分新论》,载《北京社会科学》2014年第3期。

[2] [德]卡尔·拉伦茨:《法学方法论》,陈爱娥译,商务印书馆2003年版,第142页。

[3] 参见吴学斌:《我国刑法分则中的注意规定与法定拟制》,载《法商研究》2004年第5期。

[4] 参见刘宪权、李振林:《刑法中的法律拟制与注意规定区分新论》,载《北京社会科学》2014年第3期。

法律拟制条款时必然会引用其他法律条款来说明和确定其所拟制事实的法律构成。"[1]可以说法律拟制的规范结构是不完整的,对其适用,不仅要考察拟制条款所规定的适用条件,而且要考察被参照的基本规定所确立的法律效果,因而法律拟制具有引证性特征。例如,《刑法》第267条第2款虽然规定了携带凶器抢夺行为,但其法律效果在该款中并没有直接规定,而只是规定要适用《刑法》第263条抢劫罪的基本规定。

刑法上的法律拟制的解释模式可归纳为:若法律拟制指出"对A行为应当以B罪定罪处罚",则即使A行为并不符合B罪的构成要件,也要将A行为按照B罪的规定定罪处罚。[2]

(二)指示规定与法律拟制之比较

从前述的指示规定和上述的法律拟制的概念及特征比较来看,二者既有相同的地方,也有不同之处。二者相同之处在于:都是立法者在刑法中设置的强制性规定,司法者必须遵照适用,没有适用与否的选择权。具体来说,二者有以下几点是相同的。

第一,都是不可删除的规定。就指示规定的作用而言,指示规定不是可有可无的,而是对司法者具有特殊的指路、限制功能,因此是不能删除的;若删除了,则可能导致不同地区、不同部门或不同层级的司法处断结论不一,定罪量刑不平衡。例如,使用虚假身份证件的行为,如果不但构成使用虚假身份证件罪,而且同时构成诈骗罪、招摇撞骗罪等犯罪,就存在同一行为事实符合数个犯罪构成,触犯数个不同罪名的情况,存在罪数处断问题。对此,不同地区、不同部门或不同层级的司法工作人员若根据学界不同的观点来处断,则往往会得出不同的结论。进一步说,司法工作人员到底如何对其定罪处

---

[1] 刘宪权、李振林:《刑法中的法律拟制与注意规定区分新论》,载《北京社会科学》2014年第3期。

[2] 参见周铭川:《论刑法中的注意规定》,载《东北大学学报(社会科学版)》2016年第5期。

罚,存在数种选择,具有疑难性,这就需要立法者明示到底如何处理。《刑法》第 280 条之一第 2 款作出“依照处罚较重的规定定罪处罚”的指示规定,为司法者指明了这种情况应适用的处断规则;而如果删除该规定,就可能导致不同地区、不同部门或不同层级的司法者在对行为事实处断上的不一致的结果,因此它是不可删除的。

法律拟制是立法者有意将不同的行为赋予相同的法律效果,即使某种行为本来并不符合某个刑法基本规定,但在刑法作出了明文规定的特殊条件下,司法者也必须按照某个基本规定来处理,因此是一种特别规定。[1] 既然如此,如果将之删除,司法上就没有根据和理由将某种行为赋予某个基本规定的法律效果。例如,携带凶器抢夺的行为与抢劫罪在法益侵害的数量、实行行为的特征、社会危害性的程度等方面均有不同,本来是不符合抢劫罪基本规定的构成要件的,但立法者将其赋予抢劫罪的法律效果,就是一种法律拟制。如果立法上删除了《刑法》第 267 条第 2 款的规定,司法上对于单纯携带凶器抢夺的行为,就只能认定为抢夺罪,而不能认定为抢劫罪,否则有违罪刑法定原则。因而该规定不是可有可无的规定,是不可删除的。

第二,都不可推广适用于其他犯罪情形。指示规定是解决某个罪数问题的专属性规定,不可推广适用。例如,司法工作人员在办理刑事诉讼案件中徇私枉法,在办理民事或行政审判案件中枉法裁判,或者在执行判决、裁定中失职、滥用职权,同时又有收受贿赂的行为,如果既构成徇私枉法罪,民事、行政枉法裁判罪,执行判决、裁定失职罪或者执行判决、裁定滥用职权罪,又构成受贿罪,就存在罪数处断问题。对于这种行为事实,是从一重罪处断、从一重罪从重处断,还是实行数罪并罚?如果学界或实务部门观点不一,就会影响不同地区、不同部门、不同层级的司法裁判的统一性。《刑法》第 399 条第 4 款作出了“依照处罚较重的规定定罪处罚”的指示规定,为司法

---

〔1〕 参见张明楷:《刑法学》(下)(第 5 版),法律出版社 2016 年版,第 675 页。

者指明了这种情况应适应的处断规则,就能够解决因此而存在的同案异判问题。[1] 但是,该指示规定的处断规则只能适用于第 399 条第 4 款规定的条件,不可推广适用于其他国家机关工作人员的渎职、受贿犯罪。其理由前已述及,此处不再赘述。

法律拟制是立法者基于某种目的、理由或价值取向,才将并不符合刑法某种基本规定的行为赋予该规定的法律效果,其内容并非"理所当然",因而仅适用于刑法有明文规定的行为事实,司法工作人员不能将之推广适用于拟制规定之外的行为事实。例如,《刑法》第 267 条第 2 款仅规定了携带凶器抢夺的行为以抢劫罪论处,那么它就只能适用于携带凶器抢夺的行为事实,司法工作人员不能将之推广适用到携带凶器盗窃、携带凶器诈骗等侵犯他人财物的行为事实。

第三,指示规定和法律拟制的用语结构形式基本相同。指示规定与法律拟制都依赖于基本规定而存在,都需要运用基本规定所确立的犯罪构成或法定刑才能发挥定罪处罚的作用;而且,无论是指示规定还是法律拟制,都旨在引导司法者如何适用刑法规定,因而在用语结构形式上基本上采用"适用条件+处理规则"的模式。例如,《刑法》第 149 条第 2 款规定:"生产、销售本节第一百四十一条至第一百四十八条所列产品,构成各该条规定的犯罪,同时又构成本节第一百四十条规定之罪的,依照处罚较重的规定定罪处罚。"该款属于指示规定。其中"生产、销售本节第一百四十一条至第一百四十八条所列产品,构成各该条规定的犯罪,同时又构成本节第一百四十条规定之罪的"是适用条件的表述,"依照处罚较重的规定定罪处罚"是处理规则的表述。又如,《刑法》第 269 条规定:"犯盗窃、诈骗、抢夺罪,为了窝藏赃物、抗拒抓捕或者毁灭罪证而当场使用暴力或者以暴力相威胁的,依照本法第二百六十三条的规定定罪处罚。"该条属于法律

---

[1] 有学者认为《刑法》第 399 条第 4 款的规定属于法律拟制,具体参见刘宪权、李振林:《刑法中的法律拟制与注意规定区分新论》,载《北京社会科学》2014 年第 3 期。但笔者认为该规定并不符合法律拟制的特征。详细分析见后文。

拟制。其中"犯盗窃、诈骗、抢夺罪,为了窝藏赃物、抗拒抓捕或者毁灭罪证而当场使用暴力或者以暴力相威胁的"是适用条件的表述,"依照本法第二百六十三条的规定定罪处罚"是处理规则的表述。可见,指示规定和法律拟制都有"依照××规定定罪处罚"的表述,因而从外在结构形式上很难区分。

第四,指示规定和法律拟制在对行为定罪处罚上都为司法者提供了明确的指引,便于不同地区、不同部门、不同层级的司法者对行为作出一致的裁判。指示规定以"依照处罚较重的规定定罪处罚""依照处罚较重的规定定罪从重处罚""依照数罪并罚的规定处罚""依照本法第××条的规定定罪处罚"等方式为司法者对行为的定罪处罚提供了明确的指引;法律拟制一般以"依照本法第××条的规定定罪处罚"的方式为司法者对被拟制的行为定罪处罚提供了明确的指引。

正因为指示规定与法律拟制存在上述相同之处,所以有的刑法分则规定究竟是指示规定还是法律拟制,较难分清。学界有学者将一些指示规定纳入法律拟制范围,即是例证。但是,笔者认为,分则指示规定与法律拟制是两种具有不同功能和价值的刑法规定,应该加以区分。二者的不同表现在以下四个方面:

第一,指示规定与法律拟制中涉及的行为事实在可适用的基本规定的个数上有不同。指示规定是在行为事实存在数个基本规定可供适用的情况下设置的,以指示司法工作人员如何选择适用基本规定,因而可适用的基本规定一定不止一个。例如,《刑法》第 120 条之二第 2 款规定:"有前款行为,同时构成其他犯罪的,依照处罚较重的规定定罪处罚。"该款可适用的基本规定为两个或两个以上,因此立法者指示司法者,只能选择处罚较重的基本规定适用。而法律拟制是立法者将一种有别于某个基本规定的行为强制赋予该基本规定的法律效果,因而可适用的基本规定只有一个。例如,《刑法》第 269 条规定是法律拟制,它将犯盗窃罪、诈骗罪、抢夺罪,为窝藏赃物、抗拒抓捕或者毁灭罪证而当场使用暴力或以暴力相威胁的行为赋予抢劫罪的法律效果，司法者对这种行为就只能按照抢劫罪的基本规定定罪处罚，而不再适用盗窃罪、诈骗罪或抢夺罪的基本规定。这种行为不但在没有被拟制的情况下适用的基本规定是唯一的，而且拟制之后适用的基本规定也是唯一的。

第二，指示规定与法律拟制的立法目的不同。刑法具有保护法益和保障人权的目的。对任何一个案件的不法内容，只有既充分、全面评价又不重复评价，才能既保护法益，又保障人权。[1] 立法者设置指示规定的目的，要么是避免刑法评价不充分，更好地保护法益，要么是避免刑法重复评价，保障人权。而法律拟制与此不同，它不是为了避免刑法重复评价或评价不充分，它将某种行为拟制为更重的犯罪，进行定罪处罚，显然对行为人不利，因此不能说是为了保障行为人的人权，但这种立法设置能够更好地保护法益。因此从一定意义上说，法律拟制的设置只是为了更好地保护法益。

第三，指示规定与法律拟制的适用条件不同。指示规定适用于行为符合数个基本规定的犯罪构成，触犯数个不同罪名的情形。例如，《刑法》第 329 条第 3 款规定："有前两款行为，同时又构成本法规定的其他犯罪的，依照处罚较重的规定定罪处罚。"这里的"前两款行为"是指抢夺、窃取国有档案和擅自出卖、转让国有档案的行为。该行为除了构成抢夺、窃取国有档案罪或者擅自出卖、转让国有档案罪，还可能同时构成非法获取国家秘密罪、故意泄露国家秘密罪等犯罪。如果行为同时构成这些犯罪，就符合两个或两个以上的基本规定，符合数个不同的犯罪构成，需要进行罪数处断，属于指示规定。而法律拟制适用于一个行为本来符合某一种具体罪的基本规定，触犯某一具体罪的情形；该行为即便通过法律拟制，适用于另一种较重具体罪的基本规定，也只是构成一个具体罪，不存在同时可适用数个基本规定、触犯数罪的情况。例如，对于监狱、拘留所、看守所等监管

---

〔1〕 参见张明楷：《论〈刑法修正案（九）〉关于恐怖犯罪的规定》，载《现代法学》2016 年第 1 期。

机构的监管人员虐待被监管人致死的行为,如果没有《刑法》第248条第1款后段的拟制规定,司法上应以虐待被监管人罪这个具体罪进行定罪处罚;有了这个拟制规定,虽然不再以虐待被监管人罪定罪处罚,而是以故意杀人罪定罪处罚,但仍然只是适用故意杀人罪这一种具体罪的基本规定,以一罪定罪处罚,只不过是按照一个较重具体罪(故意杀人罪)的基本规定进行定罪处罚而已。

第四,指示规定与法律拟制的功能不同。指示规定是为司法者面临罪数处断、存在多种处断结论的可能性时起指引、限制的作用;而如果刑法上没有设置该指示规定,司法者具有较大的自由裁量权,可能导致同案不同判的结果。例如,对于危险驾驶导致重大交通事故的行为,司法工作人员可以定交通肇事罪,也可以以危险驾驶罪和交通肇事罪实行并罚,如果没有《刑法》第133条之一第3款的指示规定,完全可能在不同地区、不同法院之间出现同案异判。而法律拟制虽然也具有一定的指引作用,但其主要功能是强制赋予某种行为以另一种犯罪行为的法律效果,从而更有力地保护法益。即使刑法上没有设置该拟制规定,司法上也不会出现同案异判的现象,只不过是依照原本存在的基本规定进行定罪处罚而已。

总之,指示规定的存在是因为行为事实符合数个基本规定的犯罪构成,触犯数个不同罪名,存在罪数处断问题,即无论适用哪个基本规定,均有理有据,从而导致司法者难于决断,需要立法者指引,以免同案异判。或者说,指示规定解决的是"难于决断时如何决断"的问题。而法律拟制是立法者将并不符合某个基本规定的行为强制赋予该基本规定的法律效果,故其规定的内容并非"理所当然",而且也不存在"难于决断时如何决断"的罪数处断问题。

(三)指示规定与法律拟制的区分方法

既然指示规定与法律拟制是两种不同的刑法规定,司法上就有必要对其加以区分,那么如何区分指示规定与法律拟制呢?笔者认为,应从以下几个方面进行综合考察,得出一个具体的刑法分则规定究竟是指示规定还是法律拟制的结论。

第一，看刑法规定是否将不同的行为在法律效果上等同对待。法律拟制是立法者有意将不同的行为等同对待，使A行为取得某个基本规定的B行为的法律效果。如果某一刑法分则规定是将原本并不符合某一具体罪构成要件的不法行为强制赋予该罪的法律效果，使其得到更重的处罚，则该规定属于法律拟制。或者说，将罪质罪量轻、处罚轻的行为按罪质罪量重、处罚重的行为论处，就是法律拟制。而指示规定并不是将刑法上不同的行为在法律效果上等同对待，而是在有数个基本规定可选择适用的情况下，指引司法者如何选择适用基本规定，避免同案异判，避免刑法重复评价或者评价不充分。例如，《刑法》第287条之二第3款规定："有前两款行为，同时构成其他犯罪的，依照处罚较重的规定定罪处罚。"该款是指行为人在实施帮助信息网络犯罪活动罪时可能构成其他犯罪。如果行为既构成帮助信息网络犯罪活动罪，又构成其他犯罪，就存在罪数处断问题，有数个基本规定可选择适用。如果刑法在帮助信息网络犯罪活动罪之后不设置该款规定，司法者就可能根据自己所认同的学术观点，或以其他理由，将其定为帮助信息网络犯罪活动罪和其他犯罪实行并罚。但是，如果这种情况定为数个罪名，就会对同一行为事实进行重复评价，加重行为人的刑责。总之，如果某一刑法分则规定不是将不同的行为等同视之，而是指引司法者如何选择适用基本规定进行罪数处断，则该规定属于指示规定，而不是法律拟制。

第二，看该规定中的行为事实适用的罪刑规范是否具有可选性。尽管指示规定和法律拟制中的行为事实最终都要适用一定的罪刑规范，但二者适用罪刑规范的具体情况不同。由于指示规定中的行为事实涉及数个罪刑规范的适用，存在罪数处断问题，因此所要适用的罪刑规范具有可选性，也正是因为如此，司法上才需要指示规定的指引，以确定司法适用规则。而法律拟制是将本应适用某一罪刑规范的行为事实强制适用于另一处罚更重的罪刑规范，所以，无论是有这个规定，还是没有这个规定，都不存在罪刑规范的选择适用问题。例如,携带凶器抢夺的行为本来符合抢夺罪的构成要件,构成抢夺罪,[1]如果没有《刑法》第267条第2款的规定,司法者完全可以以抢夺罪对其定罪处罚;而有了这个拟制规定,虽然不再以抢夺罪对其定罪处罚,而是以抢劫罪论处,但仍然只能适用一个罪刑规范(抢劫罪),不像指示规定那样,行为事实存在是选取一个罪刑规范适用还是选择数个罪刑规范适用、是选取一个较重罪的罪刑规范适用还是确定某个特定的罪刑规范适用的问题。

第三,看若删除该规定,是否会给司法上定罪处罚带来影响,是否会导致对同样的行为事实司法处断不一的结果。指示规定和法律拟制基于其特殊的功能和价值虽然都是不可删除的规定,但是,若将之删除,对行为事实的司法处断结果是不同的。由于指示规定是在因为行为事实符合数个犯罪构成,存在罪数处断问题,需要统一处断规则的情况下设置的,因此如果将之删除,就会导致对同样的行为事实司法处断结论不一的结果。例如,对于组织爆炸式恐怖活动培训的行为,司法上既可以定准备实施恐怖活动罪,又可以定爆炸罪(预备犯),如果删除《刑法》第120条之二第2款的规定,可能会出现有的定准备实施恐怖活动罪,有的定爆炸罪,甚至可能有的将二者数罪并罚,形成司法处断结论不一的局面。而法律拟制不是在因为行为事实符合数个犯罪构成,存在罪数处断问题,需要统一处断规则的情况下设置的,而是"立法者基于法律经济性的缘故,避免重复"[2],即使将之删除,立法上没有该规定,也不会对司法办案造成实质性影响,不会导致对同样的行为事实司法处断结论不一的局面,只不过司法者办案所依据的基本规定不同而已。例如,对于携带凶器抢夺的行为,如果删除《刑法》第267条第2款,完全可依据第267条第1款规定的抢夺罪定罪处罚,不会出现司法上对这种行为处断结论不一

---

〔1〕 因为《刑法》对抢夺罪中的"抢夺"并没有作出限制,未携带凶器的抢夺和携带凶器的抢夺都属于抢夺范围。

〔2〕 [德]亚图·考夫曼:《类推与"事物本质"——兼论类型理论》,吴从周译,台北,学林文化事业有限公司1999年版,第58-59页。

的情况，只是有了这个规定，就要按照抢劫罪定罪处罚而已。由此可见，就某一刑法分则规定而言，若将之删除，可能导致司法处断结论不一的，则是指示规定，否则可能是法律拟制。[1]

三、指示规定、注意规定、法律拟制的类型厘定

（一）指示规定的类型

通过上文关于指示规定、注意规定、法律拟制的概念与特征及其区分方法的阐述，可以发现，一些被认为是注意规定或者法律拟制的刑法分则规定，应纳入指示规定的范畴。总体上看，刑法分则的指示规定可归纳为以下几种类型：

1. “依照处罚较重的规定定罪处罚”之规定

至今刑法分则已有17个“依照处罚较重的规定定罪处罚”之规定条款。其中，已有少数条款的规范属性问题得到学者的关注。例如，有的学者认为《刑法》第149条第2款属于注意规定。[2] 又如，对于《刑法》第399条第4款，有的学者认为其是注意规定，[3]而有的学者则认为其是法律拟制，[4]是“将数罪拟制为一罪类型的法律拟制”[5]。

笔者认为，上述“依照处罚较重的规定定罪处罚”之规定，既不属于注意规定，也不属于法律拟制，而是指示规定。

第一，“依照处罚较重的规定定罪处罚”之规定不是注意规定。前已述及，注意规定是立法者为了防止司法工作人员忽略一些本应按犯罪处罚或按某种具体犯罪处罚的情形而设置的，通过对基本规

---

[1] 当然，也可能是注意规定。

[2] 参见陈洪兵：《以罪刑相适应原则破解刑法中的注意规定——以生产、销售伪劣商品罪的相关规定为切入点》，载《政治与法律》2013年第2期。

[3] 参见黄奇中：《刑法第399条第4款的理解与适用——兼论法规竞合与想象竞合犯、牵连犯、吸收犯的界限》，载《中国刑事法杂志》2004年第4期。

[4] 参见刘宪权、李振林：《刑法中的法律拟制与注意规定区分新论》，载《北京社会科学》2014年第3期。

[5] 李振林：《刑法中法律拟制论》，法律出版社2014年版，第175页。

定的解释或补充来实现该目的,但并不改变基本规定的内容。其所规制的行为类型充其量只属于基本规定的行为类型中一种较为具体的行为而已,其内容实际上已包含于基本规定之中,因而与基本规定的内容实际上具有一致性。按照学界共识性观点,注意规定具有重复性和提示性特征。而"依照处罚较重的规定定罪处罚"之规定虽然是在基本规定的基础上作出的,对司法工作人员如何适用刑法规定能够起到提示作用,但是,该规定表述的内容是司法工作人员对同一行为事实定罪处罚面临数个基本规定或数个罪刑规范的选择时如何选择处断规则,作出罪数处断的问题,因而与基本规定的内容并不相同,根本不属于对相关基本规定内容的重申,更不是为了避免司法工作人员忽略有关基本规定而作出的,因此该规定实际上不具备注意规定的提示性和重复性特征,不属于注意规定。

第二,"依照处罚较重的规定定罪处罚"之规定也不属于法律拟制。法律拟制是立法者将本来并不符合某一个基本规定的行为强行赋予该基本规定的法律效果,按照该规定进行处理,即在规范评价效果上,将不同的行为等同对待。而"依照处罚较重的规定定罪处罚"之规定的内容是,同一行为事实构成数个不同犯罪的情况下适用何种处断规则进行罪数处断,而不是将两种不同的行为强制赋予相同的法律效果,使本来并不符合某一基本规定所确定的犯罪构成要件的行为以该种犯罪定罪处罚,因此不属于将本来不符合某一基本规定的行为也按该规定处理的情形,不属于法律拟制。

第三,"依照处罚较重的规定定罪处罚"之规定属于指示规定。首先,"依照处罚较重的规定定罪处罚"之规定具有指示规定的指引性特征。"依照处罚较重的规定定罪处罚"适用的前提是同一行为事实符合数个基本规定的犯罪构成,触犯数罪名,存在罪数处断问题,这就需要立法者指引。而"依照处罚较重的规定定罪处罚"就是立法者针对这种情形给司法者所作的指引。其次,该种规定具有指示规定的限定性特征。虽然同一行为事实符合数个基本规定的犯罪构成时,根据罪数理论,司法工作人员对其可以从一重罪处断,也可以从一重罪从重处断,还可以实行数罪并罚,具有数种处断规则的选择余地,但是,既然刑法规定了"依照处罚较重的规定定罪处罚",那就意味着立法者要求司法者所作的处断规则的选择是"从一重罪处断",而不得从一重罪从重处断和实行数罪并罚。这就限定了司法工作人员遇到此种情形所应作出的选择,从而避免了不同的司法工作人员针对同样的行为事实因采用不同的罪数论观点而作出不同的处断结论。

2."依照处罚较重的规定定罪从重处罚"之规定

刑法分则中有2个"依照处罚较重的规定定罪从重处罚"之规定条款,即《刑法》第307条之一第3、4款。第3款中所指的"第一款行为"是指虚假诉讼行为,该行为构成虚假诉讼罪。行为人在实施虚假诉讼过程中,如果非法占有他人财产或者逃避合法债务,该行为就不但可能构成虚假诉讼罪,而且可能构成诈骗罪、贪污罪、职务侵占罪等犯罪。[1] 例如,公司、企业或者其他单位的人员利用职务便利进行虚假诉讼骗取本单位财物,可同时构成虚假诉讼罪与职务侵占罪;如果以非法占有他人财产或者逃避合法债务为目的实施虚假诉讼行为,同时构成数罪,就存在罪数处断问题。该条第3款"依照处罚较重的规定定罪从重处罚"之规定显然是对这种罪数处断的指示规定。

司法工作人员利用职权与他人共同实施虚假诉讼行为,除了可以构成虚假诉讼罪的共同犯罪,还可能构成受贿罪、民事枉法裁判罪等犯罪。例如,司法工作人员在民事诉讼过程中收受他人贿赂,与他人共同实施虚假诉讼行为,可能构成虚假诉讼罪和受贿罪;法官故意违背事实和法律进行枉法裁判,情节严重的行为,则同时构成虚假诉讼罪和民事枉法裁判罪。[2] 如果存在这些情形,行为符合数个基本

---

[1] 参见雷建斌主编:《〈中华人民共和国刑法修正案(九)〉释解与适用》,人民法院出版社2015年版,第280页。

[2] 参见喻海松:《刑法的扩张——〈刑法修正案(九)〉及新近刑法立法解释司法适用解读》,人民法院出版社2015年版,第307页。

规定的犯罪构成，触犯数个不同罪名，就存在罪数处断问题。而该条第 4 款“依照处罚较重的规定定罪从重处罚”之规定就是对这种罪数处断的指示规定。

3. 分则中“依照数罪并罚的规定处罚”之规定

刑法分则中有 11 个“依照数罪并罚的规定处罚”之规定条款。对于这些条款的规范属性，有的学者认为，这些条款都是注意规定，[1]而有的学者认为，这些条款不都是注意规定，其中有的条款如第 120 条第 2 款、第 157 条第 2 款、第 198 条第 2 款、第 241 条第 4 款、第 294 条第 4 款属于法律拟制。[2] 实务中有的法官认同这种观点。例如，在王某、刘某某、曹某某等组织、领导、参加黑社会性质组织案中，法官认为《刑法》第 294 条第 4 款属于法律拟制，因此对被告人王某等人的行为应以组织、领导、参加黑社会性质组织罪和寻衅滋事罪实行数罪并罚。[3] 还有个别司法实务部门的工作人员认为，我国刑法对罪数处罚原则的基本规定是“一罪一罚，数罪并罚”；对于存在牵连关系的两个具体犯罪，“如果刑法分则已经明确规定数罪并罚的，是分则对总则‘一罪一罚，数罪并罚’基本规定的重申，属于注意规定”[4]。对于上述看法，笔者均不赞同，应从学界认同的注意规定、法律拟制的概念与特征来判断分则数罪并罚规定。

第一，分则数罪并罚规定不属于注意规定。注意规定具有重复性和提示性特征。而数罪并罚规定表述的内容是司法工作人员对个案犯罪事实符合数个基本规定的犯罪构成，触犯数个不同罪名，定罪处罚面临数种处断规则的选择时如何选择处断规则进行处断的问

---

[1] 参见陈洪兵：《刑法分则中注意规定与法律拟制的区分》，载《南京农业大学学报(社会科学版)》2010 年第 3 期。

[2] 参见吴江：《刑法分则中注意规定与法律拟制的区分》，载《中国刑事法杂志》2012 年第 11 期。

[3] 参见浙江省温州市鹿城区人民法院刑事判决书，(2018)浙 0302 刑初 1274 号。

[4] 蔡智玉：《从法律拟制与注意规定的区分看牵连犯的处理规则》，载《人民法院报》2019 年 6 月 20 日，第 6 版。

题。或者说,它是专门为司法者在面临数个基本规定时如何选择适用基本规定的规定,因而与基本规定的内容并不相同,不属于对基本规定内容的重申或具体化,不具有注意规定的重复性特征。例如,《刑法》第 198 条第 2 款规定:“有前款第四项、第五项所列行为,同时构成其他犯罪的,依照数罪并罚的规定处罚。”该款是对罪数处断规则的明确,指引司法工作人员如何适用数罪处断规则,既不是对保险诈骗罪的基本规定的重申,也不是对“前款第四项、第五项所列行为”触犯的故意毁坏财物罪、故意杀人罪、故意伤害罪等犯罪的基本规定的重申,故不符合注意规定的重复性特征。

第二,分则数罪并罚规定也不是法律拟制。法律拟制是立法者有意将不同的行为等同对待,强行将不同的行为赋予相同的法律效果。而分则数罪并罚规定并不是将不同的行为赋予相同的法律效果,而是指引司法工作人员在同一案件事实中数种不同的行为符合数个基本规定,构成数个不同犯罪时,如何进行处断的规定,即确定“依照数罪并罚的规定处罚”这一处断规则。例如,上述第 198 条第 2 款规定,既不是将保险诈骗行为赋予故意毁坏财物罪、故意杀人罪、故意伤害罪等犯罪的法律效果,按照这些犯罪定罪处罚,也不是将故意毁坏财物罪、故意杀人罪、故意伤害罪等犯罪行为赋予保险诈骗罪的法律效果,按照保险诈骗罪定罪处罚,而是明确第 4 项、第 5 项行为同时构成数罪时的处断规则,即“依照数罪并罚的规定处罚”。又如,《刑法》第 300 条第 3 款规定:“犯第一款罪又有奸淫妇女、诈骗财物等犯罪行为的,依照数罪并罚的规定处罚。”这里的“犯第一款罪”是指犯组织、利用会道门、邪教组织、利用迷信破坏法律实施罪;行为人在犯此罪的过程中有奸淫妇女、诈骗财物等犯罪行为的,当然构成强奸罪、诈骗罪等犯罪,这就存在数罪,需要进行罪数处断。该款规定既不是将强奸罪、诈骗罪等犯罪行为强制赋予组织、利用会道门、邪教组织、利用迷信破坏法律实施罪的法律效果,也不是将组织、利用会道门、邪教组织、利用迷信破坏法律实施罪强制赋予强奸罪、诈骗罪等犯罪的法律效果,即不是将不同的犯罪行为等同视之,作同样的规范评价,而是明确这种构成数罪情况的处断规则,即“依照数罪并罚的规定处罚”。因此,诸如此类的分则数罪并罚规定,不符合法律拟制的特征,不是法律拟制。

第三,分则数罪并罚规定是指示规定。首先,该类规定具有指示规定的指引性。从分则已有的数罪并罚规定来看,其适用的条件都是行为人实施了数个行为,符合数个基本规定的犯罪构成,分别构成不同的犯罪。而数行为构成数个不同犯罪的处断,在罪数论上并非一定实行数罪并罚,有的以牵连犯处断,有的以吸收犯处断。正因为这样,司法上存在罪数处断规则的选择确定问题。如果在基本规定之后没有设置该类规定,司法工作人员不一定对数行为构成的数罪实行并罚,也许会以吸收犯处断,也许会以牵连犯从一重罪处断或从一重罪从重处断。例如,《刑法》第 318 条第 2 款规定:“犯前款罪,对被组织人有杀害、伤害、强奸、拐卖等犯罪行为,或者对检查人员有杀害、伤害等犯罪行为的,依照数罪并罚的规定处罚。”如果认为该款中的数行为构成的数罪是吸收犯,就不会实行数罪并罚;如果认为其是牵连犯,一般也不会实行数罪并罚。显然,分则此类数罪并罚规定是立法者为司法者在其面临罪数处断规则选择时,对司法者所作出的明确指引,具有指引性特征,即这种行为事实构成的数罪,其处断规则既不是从一重罪处断,也不是从一重罪从重处断,而是实行数罪并罚。

其次,数罪并罚规定具有限定性。虽然个案行为事实符合数个基本规定的犯罪构成时,司法工作人员根据罪数理论对其可以从一重罪处断,也可以从一重罪从重处断,还可以实行数罪并罚,具有数种处断规则的选择,但是,既然刑法规定了实行数罪并罚,那就意味着立法者要司法者所做的选择不是“从一重罪处断”,也不是“从一重罪从重处断”,而是实行“数罪并罚”。这就限定了司法工作人员遇到此种数罪情形应作出的处断规则的选择,从而避免了不同司法工作人员针对同样的案件因采用不同的罪数论观点、处断规则的选择不同而作出不同的处断结论。例如,前述的第 198 条第 2 款第 4 项所列行为中,行为人通过实施一定的行为故意造成财产损失的保险事故,是骗取保险金的手段,可能构成故意毁坏财物罪,若是放火烧毁财物,还可能构成放火罪;而骗取保险金数额较大的行为则构成保险诈骗罪,因而故意造成财产损失的保险事故的行为与骗取保险金的行为之间存在手段行为与目的行为的牵连关系,可能构成牵连犯。而对于牵连犯的处断规则,学界观点不一,有的主张从一重罪处断,有的主张从一重罪从重处断,有的主张实行数罪并罚。第 198 条第 2 款明确规定对这种情形实行数罪并罚,就限定了司法工作人员对此种情形中数罪的处断规则的选择适用,即既不能从一重罪处断,也不能从一重罪从重处断,只能是实行数罪并罚。因此,分则诸如此类数罪并罚规定符合指示规定的特征,属于指示规定。

4. 有数个罪刑规范可适用而指定适用某一罪刑规范之规定

刑法分则中的指示规定,除了上述三类,还存在行为事实有数个罪刑规范可选择适用而指定适用其中一个罪刑规范的规定。既然行为事实有数个罪刑规范可选择适用,就存在如何选取应适用的罪刑规范的问题,这就需要立法指引。而立法上所做的指引性规定就是指示规定,这类指示规定有:《刑法》第 171 条第 3 款、第 196 条第 3 款、第 198 条第 4 款、第 241 条第 2 款、第 241 条第 5 款、第 253 条第 2 款、第 333 条第 2 款。下文对这些条款逐一分析。

(1)《刑法》第 171 条第 3 款

《刑法》第 171 条第 3 款规定:“伪造货币并出售或者运输伪造的货币的,依照本法第一百七十条的规定定罪从重处罚。”有学者认为该款属于法律拟制,即“将本应以伪造货币罪与出售、运输假币罪数罪并罚的情形拟制为以伪造货币罪一罪从重处罚”〔1〕。笔者不同意这种看法。根据《刑法》第 170 条和第 171 条第 1 款的规定,该款中伪造货币的行为构成伪造货币罪,出售或者运输伪造的货币数额较大的行为构成出售、运输假币罪,因此行为人既有伪造货币的行为又

〔1〕 李振林:《刑法中法律拟制论》,法律出版社 2014 年版,第 159 页。

有出售或者运输伪造的货币的行为时，存在罪数处断问题。该款规定“依照本法第一百七十条的规定定罪从重处罚”，是对这种情况如何进行罪数处断的指示规定，也就是要依照伪造货币罪定罪从重处罚。

(2)《刑法》第196条第3款

《刑法》第196条第3款规定：“盗窃信用卡并使用的，依照本法第二百六十四条的规定定罪处罚。”有的学者认为该款是注意规定，[1]但更多的学者认为其是法律拟制，本质上是将信用卡诈骗罪拟制为盗窃罪。[2] 因为法律拟制最典型的特征是不可推广适用之，即法律拟制仅适用于法律所特别规定的情形，不得推而广之对类似的情形比照拟制的规定处理，而对盗窃信用卡并使用的行为定盗窃罪的规定具有这一特征。[3] 司法实务上，有的法官认同这种观点。例如，在巫某某盗窃案中，二审法院认为，原审被告人巫某某以非法占有为目的，盗窃他人信用卡并使用，透支取现21,000余元的行为构成盗窃罪，理由是：“《刑法》第196条第3款属于法律拟制，是将盗窃信用卡并使用的行为赋予盗窃罪的法律后果。”[4]但也有个别学者认为这种观点值得商榷，其理由是：法律拟制的核心在于“以假为真”，而盗窃信用卡并使用的行为以盗窃罪定罪处罚，并不存在“以假为真”的情况。[5] 还有学者认为《刑法》第196条第3款既属于注意规定又属于法律拟制，理由是：行为人盗窃他人信用卡后在

---

[1] 参见陈兴良、陈子平：《两岸刑法案例比较研究》，北京大学出版社2010年版，第66页。

[2] 参见刘明祥：《“盗窃信用卡并使用”的含义解析与司法认定》，载《中国法学》2010年第1期；杜文俊：《盗窃信用卡并使用行为的定性》，载《犯罪研究》2012年第5期；李振林：《刑法中法律拟制论》，法律出版社2014年版，第140页；刘宪权：《盗窃信用卡并使用行为定性的困境与破解》，载《法学评论》2018年第6期。

[3] 参加刘宪权：《盗窃信用卡并使用行为定性的困境与破解》，载《法学评论》2018年第6期。

[4] 四川省成都市中级人民法院刑事判决书，(2016)川01刑终456号。

[5] 参见李凤梅：《刑法拟制研究》，中国政法大学出版社2016年版，第263-264页。

ATM 上使用,理所当然成立盗窃罪,即使没有第 196 条第 3 款的规定,也应定为盗窃罪。因此,就盗窃信用卡并在 ATM 上取款的行为而言,该款属于注意规定。不过,行为人盗窃信用卡后对自然人使用的,属于冒用他人的信用卡,理应成立信用卡诈骗罪,但该款规定按照盗窃罪定罪处罚,是将信用卡诈骗罪拟制为盗窃罪,属于法律拟制,而不是注意规定,不可推而广之。[1]

笔者认为,该款既不是注意规定,也不是法律拟制,而是指示规定。首先,该款不是注意规定。注意规定具有重复性特征,即重复某一基本规定的内容,以起提示作用,但该款并不是重复盗窃罪基本规定的内容,因为盗窃罪基本规定的内容为盗窃公私财物数额较大或者多次盗窃、入户盗窃、携带凶器盗窃、扒窃的行为。而盗窃信用卡,如果不加以使用,并不能实现对公私财物的非法占有,不能构成盗窃罪,只有在盗窃到信用卡后加以使用才能实现对公私财物的非法占有。该款规定按照盗窃罪定罪处罚的条件为"盗窃信用卡并使用",因增加了"使用"行为,故不是对盗窃罪基本规定的重复。此外,注意规定是可以删除的规定,也是可以推而广之适用的规定,而该款规定是不能删除的规定,如果加以删除,对于盗窃信用卡并使用的行为,就不一定按照盗窃罪定罪处罚,也可以定信用卡诈骗罪;该款也不是可以推而广之适用的规定,不能以此推及适用于抢夺信用卡并使用、诈骗信用卡并使用、抢劫信用卡并使用等情形。抢夺、诈骗信用卡并使用的,应定信用卡诈骗罪;抢劫信用卡并使用的,应定抢劫罪。因此,该款不是注意规定。

其次,该款也不是法律拟制。法律拟制是将不同的行为等同视之,使原本不符合某一犯罪构成要件的行为以该种犯罪论处,取得与该种犯罪相同的法律效果。而该款规定并不是这样。该款规定的"盗窃信用卡并使用"的行为不是不能构成盗窃罪——将盗窃来的信用卡在 ATM 上取款的行为,符合盗窃罪"窃取"的基本特征,完全可

---

[1] 参见张明楷:《刑法学》(下)(第 5 版),法律出版社 2016 年版,第 805-806 页。

以构成盗窃罪。因此该款不是将不同于盗窃罪的行为等同视之,使原本不符合盗窃罪构成要件的行为以盗窃罪定罪处罚。

最后,该款属于指示规定。指示规定有别于注意规定、法律拟制的一个重要特征是:注意规定、法律拟制适用的罪刑规范只有一个,不具有选择性,而指示规定存在数个罪刑规范可以适用,具有选择性。就第 196 条第 3 款规定的条件而言,对于盗窃信用卡并使用的行为,如果只对 ATM 使用,在机器上取款,只能构成盗窃罪,不构成信用卡诈骗罪。因为盗窃他人的信用卡并使用,本义上是冒用他人的信用卡,但“冒用”含有欺骗的意思,使他人陷入错误认识而自动交付财物,遭受财产损失。而机器不存在陷入错误认识的问题,不存在被“欺骗”。[1] 所以,通过 ATM 使用他人的信用卡取款,也就谈不上冒用他人信用卡的问题,不构成信用卡诈骗罪。然而,行为人如果将盗窃来的信用卡对自然人使用,使自然人陷入错误认识而处分财物,属于典型的骗取,符合冒用他人信用卡的含义,根据第 196 条第 1 款第 3 项规定,构成信用卡诈骗罪。可见,盗窃信用卡并使用的行为,既符合盗窃罪的罪刑规范,可以构成盗窃罪,也符合信用卡诈骗罪的罪刑规范,可以构成信用卡诈骗罪,其适用的罪刑规范具有选择性;如果《刑法》第 196 条第 3 款不规定依照盗窃罪定罪处罚,则法官既可能对此定盗窃罪,也可能定信用卡诈骗罪;而刑法作出了这样的规定,就只能定盗窃罪,这限定了法官对于罪刑规范的选择适用,能够避免同案不同判,因此符合指示规定的指引性和限定性特征。

(3)《刑法》第 198 条第 4 款

《刑法》第 198 条第 4 款规定:“保险事故的鉴定人、证明人、财产评估人故意提供虚假的证明文件,为他人诈骗提供条件的,以保险诈骗罪的共犯论处。”有的学者认为该款是注意规定,[2] 旨在引起司法

---

[1] 参见张明楷:《刑法学》(下)(第 5 版),法律出版社 2016 年版,第 803 页。

[2] 参见张明楷:《刑法分则的解释原理》,中国人民大学出版社 2004 年版,第 259 页;陈洪兵:《刑法分则中注意规定与法律拟制的区分》,载《南京农业大学学报(社会科学版)》2010 年第 3 期。

工作人员的注意,对于上述人员为他人诈骗保险金提供条件的行为不得认定为提供虚假证明文件罪,必须以保险诈骗罪的共犯论处;而且,即使没有该款规定,对于上述人员的行为也应按刑法总则关于共犯的规定,以保险诈骗罪的共犯论处。[1] 但有学者认为,该款并非注意规定,理由是:关于共犯的注意规定,需要通过“通谋”“勾结”等规定来明示共同犯罪故意。这些规定无论是要求“通谋”,还是要求“勾结”,都从主观和客观两个方面对共同犯罪的构成作出了明确的规定,完全符合共同犯罪的成立条件;即便没有这些规定,也完全可以按照共同犯罪来处理。而该款规定在用语上与关于共犯的注意规定有别,并未强调共同犯罪人之间的合意,这明显不同于其他关于共犯的注意规定。[2]

笔者认为,该款规定中的保险事故的鉴定人、证明人、财产评估人故意提供虚假的证明文件,为他人诈骗保险金提供条件的行为,既可能构成保险诈骗罪的帮助犯,又可能构成《刑法》第 229 条规定的提供虚假证明文件罪;如果构成这两个罪,就有两个罪刑规范可适用,就存在着罪数处断问题,而“以保险诈骗罪的共犯论处”就是对这种罪数处断规则的指示规定。该规定与《刑法》第 310 条第 2 款的“犯前款罪,事前通谋的,以共同犯罪论处”、第 382 条第 3 款的“与前两款所列人员勾结,伙同贪污的,以共犯论处”等“以共犯论处”的规定有如下两点不同:一是这些规定中都有“伙同”或者“通谋”的用语,表示数行为人形成了共同故意,而第 198 条第 4 款中却没有这样的用语。这表明,对于保险事故的鉴定人、证明人、财产评估人故意提供虚假的证明文件,为他人诈骗保险金提供条件的行为以保险诈骗罪的共犯论处,无须与保险诈骗行为人形成骗取保险金的共同故意。或者说,该款中并未使用“伙同”“通谋”的用语加以限制,说明

---

[1] 参见张明楷:《保险诈骗罪的基本问题探究》,载《法学》2001 年第 1 期。

[2] 参见阴建锋:《保险诈骗罪的共犯问题探究》,载《河南大学学报(社会科学版)》2013 年第 2 期。

刑法并未将没有通谋的情况排除在该款规定的适用范围之外。同时,该款强调对于保险事故的鉴定人、证明人、财产评估人,只要故意为保险诈骗行为人提供条件,就以保险诈骗罪的共犯论处,而并没有具体明确对保险诈骗行为人也要以保险诈骗罪的共犯论处,也意味着对于没有通谋情况的单方面合意者也可以保险诈骗罪共犯论处。〔1〕故该款不是对刑法总则有关共犯的基本规定的简单重复,不只具有提示性,因而也不可删除,不是注意规定。二是这些规定所要适用的罪刑规范是不可选择的,而第198条第4款所要适用的罪刑规范具有可选择性,即既可构成保险诈骗罪的共犯,又可能构成提供虚假证明文件罪,因此需要立法者提供指引,以避免同案异判。正因为二者有如此不同,所以,认为刑法分则中以共犯论处的规定都是注意规定的观点〔2〕并不妥当。

(4)《刑法》第241条第2款

《刑法》第241条第2款规定:“收买被拐卖的妇女,强行与其发生性关系的,依照本法第二百三十六条的规定定罪处罚。”有的学者认为该款是注意规定,〔3〕但笔者认为其不是注意规定,而是指示规定。这是因为:其一,该款没有重复强奸罪的基本规定。强奸罪的基本规定是以暴力、胁迫或者其他手段强奸妇女,而该款是对在收买被拐卖的妇女过程中或之后强奸该妇女的行为如何进行罪数处断的规定。其可适用的罪刑规范有两个,即收买被拐卖的妇女罪的罪刑规范和强奸罪的罪刑规范,具有可选性。而注意规定可适用的罪刑规范只有一个,不存在可选性,因此该款不是注意规定。其二,该款中,行为人收买被拐卖的妇女的行为构成收买被拐卖的妇女罪,强行

---

〔1〕参见刘宪权:《保险诈骗罪疑难问题的司法认定》,载《浙江大学学报(人文社会科学版)》2008年第4期。

〔2〕参见陈洪兵:《刑法分则中注意规定与法律拟制的区分》,载《南京农业大学学报(社会科学版)》2010年第3期。

〔3〕参见吴江:《刑法分则中注意规定与法律拟制的区分》,载《中国刑事法杂志》2012年第11期。

与被收买的妇女发生性关系的行为构成强奸罪，行为事实构成这两个罪，存在着罪数处断问题，而该款规定的“依照本法第二百三十六条的规定定罪处罚”，就是对这种罪数处断规则的指示规定。

(5)《刑法》第241条第5款

《刑法》第241条第5款规定：“收买被拐卖的妇女、儿童又出卖的，依照本法第二百四十条的规定定罪处罚。”有的学者认为该款为法律拟制，是将数罪拟制为一罪。[1] 但笔者认为，该款不是将不符合甲罪构成要件的乙行为拟制为甲罪、取得与甲罪同样的法律效果的规定，而是对罪数处断规则的指示规定。因为在该款中，收买被拐卖的妇女、儿童的行为构成收买被拐卖的妇女、儿童罪，出卖收买被拐卖的妇女、儿童的行为构成拐卖妇女、儿童罪，存在两个具体罪，司法上需要作出以一罪处断还是实行数罪并罚的决定，所以属于罪数处断的指示规定。而“依照本法第二百四十条的规定定罪处罚”，是对这种罪数处断规则的指示规定。

(6)《刑法》第253条第2款

《刑法》第253条第2款规定：“犯前款罪而窃取财物的，依照本法第二百六十四条的规定定罪从重处罚。”这里的“前款罪”是指私自开拆、隐匿、毁弃邮件、电报罪；“依照本法第二百六十四条的规定定罪从重处罚”是指依照盗窃罪从重处罚。有的学者认为该款属于注意规定，[2]也有学者认为该款属于法律拟制。[3] 但笔者认为该款既不是注意规定，也不是法律拟制。因为该款不是提示司法工作人员注意的规定，也没有重复私自开拆、隐匿、毁弃邮件、电报罪和盗窃罪的基本规定的内容，所以不符合注意规定的重复性特征；该款也不是立法者有意将明显不同于盗窃行为的私自开拆、隐匿、毁弃邮件、电报的行为等同于盗窃行为，取得盗窃罪的法律效果或刑法评

---

[1] 参见张明楷：《刑法学》(下)(第5版)，法律出版社2016年版，第899页。
[2] 参见张明楷：《刑法学》(下)(第5版)，法律出版社2016年版，第925页。
[3] 李振林：《刑法中法律拟制论》，法律出版社2014年版，第169页。

价,所以不符合法律拟制的基本特征。该款是指示规定,因为该款所指的“犯前款罪而窃取财物”的行为既构成私自开拆、隐匿、毁弃邮件、电报罪,又可构成盗窃罪;如果构成盗窃罪,就存在数罪,需要司法工作人员考虑以一罪处断还是数罪并罚的问题;而且若以一罪处断,还存在着是从一重罪处断还是从一重罪从重处断的问题。所以,该款行为在构成数个不同犯罪的情况下,存在罪数处断规则的选择问题,而“依照本法第二百六十四条的规定定罪从重处罚”是对这种罪数如何选择处断规则的明确指示,或者说,它指引并限定了司法工作人员对罪数处断规则的选择,故符合指示规定的指引性和限定性特征。

(7)《刑法》第333条第2款

《刑法》第333条第2款规定:“有前款行为,对他人造成伤害的,依照本法第二百三十四条的规定定罪处罚。”有的学者认为该款属于法律拟制,[1]笔者不同意这种看法,因为该款中的“前款行为”是指非法组织他人卖血的行为和强迫他人卖血的行为。非法组织他人卖血的行为构成非法组织卖血罪,强迫他人卖血的行为构成强迫卖血罪。而在非法组织他人卖血和强迫他人卖血的过程中,对他人造成轻伤以上伤害的,又构成故意伤害罪。因此,这种行为事实存在着罪数处断问题。该款规定“依照本法第二百三十四条的规定定罪处罚”,是对这种行为事实如何进行罪数处断的明确规定。它指引并限定了司法工作人员对罪数处断规则的选择,故符合指示规定的指引性和限定性特征,属于指示规定。

(二)注意规定的类型

从学界关于注意规定的概念与特征的共识性观点来看,注意规定有以下几种类型。

---

[1] 参见刘涛:《拟制型的故意杀人罪、故意伤害罪——兼议我国刑法分则中的法律拟制与注意规定》,载《湖南警察学院学报》2011年第2期;李振林:《刑法中法律拟制论》,法律出版社2014年版,第151-153页。

第一,将基本规定之罪的客观构成要件具体化的注意规定。这是指有的刑法分则规定虽然是对某个犯罪基本规定内容的重复,但在基本规定之罪的客观构成要件方面进行了具体化描述。如《刑法》第259条第2款规定,该款中的"利用职权、从属关系,以胁迫手段奸淫现役军人的妻子"是对强奸罪的客观构成要件[1]的具体化描述,并没有改变强奸罪基本规定的内容,只是提示司法工作人员注意,这种行为同样构成强奸罪,应以强奸罪定罪处罚,因此属于注意规定。又如《刑法》第394条规定,该条中的"在国内公务活动或者对外交往中接受礼物,依照国家规定应当交公而不交公,数额较大"是对贪污罪的客观构成要件[2]的具体化描述,并没有改变贪污罪基本规定的内容,只是提示司法工作人员注意,这种行为同样构成贪污罪,应以贪污罪定罪处罚,因此属于注意规定。类似的规定还有《刑法》第163条第2款、第234条之一第2款、第385条第2款、第387条第2款和第389条第2款。

这里需要讨论的是《刑法》第234条之一第2款[3]的规范属性。有的学者认为该款规定是法律拟制,[4]而有的学者认为其是注意规定。[5] 笔者赞同"注意规定说",因为该款规定符合注意规定的重复性和提示性特征。根据《现代汉语词典》的解释,"器官"是指由数种细胞组织构成、能够担任某种独立的生理机能的生物体一部分。[6]

---

[1] 强奸罪客观构成要件的罪状表述为:"以暴力、胁迫或者其他手段强奸妇女"。

[2] 贪污罪客观构成要件的罪状表述为:"利用职务上的便利,侵吞、窃取、骗取或者以其他手段非法占有公共财物"。

[3] 该款规定:"未经本人同意摘取其器官,或者摘取不满十八周岁的人的器官,或者强迫、欺骗他人捐献器官的,依照本法第二百三十四条、第二百三十二条的规定定罪处罚。"

[4] 参见熊永明:《〈刑法修正案(八)〉第37条的理解与适用》,载《山东警察学院学报》2011年第5期。

[5] 参见李振林:《刑法中被误读之注意规定辨析》,载《华东政法大学学报》2014年第5期。

[6] 参见中国社会科学院语言研究所词典编辑室编:《现代汉语词典》(第6版),商务印书馆2012年版,第1029页。

摘取器官是指将器官直接从人体中取出,与人体相分离。也就是说,这里所摘取的器官是指在体器官,而不是离体器官。既然器官具有某种独立的生理机能,那么直接从人体中摘取器官必然会造成人体某种生理机能的丧失,使人体健康受到伤害,甚至危及生命。如果行为人明知摘取人体器官会对人体健康造成严重损害,甚至有可能造成死亡,但为了获取器官,仍然实施非法摘取他人器官的行为,则行为人对于致器官所有人伤亡的结果至少具有放任的心理态度,这明显符合故意伤害罪、故意杀人罪的主客观构成要件。而该款规定的摘取他人器官行为是违背器官所有人真实意愿的故意行为,是故意伤害罪、故意杀人罪基本规定的具体化,故符合注意规定的重复性特征。另外,由于组织他人出卖人体器官过程中往往会发生出卖人临时改变主意不愿意出卖器官而行为人强迫出卖人出卖器官的情况,这就需要提醒司法工作人员注意,对违背器官所有人的真实意愿,摘取其器官的行为,应定故意伤害罪或故意杀人罪,而不能以组织出卖人体器官罪定罪处罚,故该款规定也符合注意规定的提示性特征。总之,该款规定只是重复了故意伤害罪、故意杀人罪基本规定的内容,不是将非法摘取人体器官的行为强行赋予故意伤害罪、故意杀人罪的法律效果。因此该规定是注意规定,不是法律拟制。

第二,将基本规定之罪的犯罪主体要件具体化的注意规定。这类注意规定主要存在于依照贪污罪、受贿罪、挪用公款罪定罪处罚的相关条款中。如《刑法》第 271 条第 2 款规定,该款规定中的“国有公司、企业或者其他国有单位中从事公务的人员和国有公司、企业或者其他国有单位委派到非国有公司、企业以及其他单位从事公务的人员”是对贪污罪主体即“国家工作人员”的具体化描述,并未改变贪污罪基本规定的内容,只是提示司法工作人员注意:这种主体利用职务上的便利将本单位财物非法占为己有的行为,不构成职务侵占罪,应以贪污罪定罪处罚,因此属于注意规定。类似的规定还有《刑法》第 163 条第 3 款、第 183 条第 2 款、第 184 条第 2 款、第 185 条第 2 款、第 271 条第 2 款和第 272 条第 2 款。

第三,将基本规定之罪的犯罪主观要件具体化的注意规定。这类注意规定主要是刑法分则条文中关于"明知"的规定。例如,《刑法》第 171 条中的"明知是伪造的货币"、第 172 条中的"明知是伪造的货币而持有、使用"、第 259 条中的"明知是现役军人的配偶"、第 287 条之二中的"明知他人利益信息网络实施犯罪"、第 291 条之一中的"明知是编造的恐怖信息"和"明知是上述虚假信息"、第 310 条中的"明知是犯罪的人"、第 311 条中的"明知他人有间谍犯罪或者恐怖主义、极端主义犯罪行为"、第 312 条中的"明知是犯罪所得及其产生的收益"、第 360 条中的"明知自己患有梅毒、淋病等严重性病"、第 370 条中的"明知是不合格的武器装备、军事设施"、第 379 条中的"明知是逃离部队的军人",都是对《刑法》第 14 条关于犯罪故意基本规定的具体化描述,并未改变犯罪故意基本规定的内容,只是提示司法工作人员注意,这种犯罪故意的认定,要考虑行为人是否对特定犯罪对象或行为"明知";不"明知"的,不能认定行为人具有犯罪故意。分则中有关对"明知"的对象作具体化描述的条款还有一些,如第 399 条第 1 款、第 415 条和第 429 条。

第四,以某个基本规定之罪的共犯论处的注意规定。例如《刑法》第 156 条规定,该条规定的"提供贷款、资金、账号、发票、证明,或者为其提供运输、保管、邮寄或者其他方便"的行为是走私罪的帮助行为,符合《刑法》第 25 条规定的共同犯罪的主客观要件,是对刑法总则关于共同犯罪的基本规定的具体化,并未改变其内容,只是提示司法工作人员注意:这种情况构成走私罪的共同犯罪,对这种行为应以走私罪的共同犯罪论处;或者说,这种情况即使没有该规定,根据刑法总则关于共同犯罪的基本规定及相关共犯理论,也应以走私罪的共犯论处。类似的规定还有《刑法》第 310 条第 2 款、第 349 条第 3 款、第 350 条第 2 款、第 382 条第 3 款。

需要指出的是,刑法分则中以共犯论处的规定并非都是注意规定。例如,第 198 条第 4 款不是注意规定,而是指示规定。关于该款的规范属性的讨论前已述及,此处不再赘述。

(三)法律拟制的类型

根据学界关于法律拟制的概念与特征的共识性观点,以及根据法律拟制与指示规定、注意规定的不同及其区分方法,笔者认为,法律拟制有以下几种类型:

第一,将不完全符合故意伤害罪、故意杀人罪构成要件的行为拟制为故意伤害罪、故意杀人罪的规定。刑法分则中有6个条款规定了依照故意伤害罪、故意杀人罪的规定定罪处罚,它们分别是:《刑法》第234条之一第2款规定,第238条关于非法拘禁罪第2款的后段规定,第247条关于刑讯逼供罪、暴力取证罪的后段规定,第248条关于虐待被监管人罪第1款的后段规定,第289条关于聚众"打砸抢"的前段规定,第292条关于聚众斗殴罪第2款的规定。

上述规定中,除了《刑法》第234条之一第2款属于注意规定(前面已经讨论),其他5个条款均属于法律拟制。前已述及,法律拟制的特点是将不同的行为等同视之,赋予相同的法律效果。而从这5个条款规定的适用条件来看,它们与故意伤害罪、故意杀人罪的构成要件原本是有所不同的。例如,上述规定中均有"致人伤残、死亡"或者"致人重伤、死亡"的表述,这是依照故意伤害罪、故意杀人罪定罪处罚的实质条件。而致人伤残、死亡既包括行为人实施行为故意致人伤残、死亡,也包括行为人的行为因过失致人伤残、死亡。行为人实施行为故意致人伤残、死亡的,依照故意伤害罪、故意杀人罪论处是毫无疑义的,但过失致人伤残、死亡的行为,依照故意伤害罪、故意杀人罪论处,明显不符合这两个罪的主观要件,是有问题的,不符合主客观相一致原则或责任主义的要求。因此,如果不是"立法者有意将不同的行为等同视之"的法律拟制,其就缺乏存在的正当性。更进一步说,如果在解释论上将"致人伤残、死亡"的行为限定为故意致人伤残、死亡的行为,不包括过失致人伤残、死亡的行为,上述规定就没有存在的必要性,因为故意致人伤残、死亡的行为本来就构成故意伤害罪、故意杀人罪,立法上没有设置这种规定的必要性。上述5个条款属于法律拟制的观点得到了司法实务界的普遍认同。例如,在严某某、涂某某故意杀人案中,法院认为《刑法》第 238 条第 2 款后段规定“属于法律拟制……不管行为人主观上是否有杀人的故意,都应当按照刑法明文规定认定为故意杀人罪”。[1] 在胡某等虐待被监管人案中,法院认为《刑法》第 248 条第 1 款后段规定“属于法律拟制……四上诉人对被害人杨某 1 采用违法使用戒具,长时间限制体位,同时伴有殴打的行为,属体罚虐待,应构成故意伤害罪”。[2] 在董某某等聚众斗殴案中,法院认为《刑法》第 292 条第 2 款“属于法律拟制,无论行为人在斗殴过程中有无杀人故意,只要客观上致人死亡的,均认定为故意杀人罪”。[3]

第二,将不符合抢劫罪构成要件的行为拟制为抢劫罪的规定。刑法分则中拟制为抢劫罪的规定有 3 处,即《刑法》第 267 条第 2 款、第 269 条和第 289 条后段的规定。《刑法》第 267 条第 2 款和第 269 条的规定属于典型的法律拟制,前文已有论及,学界也多有讨论,故在此不再赘述。这里需要讨论的是第 289 条后段的规定,即“毁坏或者抢走公私财物的,除判令退赔外,对首要分子,依照本法第二百六十三条的规定定罪处罚”。对于该规定,有学者认为其既包括注意规定,也包括法律拟制;认为将毁坏公私财物的行为依照抢劫罪定罪处罚,属于法律拟制,而将抢走公私财物的行为依照抢劫罪定罪处罚,属于注意规定。[4] 但有的学者认为,“打砸抢”过程中不管是毁坏公私财物还是抢夺他人财物的行为以抢劫罪论处,均属于法律拟制。[5]

---

〔1〕 参见四川省成都市中级人民法院刑事判决书,(2017)川 01 刑初 145 号。

〔2〕 参见黑龙江省绥化市中级人民法院刑事判决书,(2018)黑 12 刑终 158 号。

〔3〕 参见贵州省遵义市中级人民法院刑事判决书,(2014)遵刑法刑一初字第 6 号。

〔4〕 参见陈洪兵:《刑法分则中注意规定与法律拟制的区分》,载《南京农业大学学报(社会科学版)》2010 年第 3 期。

〔5〕 参见张明楷:《刑法分则的解释原理》(下)(第 2 版),中国人民大学出版社 2011 年版,第 639 页。

笔者赞同后一观点。首先，从毁坏公私财物的行为来看，该毁坏行为与抢劫罪的“以暴力、胁迫或者其他方法抢劫公私财物”的实行行为明显不同，其侵犯的法益也不同于抢劫罪。这种行为原本可构成故意毁坏财物罪，而《刑法》第 289 条后段规定对其以抢劫罪定罪处罚，明显是将之等同于抢劫罪处理，因此属于法律拟制。其次，从抢走公私财物的行为来看，行为人在聚众“打砸抢”的过程中，故意抢走公私财物，并不必然针对财物所有人、保管人或持有人的人身实施侵犯其人身权利的行为，因此与抢劫罪必然侵犯人身权利的要求存在距离，所以抢走公私财物的行为并不等同于抢劫公私财物的行为，《刑法》第 289 条后段规定将之依照抢劫罪定罪处罚，是将抢走公私财物的行为拟制为抢劫公私财物的行为，属于法律拟制。

第三，拟制为特定身份犯的规定。刑法分则中有的规定属于拟制为特定身份犯的规定，如《刑法》第 382 条第 2 款的规定。关于该款规定的规范属性，有的学者认为其是注意规定，[1]而有的学者认为其是法律拟制，[2]司法实务中也有法官认为其是法律拟制。例如，在王某某贪污案中，法官认为，“被告人王某某担任明某县双兴镇双长村党总支书记，于 2017 年受双兴镇政府委托负责双长村种植业补贴面积的申报、公开、审核工作，属于受委托管理国有财产的人员，是法律拟制的国家工作人员”，其行为构成贪污罪。[3]

笔者赞同“法律拟制说”。首先，该规定不是贪污罪基本规定内容的重复或对贪污罪基本规定的具体化。根据《刑法》第 382 条第 1 款的规定，贪污罪的主体是国家工作人员，而对于国家工作人员，《刑法》第 93 条有明确的解释，即“国家工作人员，是指国家机关中从事公务的人员。国有公司、企业、事业单位、人民团体中从事公务的人

---

〔1〕参见陈洪兵：《刑法分则中注意规定与法律拟制的区分》，载《南京农业大学学报（社会科学版）》2010 年第 3 期。

〔2〕参见吴江：《刑法分则中注意规定与法律拟制的区分》，载《中国刑事法杂志》2012 年第 11 期。

〔3〕参见黑龙江省明水县人民法院刑事判决书，（2018）黑 1225 刑初 103 号。

员和国家机关、国有公司、企业、事业单位委派到非国有公司、企业、事业单位、社会团体从事公务的人员,以及其他依照法律从事公务的人员,以国家工作人员论"。而《刑法》第 382 条第 2 款规定的"受国家机关、国有公司、企业、事业单位、人民团体委托管理、经营国有财产的人员",并不符合贪污罪的主体范围,因此,它既不是对贪污罪主体内容的重复,也不是具体化。其次,该规定不可删除。如果没有该规定,受国家机关、国有公司、企业、事业单位、人民团体委托管理、经营国有财产的人员利用其职务上的便利,侵吞、窃取、骗取或者以其他手段非法占有国有财物的,可以构成职务侵占罪,但不构成贪污罪。第 382 条第 2 款实际上是将"受国家机关、国有公司、企业、事业单位、人民团体委托管理、经营国有财产的人员"强制等同于国家工作人员,将这种职务侵占行为拟制为贪污行为;如果没有该规定,这类人利用职务之便非法占有国有财物只能以职务侵占罪论处,而不能以贪污罪论处。因此,该规定是不可删除的规定,如果删除了或者不存在,就不能适用贪污罪。

第四,其他类型的拟制规定。除了上述几种拟制规定,刑法分则中还存在其他类型的拟制规定。如《刑法》第 362 条的规定,有的学者认为该条规定是法律拟制,[1]但也有学者认为该条规定既是注意规定又是法律拟制。[2] 笔者赞同"法律拟制说",其理由是:本来,窝藏、包庇罪的对象是"犯罪的人",其实行行为是为犯罪的人"提供隐藏处所、财物,帮助其逃匿或者作假证明包庇"。而《刑法》第 362 条规定的行为对象是违法犯罪分子,这包括违反治安管理处罚法的行为者和涉淫犯罪者,即他不一定是犯罪的人;其规定的不法行为是"通风报信"。通风报信也就是提供查处信息,帮助其逃避打击处理。

---

[1] 参见张明楷:《刑法分则的解释原理》(下)(第 2 版),中国人民大学出版社 2011 年版,第 639-640 页;李凤梅:《刑法拟制研究》,中国政法大学出版社 2016 年版,第 138-141 页。

[2] 参见陈洪兵:《刑法分则中注意规定与法律拟制的区分》,载《南京农业大学学报(社会科学版)》2010 年第 3 期。

这与窝藏、包庇罪的不法行为并不完全相同。因此,《刑法》第 362 条的规定是将该条中的通风报信行为拟制为窝藏、包庇罪。

四、区分指示规定与注意规定、法律拟制的意义

区分指示规定与注意规定、法律拟制对于相关刑法规定的教义学解释与司法适用具有重要意义。

第一,区分指示规定与注意规定、法律拟制在刑法理论上可以避免对一些刑法分则规定到底是注意规定还是法律拟制的认识上的争议。

自张明楷教授提出区分注意规定与法律拟制以来,有不少刑法分则规定在属性上就存在是注意规定还是法律拟制的争议,至今学界对有些分则规定在这方面的争议尚未达成共识。张明楷教授在《刑法分则的解释原理》一书中提到的争议条款就有 13 个,如第 238 条第 2 款、第 241 条第 5 款、第 247 条、第 248 条、第 253 条第 2 款、第 292 条第 2 款等。[1] 据笔者对文献资料的阅读和了解,涉及是注意规定还是法律拟制的争议条款远远不止这些。这些条款之所以存在争议,笔者认为,主要是因为有的学者没有跳出注意规定和法律拟制的思维定式,以为刑法分则除了基本规定,其他的不是注意规定,就是法律拟制,结果只能在注意规定与法律拟制之间作出非此即彼的选择。如果我们跳出这种思维定式,引入"指示规定"的概念,就可以避免这种非此即彼的争议。其实,有的涉及注意规定与法律拟制的争议条款,如第 196 条第 3 款、第 241 条第 5 款、第 253 条第 2 款、第 399 条第 4 款等规定是指示规定,没有必要在注意规定和法律拟制之间作出选择。也就是说,独立提出指示规定的概念,将其与注意规定、法律拟制进行区分,可以避免一些分则规定究竟是注意规定还是法律拟制的争议。

---

〔1〕 参见张明楷:《刑法分则的解释原理》(下)(第 2 版),中国人民大学出版社 2011 年版,第 644-672 页。

第二,区分指示规定与注意规定便于确定相关刑法分则规定的适用范围。

因为注意规定只是对基本规定的重申或具体化,所以,对注意规定的适用只能在其所依托的基本规定的范围内进行,如《刑法》第156条的规定,该注意规定的适用,只能在其所依托的走私罪的基本规定和刑法总则关于共同犯罪的基本规定范围内进行,通过对其用语的严格解释来确定其适用范围。

而指示规定需要从处断规则出发来确定其适用条件,进而确定其适用范围。因为指示规定具有专属性,不同的指示规定,其处断规则可能不同,则其适用范围也可能不同,所以必须从处断规则出发确定其适用的罪数范围,才能进一步确定其应当适用的基本规定和范围。例如,刑法分则中有17处"依照处罚较重的规定定罪处罚"的指示规定,而"依照处罚较重的规定定罪处罚"也就是罪数论上所指的"从一重处断"。对于从一重处断,我国刑法理论界的通说认为是想象竞合犯的处断规则,[1]但有学者认为牵连犯的处断规则也应是从一重罪处断;[2]此外,有学者认为吸收犯是罪质重、危害大、法定刑高的犯罪行为吸收罪质轻、危害小、法定刑低的犯罪行为,即重罪吸收轻罪,[3]也可以说是从一重罪处断;特殊情形的法条竞合适用重法优于轻法的原则,实际上也是从一重罪处断。这是否意味着想象竞合犯、法条竞合、吸收犯和牵连犯均可适用"依照处罚较重的规定定罪处罚"呢?要回答这个问题,就应从"依照处罚较重的规定定罪处罚"这一处断规则出发来加以确定。关于该问题,笔者拟在第四章中进行专门论述。

第三,只有准确区分指示规定与注意规定,才能保证定罪准确。

---

〔1〕 参见高铭暄、马克昌主编:《刑法学》(第6版),北京大学出版社、高等教育出版社2014年版,第186页。

〔2〕 参见庄劲:《从一重断还是数罪并罚——从牵连关系的限定看牵连犯的处断原则》,载《甘肃政法学院学报》2007年第1期。

〔3〕 参见张明楷:《刑法学》(第2版),法律出版社2003年版,第372-373页。

由于指示规定与注意规定的立法目的和功能不同,即前者重在“指路”,而后者重在“提示”,因此其适用要求不同;若不能准确地区分二者,可能会导致定罪不当。例如,《刑法》第 198 条第 4 款规定:“保险事故的鉴定人、证明人、财产评估人故意提供虚假的证明文件,为他人诈骗提供条件的,以保险诈骗罪的共犯论处。”现实中,投保人、被保险人、受益人提出保险索赔时,需要提供如出险证明、财产损失鉴定等相关的证明文件。这些文件往往是由保险事故的鉴定人、证明人、财产评估人提供的,而这些文件对于保险人作出理赔决定具有重要影响。如果保险事故的鉴定人、证明人、财产评估人为保险诈骗行为人故意提供虚假的证明文件,保险人据此理赔,就会遭受财产损失。显然,该款的规范目的是对保险事故的鉴定人、证明人、财产评估人为他人进行保险诈骗故意提供虚假的证明文件的行为予以惩处,以保障保险人的财产权。然而,为保险诈骗提供条件的保险事故的鉴定人、证明人、财产评估人中,有的与保险诈骗行为人形成了保险诈骗的共同故意,而有的并未形成共同故意。对于这两种情形是否都以保险诈骗罪的共犯论处,抑或对于未形成共同故意的情形以提供虚假证明文件罪论处,则存在疑问。这就需要立法上提供指引。

对于该款的规范属性,有不少学者认为其是注意规定。张明楷教授认为,“对于注意规定,应当按照基本规定做出解释”〔1〕。因此,如果认为它是注意规定,那么,该款的解释和适用只能在保险诈骗罪的基本规定和刑法总则关于共同犯罪的基本规定范围内进行,即保险事故的鉴定人、证明人、财产评估人故意提供虚假的证明文件,为保险诈骗行为人提供条件的,只有与保险诈骗行为人形成了保险诈骗的共同故意,才能以保险诈骗罪的共犯定罪处罚。而对于双方没有形成共同故意的情形,如果符合《刑法》第 229 条规定的提

〔1〕 张明楷:《刑法分则的解释原理》(下)(第 2 版),中国人民大学出版社 2011 年版,第 641 页。

供虚假证明文件罪的,就应定提供虚假证明文件罪;如果不符合提供虚假证明文件罪的,就不应定罪处罚。

然而,如果认为它是指示规定,情况就大不一样。因为指示规定具有指引性和限定性,只要符合指示规定的处断条件所包含的适用范围,就应按照指示规定确立的处断规则处理。这样,保险事故的鉴定人、证明人、财产评估人只要是为保险诈骗行为人故意提供虚假的证明文件,为保险诈骗提供条件,不管其与保险诈骗行为人是否形成了共同故意,是否符合刑法总则关于共同犯罪的基本规定,均应以保险诈骗罪的共犯论处。那么,对于保险事故的鉴定人、证明人、财产评估人单方面帮助保险诈骗行为人实施保险诈骗的,不管其是否构成提供虚假证明文件罪,都应按照保险诈骗罪的要求定罪处罚。由此可见,对于同一刑法规定,如果不能准确区分或定位其规范属性,就会导致该规定的适用结果不同,最终可能导致相关行为的定性不当。

第四,区分指示规定与法律拟制,有利于司法工作人员明确指示规定、法律拟制的适用思路。

指示规定与法律拟制虽然在处断规则或行为定性上都带有强制性,司法工作人员不可选择,但是,二者的适用条件是不同的。指示规定是为确立罪数处断规则设置的,因此只有在存在数个不同犯罪的情况下、需要进行罪数处断时才能适用;而法律拟制不是为了确立罪数处断规则设置的,其适用是无须考虑罪数问题的。正因为这样,对于指示规定的适用,司法工作人员应从其确定的处断规则出发,分析其适用的罪数及其形态,进而确定其适用条件,从而实现罪刑均衡。也就是说,从处断规则到适用条件,这是一个逆向思考的过程。而对于法律拟制的适用,则无须从处断规则出发来确定其适用条件,直接按照该拟制规定所确定的适用条件的用语的本来含义进行解释即可;司法工作人员适用法律拟制时,完全可以按照从适用条件到行为定性的思路进行,无须逆向思考,如《刑法》第 133 条之一第 3 款是指示规定,司法工作人员对于该款的适用,应从“依照处罚较重的规定定罪处罚”的处断规则出发，确定这种处断规则适用的罪数范围，才能对其适用条件“有前两款行为，同时构成其他犯罪”作出恰当的解释，实现罪刑均衡。这是一个逆向思考的过程。又如《刑法》第 267 条第 2 款是法律拟制，司法工作人员对于该款规定的适用，则无须从“依照本法第 263 条的规定定罪处罚”这一处断规则出发来解释“携带凶器抢夺”这一适用条件，直接按照“携带凶器抢夺”的本来含义或客观含义进行解释即可。例如，将“携带凶器”解释为：将凶器带在身上或身边，不要求使用和显示凶器。该指示规定的适用是不需要考虑罪数问题的，对其适用条件的解释也不需要进行逆向思考。

第四章　刑法指示规定适用的罪数与条件

刑法指示规定是为罪数处断设置的。为了实现罪刑均衡，指示规定既确定了罪数的处断规则，也表述了处断规则的适用条件，但其适用的罪数范围与条件只有作出与处断规则相应的解释，才能在司法上真正实现罪刑均衡。因此，在处断规则既定的情况下，对指示规定适用的罪数与条件的理解非常重要。本章拟从指示规定确定的处断规则出发，对指示规定适用的罪数与条件进行分析。

一、刑法指示规定的解释路径与方法

（一）刑法指示规定的解释路径

前已述及，刑法指示规定由适用条件和处断规则两部分组成，因此其解释路径不外乎两条：一条是适用条件→罪数范围→处断规则的路径，即从刑法指示规定的适用条件出发确定其适用的罪数范围，最后分析其处断规则的运用；另一条是处断规则→罪数范围→适用条件的路径，即从刑法指示规定的处断规则出发，确定其适用的罪数范围，最后分析其适用条件。前一条解释路径是目前学界对于刑法指示规定通常的解释路径。例如，有的学者在解释“依照处罚较重的规定定罪处罚”之规定时，先阐述该规定的适用条件——行为个数的认定，后讨论该规定的罪数范围——“同时构成其他犯罪”的理解适用，最后才阐述该规定的处断规则。[1] 又如，有的学者在分析《刑

[1] 参见陈洪兵：《中国式的刑法竞合问题研究》，中国政法大学出版社 2016 年版，第 77-90 页。

法》第 133 条之一第 3 款时认为,“虽然这一规定中使用了‘同时’一词,但是,由于醉酒驾驶行为不可能在成立危险驾驶罪的同时又成立其他犯罪,所以,这一规定并不是关于竞合犯的规定,而是关于转化犯或者吸收犯的规定;也就是说,因为在道路上醉酒驾驶机动车而触犯的危险驾驶罪,完全可能由于发生了严重的实害结果而转化为其他犯罪,或者可能由于主观意思的质变而被其他犯罪所吸收,从而需要按照发挥了转化作用或者吸收作用的重罪来处罚”〔1〕。显然,这也是按照适用条件→罪数范围→处断规则的路径来解释《刑法》第 113 条之一第 3 款规定的。再如,对于冒名顶替罪第 3 款的解释,有学者也是采用“从适用条件到处断规则”的路径。在该款指示规定的结构中,适用条件是“国家工作人员有前两款行为,又构成其他犯罪的”,处断规则是“依照数罪并罚的规定处罚”。该学者从“国家工作人员”这一特殊主体出发,认为因立法者要对其“从严惩处”,故将一行为数罪的想象竞合适用“数罪并罚”进行处置,以“体现对国家工作人员的‘差别对待’”。该学者还指出:“既然该条款与想象竞合从一重处断条款都采用‘有前款行为,又构成其他犯罪的’这样基本相同的表述,那么,科学的解释结论是将两者作相同理解,即认为两者都是针对‘一行为触犯数罪’的处置规则,只不过从一重处断是一般规则(原则),而数罪并罚是特别规则(例外)。”〔2〕很明显,该学者对于该款指示规定的解释路径是从适用条件出发来考虑其处断规则的适用的。而后一条路径还很少有人采用。

笔者认为,对于刑法指示规定的解释,应该采用后一条路径。理由是:在刑法指示规定的结构中,处断规则是确定不变的,有固定的内涵,司法者必须按照处断规则裁判案件,而适用条件和罪数范围往往是不明确的、不具体的,是需要解释的,如果按照从条件到规则的

---

〔1〕 冯军:《论〈刑法〉第 133 条之 1 的规范目的及其适用》,载《中国法学》2011 年第 5 期。

〔2〕 王彦强:《〈刑法修正案(十一)〉中竞合条款的理解与适用》,载《政治与法律》2021 年第 4 期。

通常路径来解释指示规定，就会因解释立场、价值取向、理念、方法等方面的差异导致对指示规定的适用条件的解释得出不同的结论，进而影响罪数范围的确定，最后导致指示规定确定的处断规则被扩大化或缩小化适用，可能偏离指示规则设置的宗旨。但如果按照从规则到条件的路径来解释指示规定，就可避免这种情况的出现。因为处断规则的基本内涵是确定的，自由解释的空间很小，所以从处断规则出发，能够准确确定指示规定适用的罪数范围，在确定其适用的罪数形态之后，就应根据该罪数形态来解释指示规定的适用条件，不会导致对适用条件的随意解释，从而避免适用条件上的种种争议。

（二）刑法指示规定的解释方法

刑法解释方法具有多样性。文义解释是最基本的解释方法，限制解释和扩张解释也是较常用的解释方法。对于刑法指示规定的解释，由于指示规定的处断规则部分是确定的，只要根据文义解释，即可确定其基本含义，而指示规定适用的罪数范围在指示规定的构成中是没有规定的，是需要确定的，指示规定适用的条件虽然有规定，但往往不明确，所以解释刑法指示规定重在确定其适用的罪数范围与条件。如果按照从处断规则到适用条件的路径来解释指示规定，采用的解释方法应该是限制解释，即从内涵确定的处断规则出发来限定该处断规则适用的罪数范围，通过对罪数范围的限定来限定该处断规则的适用条件，避免对指示规定中处断规则的适用条件在解释上的随意化。例如，对于“依照处罚较重的规定定罪处罚”之规定的解释，因为“依照处罚较重的规定定罪处罚”是处断规则，其内涵是相对确定的，所以需要解释的是该处断规则适用的罪数范围与“有前款行为，同时构成其他犯罪”这样的适用条件。这就需要从该处断规则出发，限定其适用的罪数范围，进而确定其适用条件。这基本上属于限制解释方法的运用。

二、“依照处罚较重的规定定罪处罚”之规定适用的罪数与条件

（一）“依照处罚较重的规定定罪处罚”的基本含义

除了刑法分则中已有多处使用“依照处罚较重的规定定罪处罚”的规范表达，1997年《刑法》修订以后，司法解释对于该规范表达的使用呈现出不断增多的趋势。[1] 然而，对于何谓“依照处罚较重的规定定罪处罚”，司法解释并没有解释过，似乎它是一个不言自明的表述，无须再做说明。其实不然。什么是“处罚较重的规定”，是需要明确的，否则，司法上可能会导致罪刑规范的选择错误。

从文义上理解，“依照处罚较重的规定定罪处罚”意味着至少有两个罪刑规范涉及对同一行为的定罪处罚，因为只有这样，才存在司法工作人员选择其中较重的规定予以适用的问题。然而，对于什么是“处罚较重的规定”，有的学者认为其是指数罪中法定刑较重的规定，即通过比较行为所触犯的罪名的法定刑轻重来确定应当适用的罪刑规范。[2] 但笔者认为，“处罚较重”的文义不同于“法定刑较重”。“处罚较重”既可指立法上处罚较重，也可指司法上处罚较重；而“法定刑较重”仅指立法上处罚较重。既然如此，司法上对于“处罚较重的规定”的确定，不能简单地通过比较数罪名中法定刑的轻重，而应结合具体案件的犯罪事实来确定。其具体理由如下。

第一，“依照处罚较重的规定定罪处罚”最终解决的是犯罪人的刑罚处罚问题，其重心在“罚”，而不在“罪”。《刑法》第61条规定：“对于犯罪分子决定刑罚的时候，应当根据犯罪的事实、犯罪的性质、情节和对于社会的危害程度，依照本法的有关规定判处。”可见，犯罪事实是决定刑罚的根据，刑法规定是决定刑罚的准绳。但是，决定刑罚的刑法规定不仅仅是分则个罪的法定刑规定，还有总则的从宽从

[1] 据笔者统计，司法解释中已有70余处使用了“依照处罚较重的规定定罪处罚”。

[2] 参见顾万炎：《对“依照处罚较重的规定定罪处罚”的重新理解》，载《中国检察官》2011年第4期。

严规定,特别是犯罪预备、未遂、中止和共同犯罪人刑事责任的规定。因此,“处罚较重的规定”的确定,应当是一种基于事实与法律综合考量的结果,不是数个罪名法定刑的简单比较选择,更不能只看数个罪名中哪个法定最高刑高,或者哪个法定最低刑高,就认为哪个是“处罚较重的规定”。

第二,“依照处罚较重的规定定罪处罚”是要选取较重罪定罪处罚,而较重罪有法律上的较重罪与事实上的较重罪之分。法律上的较重罪也就是法定刑较重之罪。而事实上的较重罪是基于个案犯罪事实的考量确定下来的较重罪。法律上的较重罪不一定就是事实上的较重罪。法律上的较重罪一旦到了案件事实中可能是较轻罪,而法律上的较轻罪到了案件事实中也可能是较重罪,成为事实上的较重罪。例如,根据 1997 年修订的《刑法》规定,司法工作人员收受贿赂,徇私枉法,同时构成受贿罪和徇私枉法罪的,依照处罚较重的规定定罪处罚。如果单从受贿罪与徇私枉法罪的法定刑比较来看,受贿罪的法定最高刑是死刑,是较重罪;徇私枉法罪的法定最高刑是 15 年有期徒刑,是较轻罪。但是,在一个具体的受贿枉法案件中,哪个是较重罪,哪个是较轻罪,则不一定如此。比如,司法工作人员甲收受 3 万元贿赂后徇私枉法,且情节特别严重。按照当时的刑法规定,其受贿罪即使情节严重,最高也只能判处 10 年有期徒刑,而按照徇私枉法罪,最高可判处 15 年有期徒刑。显然,徇私枉法罪是事实上的较重罪。如果将“依照处罚较重的规定定罪处罚”中的“处罚较重”理解为法定刑较重,则对甲只能按照受贿罪定罪处罚,就会导致处罚偏轻;反之,如果将“处罚较重”理解为事实上的处罚较重,对甲就应依照徇私枉法罪定罪处罚。可见,在一个具体案件中,如果简单地根据数个罪名的法定刑轻重来选取较重之罪定罪处罚,可能会轻纵犯罪,不符合“依照处罚较重的规定定罪处罚”的立法意旨。

综上所述,笔者认为,“依照处罚较重的规定定罪处罚”是指案件中同一行为事实符合数个犯罪构成,触犯数个不同罪名时,基于犯罪事实,结合刑法总则与分则规定所确定的较重罪定罪处罚。简单而言，法官应选取事实上的较重罪而不是法律上的较重罪定罪处罚。

(二)“依照处罚较重的规定定罪处罚”之规定适用的罪数与条件的一般理解

1.“依照处罚较重的规定定罪处罚”之规定适用的罪数范围

“依照处罚较重的规定定罪处罚”也就是罪数理论上所指的“从一重罪处断”。而对于从一重罪处断，有的认为其是想象竞合犯的处断规则；[1]有的认为其是牵连犯的处断规则；[2]有的认为它也可以是吸收犯的处断规则；[3]有的认为它也是法条竞合的处断规则之一；[4]有的认为其是想象竞合犯以及包容关系、交叉关系的法条竞合的处断规则；[5]还有的学者认为它不仅仅是想象竞合犯的处断规则，而且还是具有交叉关系的法条竞合的处断规则，甚至是牵连犯的处断规则。[6] 那么，“依照处罚较重的规定定罪处罚”这种从一重罪处断规则到底能适用于何种罪数形态呢？笔者认为，应该从其规范目的即避免重复评价出发加以界定。

第一，从想象竞合犯来看，想象竞合犯是指一行为触犯数罪名的犯罪形态。它有两个基本特征：一是行为人只实施一个行为，即基于自然观察、结合社会的一般观念来看，被认为是一个行为（当然还要进行某种程度的规范评价）；[7]二是一行为触犯数罪名，即在构成要件的评价上，因该行为造成了数个危害结果、侵犯了数个不同犯罪的

---

〔1〕 参见高铭暄、马克昌主编：《刑法学》（第 8 版），北京大学出版社、高等教育出版社 2017 年版，第 187 页。

〔2〕 参见庄劲：《从一重断还是数罪并罚——从牵连关系的限定看牵连犯的处断原则》，载《甘肃政法学院学报》2007 年第 1 期。

〔3〕 参见张明楷：《刑法学》（第 2 版），法律出版社 2003 年版，第 372-373 页。

〔4〕 参见张明楷：《刑法学》（第 2 版），法律出版社 2003 年版，第 525 页。

〔5〕 参见陈洪兵：《自然与规范双重视角下行为个数的认定——兼谈“‘同时’构成其他犯罪”规定的理解适用》，载《暨南学报（哲学社会科学版）》2020 年第 3 期。

〔6〕 参见王彦强：《“从一重处断”竞合条款的理解与适用——兼谈我国竞合（罪数）体系的构建》，载《比较法研究》2017 年第 6 期。

〔7〕 参见张明楷：《刑法学》（上）（第 5 版），法律出版社 2016 年版，第 482 页。

法益而符合数个不同的犯罪构成。

从想象竞合犯侵犯的数法益看,想象竞合犯可分为一行为侵害的数法益具有包含关系的想象竞合犯、一行为侵害的数法益具有同一关系的想象竞合犯和一行为侵害的数法益不具有包含、同一关系的想象竞合犯三类。一行为侵害的数法益具有包含关系的想象竞合犯,是指一行为触犯的数罪名中,其中一个罪所侵犯的法益包含其他罪侵犯的法益的情形。例如,盗窃正在使用中的汽车的关键零件,数额较大,该行为构成盗窃罪与破坏交通工具罪的想象竞合犯。在这里,盗窃罪侵害的法益即公私财产所有权包含于破坏交通工具罪侵害的公共安全即不特定或者多数人的生命、健康或者重大公私财产安全之中。一行为侵害的数法益具有同一关系的想象竞合犯,是指一行为触犯的数个不同罪名中,数个罪侵害的法益是同一的。例如,行为人以爆炸的方式实施放火罪,构成爆炸罪与放火罪的想象竞合犯。而爆炸罪与放火罪侵害的法益都是公共安全。一行为侵害的数法益不具有包含、同一关系的想象竞合犯,是指一行为触犯的数个不同罪名中,数个罪侵害的法益既不具有包含关系,也不具有同一关系。例如,行为人暴力阻碍国家机关工作人员依法执行公务致人重伤,构成妨害公务罪与故意伤害罪的想象竞合犯。在这里,妨害公务罪侵犯的正常的公务活动与故意伤害罪侵犯的身体健康权不具有包含关系。

笔者认为,从一重罪处断适用于想象竞合犯,不会导致刑法重复评价。首先,想象竞合犯只具有数罪的外观,并非实质的数罪。所谓数罪的外观,是从犯罪的外形观察,虽然触犯两个以上不同的罪名,但因其仅有一个行为,故与有数个犯意及数个犯罪行为的实质上的数罪,在性质上有所不同。[1] 由于行为人仅仅实施了一个行为,按照禁止重复评价原则,对想象竞合犯只能以一罪处断,而不能因其形式上符合数罪特征而实行数罪并罚。若对想象竞合犯实行数

---

〔1〕 参见张灏编:《中国刑法理论及实用》,台北,三民书局1971年版,第289页。

罪并罚,实际上是将已经用于一个犯罪的构成要件的行为,再次用于另一个犯罪的构成要件之中,对同一行为进行了重复评价,有违禁止重复评价原则。其次,想象竞合犯虽只有一个行为,但在罪过数、侵害的法益数上又不同于单纯的一罪。单纯的一罪只有一个罪过,而想象竞合犯存在数个罪过;单纯的一罪只侵害一个法益,而想象竞合犯侵害数个法益;单纯的一罪只触犯一个罪名,而想象竞合犯触犯数个罪名,因此,与单纯的一罪相比,想象竞合犯的社会危害性往往更大。再次,从想象竞合犯的犯罪事实符合犯罪构成的数量来看,想象竞合犯中的犯罪事实,除已经满足一罪的犯罪构成外,还有剩余的可填充其他犯罪构成的事实,只不过这些事实实际上已经不够完整地构成另一独立犯罪。因此,按照罪刑均衡原则来定罪量刑,对想象竞合犯的处断应有别于单纯的一罪,即不能只停留在以一罪处断的层面,而应择一重罪处断。最后,对于一行为侵犯的数法益具有包含、同一关系的想象竞合犯,只能从一重罪处断。因为一行为侵犯的数法益之间具有包含、同一关系,其中一罪侵犯的法益被另一罪侵犯的法益所涵括,或者一罪侵害的法益与另一罪侵害的法益相同,所以对这种想象竞合犯以一重罪定罪处罚,足以评价其侵犯的数个法益。反之,如果对一行为所侵犯的数个法益均单独评价,实际上对该行为侵犯的被涵括的法益或相同的法益进行了重复评价,加重了行为人的刑事责任。因此,从一重罪处断适用于想象竞合犯是可以的。而且,对想象竞合犯从一重罪处断,一直是学界的通说,尤其是在德、日刑法学界,这种观点一直处于绝对通说地位。

第二,从法条竞合来看,法条竞合是指一个行为同时符合数个法条规定的犯罪构成,但从数法条之间的逻辑关系来看,只能适用其中一个法条,排除适用其他法条的情形。法条竞合是因刑法上的错综规定而产生的。行为人只实施一个行为,只是由于刑法的错综规定,才使该行为符合数个犯罪构成,因此,法条竞合是本质上的一罪,只能以一罪定罪处罚。在竞合的法条关系中,至于应该适用哪一法条定罪处罚,通说认为,应依照特别法优于普通法、重法优于轻法的规则解决,[1]即在通常情况下应依照“特别法优于普通法”的规则论处,在特殊情况下依照“重法优于轻法”的规则论处。不过,对于法条竞合,无论是选择特别法,还是选择重法定罪处罚,都是只适用一个法条规定的犯罪构成来定罪处罚,不存在同一犯罪事实在构成要件上的重复评价。因此,从“依照处罚较重的规定定罪处罚”的规范目的即避免重复评价来考量,它无疑能够适用于法条竞合。而且,《刑法》第 149 条第 2 款规定是很好的例证。[2] 第 140 条属于普通法条,第 141 条至第 148 条属于特别法条,二者存在法条竞合关系。该款规定的“依照处罚较重的规定定罪处罚”就是这种法条竞合的处断规则。

第三,从吸收犯来看,关于吸收犯的概念,学界认识不一。通说认为,吸收犯是指“数个犯罪行为,其中一个犯罪行为吸收其他的犯罪行为,仅成立吸收的犯罪行为一个罪名的犯罪形态”[3]。其特征有三:一是吸收犯具有数个行为,且数行为分别构成独立的犯罪,这是吸收犯的行为数要求,也是其与想象竞合犯、法条竞合的区分点之一。二是数行为必须发生在同一犯罪过程中,且数行为针对的对象、侵犯的法益具有同一性,这是吸收犯的行为对象及其侵害法益的要求,也是其与牵连犯的区分点之一。三是数行为之间具有吸收关系,这是吸收犯成立的实质条件,也是其与牵连犯、连续犯的区分点之一。所谓吸收,是指数行为中的一个行为包容其他行为,被包容的行为不再单独定罪处罚。一个犯罪行为之所以能够吸收其他犯罪行为,是因为包容行为与被包容行为发生在同一犯罪过程中,前一犯罪

---

[1] 参见高铭暄、马克昌主编:《刑法学》(第 8 版),北京大学出版社、高等教育出版社 2017 年版,第 188 页。

[2] 该款规定:“生产、销售本节第一百四十一条至第一百四十八条所列产品,构成各该条规定的犯罪,同时构成本节第一百四十条规定之罪的,依照处罚较重的规定定罪处罚。”

[3] 高铭暄、马克昌主编:《刑法学》(第 8 版),北京大学出版社、高等教育出版社 2017 年版,第 196 页。

行为是后一犯罪行为发展的所经阶段,后一犯罪行为是前一犯罪行为发展的自然结果。因此,对吸收犯的吸收关系应作如下理解:在同一犯罪过程中,不同的行为阶段出现了数个符合犯罪构成的行为,但数个行为在评价上具有包容关系。而这种包容关系源于数行为针对同一对象,侵犯同一法益。这种吸收关系表现为罪质重、危害大、法定刑高的犯罪行为吸收罪质轻、危害小、法定刑低的犯罪行为。正是由于这种吸收关系,对吸收犯的处断,应按照吸收行为所构成之罪定罪处罚,不实行数罪并罚。如果实行数罪并罚,在犯罪对象及法益侵害上就会出现对同一犯罪事实的重复评价。而以吸收行为定罪,避免了重复评价。因此,"依照处罚较重的规定定罪处罚"可以适用于吸收犯。

第四,从牵连犯来看,牵连犯是指以实施某一犯罪为目的,其方法行为或结果行为又触犯其他罪名的犯罪形态。其特征有五:一是行为人有一个主导整个犯罪实施的目的,即行为人实施数个性质不同的犯罪行为,相应存在数个性质不同的主观心态,其中有一个居于支配地位,贯穿并支配着整个犯罪的实施进程。二是行为人实施了数个行为。这是成立牵连犯的前提条件,也是牵连犯与想象竞合犯的重要区分点。这数个行为无论是从自然观念上看还是从法律规范评价上看都可以判断为复数,一般形成方法(手段)行为与目的行为、原因行为与结果行为的关系。〔1〕三是数行为之间必须具有牵连关系,即分别符合数个不同犯罪构成的数个行为之间"存在着方法准备、主旨支配、后续结果的相关关系,从而使整个犯罪过程连成一体"〔2〕。四是数行为针对的对象可能相同,也可能不同,但其侵害的具体法益不同。这也是牵连犯与吸收犯的又一重大区别。五是数个行为独立成罪,触犯不同的罪名。

---

〔1〕参见何承斌:《牵连犯的处罚原则再探讨——基于立法的分析》,载《安徽大学学报(哲学社会科学版)》2009 年 2 期。

〔2〕张小虎:《论牵连犯的典型界标》,载《中国刑事法杂志》2013 年第 5 期。

我国刑法总则没有明文规定牵连犯的处断规则，刑法理论上一般认为，对牵连犯应从一重罪处断，或者从一重罪从重处断。但较多的学者，特别是司法实务界，更倾向于对牵连犯从一重罪处断。也就是说，从一重罪处断也可适用于牵连犯。其理由是：其一，行为人实施行为是基于一个最终的犯罪目的。虽然行为人实施了数个行为，分别触犯了不同罪名，但其所有前期行为都是为了最后所要达到的一个目的服务。其二，牵连犯的方法行为与目的行为、原因行为与结果行为之间的社会危害性有较大和较小之分，其所有行为结合造成的整体危害性小于各个独立犯罪的整体危害性。其三，以行为人所触犯的最重的罪名予以处罚，足以达到惩罚犯罪的目的，符合罪责刑相适应原则的要求。〔1〕 其四，牵连犯虽然存在数罪，但与典型数罪相比，由于其行为之间的牵连关系，其蔑视法规范和社会秩序的主观恶性较小，社会危害程度不大。〔2〕 但笔者不赞同这种观点和司法实践中的做法。因为对牵连犯从一重罪处断会出现对行为侵害的法益事实评价不足的后果。牵连犯是数行为构成的罪数形态，其中的数行为有主行为和从行为之分。其主行为、从行为分别基于不同的罪过心理、侵害到不同的法益，如果仅以主行为定罪处罚，不考虑从行为侵害法益的事实，那么，从行为侵害法益的事实就没有得到刑法评价。例如，通过伪造国家机关公文、证件、印章的手段，骗取他人财物且数额较大的行为，属于学界所认同的典型的牵连犯。其中，伪造国家机关公文、证件、印章的行为是从行为，侵害国家对公文、证件、印章的管理秩序；诈骗公私财物的行为是主行为，侵害公私财产所有权。显然，这两个行为分别侵害不同的法益。如果只以诈骗罪定罪处罚，而不考虑对其从重处罚，就会出现从行为侵害法益的事实即侵害国家对公文、证件、印章的管理秩序的事实得不到刑法评价，这是

〔1〕 参见冯野光、闫莉：《论牵连犯的内涵、特征及处罚原则》，载《法学杂志》2012 年第 3 期。

〔2〕 参见屈学武：《罪数、数罪及并罚根据研讨》，载李希慧、刘宪权主编：《中国刑法学年会文集（2005 年）》（第 1 卷），中国人民公安大学出版社 2005 年版，第 69 页。

违背罪刑均衡原则的。此外,对牵连犯只以一重罪处断,难以体现出牵连犯的社会危害性比单一犯罪大的特征。与单一犯罪相比,牵连犯中行为人实施了数个犯罪行为,尽管这些行为之间存在牵连关系,但其社会危害性显然比单一犯罪行为大。如果无视这一事实而仅仅是从一重罪处断,就会导致罪责刑不相适应。

综上,笔者认为,“依照处罚较重的规定定罪处罚”之规定能够适用于想象竞合犯、法条竞合和吸收犯,不可适用于牵连犯。

2.“依照处罚较重的规定定罪处罚”的适用条件的一般理解

从刑法分则中17个“依照处罚较重的规定定罪处罚”之规定对其适用条件的规定来看,大多有一个共同点(《刑法》第229条第2款、第399条第4款除外),即同一行为事实以一个刑法规范评价为一个罪之后,还可再次以另一个刑法规范评价为其他的犯罪。简单而言,就是同一行为触犯数个不同的罪名,这是“依照处罚较重的规定定罪处罚”的适用条件。显然,正确理解此处的“同一行为”是准确把握“依照处罚较重的规定定罪处罚”适用条件的关键。对于“同一行为”的认识,笔者认为应分以下两步进行。

第一,要准确把握“行为”的概念。关于“行为”的概念,从不同的角度考察会得出不同的结论。自19世纪以来,国内外刑法学者有关行为论的主张显示出两种趋向:一是主张事实性的、存在论的行为概念,如因果行为论、目的行为论、人格行为论等观点;二是主张价值性的、规范论的行为概念,如社会行为论、消极行为论、规范行为论等观点。也就是说,当今刑法学者对行为的考察有两个维度,即事实性的维度和价值性的维度,或者说存在论的维度和规范论的维度。从事实层面考察,行为是不包含价值、规范评价的客观事实,是人的意识和意志支配下的身体动静,是一种评价客体或对象,其本身并无所谓善与恶、合法或不法之分,亦无禁止或许可可言。行为之所以有善与恶、合法或不法之分,是因为它经过了价值或规范评价。从价值层面考察,行为不是一种纯物理性的、机械的自然动作,而是人的意识和意志支配下具有社会意义的身体动静;它不是中性无色的,而是具有善与恶、美与丑、合法与不法之分;它不是被评价的客体、对象,而是价值、规范评价的结果。由于事实与规范之间的关系是评价对象和对象评价的关系,是自然存在和规范标准的关系,因此,同一行为事实在自然视角和规范视角下的结论未必一致。[1] 事实层面的一个自然意义的行为,也许不构成刑法规范中的一个行为,也许从刑法规范判断,不是一个而是数个符合刑法规范的行为。

笔者认为,“依照处罚较重的规定定罪处罚”的适用条件中的“行为”属于事实层面的、没有经过刑法规范评价的行为。因为“有前款行为,同时构成其他犯罪的”这样的表述,意味着该行为经过一次刑法规范评价得出构成某一具体犯罪的结论之后,还可通过其他刑法规范评价得出构成其他犯罪的结论。很明显,这里的“行为”是刑法规范评价的对象,而不是刑法规范评价的结果。此外,如果不是这种意义上的行为,而是已被刑法规范评价后的行为,那么在行为已经构成某一个具体罪的情况下,不可能再构成其他犯罪,否则就违反了禁止重复评价原则。

第二,应妥当把握行为“同一”的判断标准。“同一”的判断标准关涉“同一行为”的范围界定,因而也是能否适用“依照处罚较重的规定定罪处罚”的关键。因为如果不是同一行为,就存在数罪并罚等其他处断规则的适用问题,就不能适用从一重罪处断。哲学上,“同一”是指客观事物固有的关系和属性。它说明的是两个事物、两种因素或两个方面的关系。[2] 可以说,“同一”是事物之间比较的结论,是相对于“相异”而存在的。作为规范评价对象的“行为”到底是“同一”的还是“相异”的,涉及行为个数的判定,会因行为所处的领域、评价主体、评价目的、评价标准、评价方法等方面的不同而得出不同的结论。但不管怎样,笔者认为,此处的行为“同一”应是指进入刑

〔1〕 参见王明辉、唐煜枫:《想象竞合犯之“同一行为”判断》,载《中国刑事法杂志》2009年第12期。
〔2〕 参见韩东屏:《“同一”、“统一”辨》,载《黄石师院学报》1984年第3期。

法规范评价之前的行为同一;它既是一种事实判断,也包含一定的价值判断。

行为是否"同一"的初步判断是一种事实判断,即通过自然观察,从一般社会通念来看所进行的判断。这种判断采取的标准应是"自然标准+社会通念",即同一行为或一个行为是"在自然观察上、为社会通念所认同的一个行为"〔1〕。对于数个动作是否属于同一行为的判断,应坚持主客观相统一的原则,把握如下四个要件:一是数个动作发生于同一过程,这是界定"同一"行为的时间条件。任何事物从产生、存在、发展到结局都有一个过程,都具有一定的阶段性。一个完整的行为过程大致可分为三个阶段,即行为准备阶段、行为实行阶段和行为后处理阶段。〔2〕例如,行为人购买匕首杀了一个人,然后放火烧掉尸体。购买匕首属于行为的准备动作,杀人属于行为的实行动作,烧掉尸体属于行为后的处理动作。这三个动作分别处于同一过程的三个不同阶段,可以认定为一个杀人行为。二是行为人实施数个动作的意图具有同一性,即行为人实施的数个动作在同一意图支配之下,这是判断同一行为的主观要件。如果连续的数个动作不是在同一意图支配之下实施,即使发生于同一过程,也不能认定为同一行为。例如,行为人前一天准备刀子打算抢劫他人财物,第二天持刀抢劫甲女的财物后见该女漂亮,于是强奸了甲女。这里有准备刀子、抢劫甲女、强奸甲女三个动作,这三个动作虽然在时间上发生于同一过程,行为具有连续性,但是抢劫与强奸不是在同一意图支配下实施的动作,不属于同一行为。三是数个动作具有连带性,即行为人在同一过程中的数个动作连带实施,这是界定"同一"行为的客观外在条件。同一行为的数个动作不但要求前后相继、连续实施,而且要求环环相套,具有密切的关联。如果发生在同一过程中

---

〔1〕［日］大谷实:《刑法总论》,黎宏译,法律出版社2003年版,第362-363页。

〔2〕当然,有的行为可能只经历其中的一个或两个阶段,有的行为可能经历了这三个阶段。

的数个动作不具有该特征，则不属于同一行为。例如，行为人某天准备刀子杀甲，第二天带了这把刀子抢夺乙的项链。这里虽然有准备刀子和带刀抢夺项链的两个动作，但是这两个动作不具有环环相套的关系，不属于同一行为。四是数个动作的内容至少在其主要部分上具有合一性，这是界定“同一”行为的客观内在条件。例如，行为人持手枪抢劫他人的财物，非法持有手枪的动作与使用该手枪抢劫的动作，在内容上具有合一性，属于同一行为。又如，行为人绑架他人后以暴力手段从他人身上当场取得财物，存在绑架、暴力、劫取财物三个动作，这三个动作虽然发生在同一过程，具有连带性，但绑架与劫取财物的动作内容不具有合一性，不能认定为同一行为；而暴力与劫取财物的内容具有合一性，应认定为同一行为。

总之，事实层面上，数个动作只有在行为人的同一意图支配下实施，发生于同一过程之中，具有紧密关系，且其主要内容具有合一性，才能认定为同一行为。

然而，单从事实层面、通过自然观察判定数个动作具有行为的同一性是没有刑法意义的。因为人的行为具有多样性，故刑法并非将人的所有行为都纳入自己的调控视野，而是只将具有严重社会危害性的行为规定为犯罪，并予以刑罚处罚，所以，行为只有在价值上区分为无害行为和有害行为两大类之后，才能将有害行为纳入刑法视野，作为刑法评价的对象，而对于无害行为，特别是有益行为，国家是不需要运用刑罚手段去应对的。因此，在进入刑法规范评价之前，除了要从事实层面判断数个动作的行为同一性，还应对该行为进行一定的价值评价，即考察该行为是否具有有害性。行为的有害性是指行为对社会所具有的危害性。对行为有害性的判断应从社会通常观念或一般人来看。如果从社会通常观念或一般人来看，某种行为是有害于社会的，则其具有有害性；反之，不能认定该行为具有有害性。

综上所述，同一行为触犯数个不同的罪名是“依照处罚较重的规定定罪处罚”的适用条件。而对于“同一行为”的判断是刑法规范评价之前的判断,它既是一种事实判断,也包含一定的价值判断。事实判断应当把握上述四个要件,价值判断应以一般人为标准。

(三)刑法分则中"依照处罚较重的规定定罪处罚"之规定适用的罪数与条件

1.《刑法》第120条之二第2款适用的罪数与条件

该款为《刑法修正案(九)》增设准备实施恐怖活动罪时所设置。[1] 从上述"依照处罚较重的规定定罪处罚"适用的罪数范围的阐述可知,该款指示规定适用的罪数范围为想象竞合犯、法条竞合和吸收犯,但其具体适用于哪种罪数形态,还需分析准备实施恐怖活动罪的行为。

根据《刑法》第120条之二第1款的规定,准备实施恐怖活动罪的行为具体包括四种,即"为实施恐怖活动准备凶器、危险物品或者其他工具""组织恐怖活动培训或者积极参加恐怖活动培训""为实施恐怖活动与境外恐怖活动组织或者人员联络""为实施恐怖活动进行策划或者其他准备"。行为人只要实施其中一种行为,就构成准备实施恐怖活动罪。这里的"准备"是进行预先安排或者筹划的行为。准备的目的是实施具体的恐怖活动;准备的内容包括准备恐怖活动工具、对恐怖活动实施者进行培训、与境外恐怖活动组织或者人员进行联络、对实施恐怖活动进行策划等。其中,准备恐怖活动工具包括准备凶器、危险物品或者其他足以开展恐怖活动的工具。凶器是指枪支、爆炸物、管制刀具等国家禁止个人携带的器械;危险物品是指具有爆炸性、易燃性、放射性、毒害性、腐蚀性的物品;其他工具是指凶器、危险物品之外的其他一切可以用于实施恐怖活动犯罪的器具。行为人在准备恐怖活动工具过程中的行为可能同时构成其他的具体犯罪。

例如,行为人为实施恐怖活动购买爆炸物的行为,构成非法买卖

---

[1] 该款规定:"有前款行为,同时构成其他犯罪的,依照处罚较重的规定定罪处罚。"

爆炸物罪;行为人为实施恐怖活动,非法制造危险物质的行为,构成非法制造危险物质罪。因购买爆炸物的行为是准备实施恐怖活动的行为内容,故其既触犯准备实施恐怖活动罪,又触犯非法买卖爆炸物罪或非法制造危险物质罪。这属于一行为侵害数法益的想象竞合犯。

组织恐怖活动培训,是指策划、安排以实施恐怖活动为内容的培养和训练的行为。由于恐怖活动培训的内容往往会包括实施恐怖活动犯罪的方法,因此该培训行为又构成传授犯罪方法罪。这属于一行为侵害数法益的想象竞合犯。

综上所述,该指示规定适用的罪数形态为想象竞合犯。其适用条件为:准备实施恐怖活动的行为既构成准备实施恐怖活动罪,又构成其他犯罪。还需注意的是,构成其他犯罪的行为应是能够被准备实施恐怖活动罪所评价的、准备实施恐怖活动本身的行为;若行为超出了准备实施恐怖活动罪的内容范围,则该行为触犯的数个不同罪名不属于想象竞合犯。例如,行为人为实施恐怖活动而准备枪支,为准备枪支而杀害警察抢劫了枪支。因准备枪支是准备实施恐怖活动罪的内容,故抢劫枪支也属于准备实施恐怖活动罪的内容,抢劫枪支行为触犯的抢劫枪支罪与准备实施恐怖活动罪构成想象竞合犯。但杀警行为已超出了准备实施恐怖活动罪的内容范围,因此杀警行为构成的故意杀人罪与准备实施恐怖活动罪不构成想象竞合犯,不适用该指示规定。

2.《刑法》第133条之一第3款适用的罪数与条件

该款为《刑法修正案(八)》增设危险驾驶罪时所设置。[1] 关于该款指示规定适用的罪数形态,学界存在各种不同看法。梁根林教授认为,“危险驾驶罪与交通肇事罪或以危险方法危害公共安全罪之

---

〔1〕 该款规定:“有前两款行为,同时构成其他犯罪的,依照处罚较重的规定定罪处罚。”

间存在想象竞合关系”,该款规定适用于想象竞合犯;[1]张明楷教授认为,行为人醉酒驾驶机动车运输毒品、枪支、弹药、爆炸物的行为,既构成危险驾驶罪,又构成运输毒品罪或运输枪支、弹药、爆炸物罪,属于典型的想象竞合犯;行为人的危险驾驶行为从一开始就具有相当于放火、爆炸等犯罪的具体危险,且对具体危险有主观故意的,构成以危险方法危害公共安全罪,此种情形下的危险驾驶罪与以危险方法危害公共安全罪之间属于法条竞合的特别关系。[2] 王鹏飞认为,醉酒型危险驾驶罪与交通肇事罪属于法条竞合关系,危险驾驶罪与以危险方法危害公共安全罪属于想象竞合的关系。[3] 张爱晓认为,“危险驾驶罪不论是与以危险方法危害公共安全罪的竞合还是与交通肇事罪的竞合,都是一种想象竞合而非法规竞合”[4]。冯军教授认为,醉酒驾驶行为不可能在成立危险驾驶罪的同时又成立其他犯罪,故该款规定“并不是关于竞合犯的规定,而是关于转化犯或者吸收犯的规定”[5]。由此可见,该指示规定在适用于何种罪数形态上存在很大的分歧。

从前述“依照处罚较重的规定定罪处罚”适用的罪数范围的阐述可知,该种指示规定适用的罪数范围为想象竞合犯、法条竞合和吸收犯,但其具体适用于哪种罪数形态,笔者认为,还需具体分析《刑法》第 133 条之一第 1 款的危险驾驶行为。根据该款规定,危险驾驶行为包括如下四种:一是机动车驾驶人在道路上驾驶机动车追逐竞

---

〔1〕 参见梁根林:《〈刑法〉第 133 条之一第 2 款的法教义学分析——兼与张明楷教授、冯军教授商榷》,载《法学》2015 年第 3 期。

〔2〕 参见张明楷:《危险驾驶罪的基本问题——与冯军教授商榷》,载《政法论坛》2012 年第 6 期。

〔3〕 参见王鹏飞:《醉酒型危险驾驶罪与相关犯罪之界分思考》,载《武汉公安干部学院学报》2016 年第 1 期。

〔4〕 张爱晓:《危险驾驶罪与相关犯罪的界限与竞合——以危险驾驶罪的性质为视角》,载《河北法学》2014 年第 3 期。

〔5〕 冯军:《论〈刑法〉第 133 条之 1 的规范目的及其适用》,载《中国法学》2011 年第 5 期。

驶,情节恶劣的行为;二是机动车驾驶人醉酒驾驶机动车的行为;三是机动车驾驶人及负有直接责任的机动车所有人、管理人从事校车业务或者旅客运输,严重超载或者超速行驶的行为;四是机动车驾驶人及负有直接责任的机动车所有人、管理人违反危化品安全管理规定运输危化品,危及公共安全的行为。上述危险驾驶行为可能同时构成交通肇事罪、以危险方法危害公共安全罪等犯罪。

就该款指示规定适用的罪数形态而言,笔者的看法是:第一,该指示规定不是转化犯和吸收犯的规定。首先,从转化犯来看,转化犯是行为人实施的轻罪行为因符合刑法分则条文规定的特别条件或发生了刑法分则条文规定的严重后果而转化为更重的犯罪并以此重罪定罪的犯罪形态。其主要特征为:转化犯是轻罪向重罪的转化,且这种转化具有法定性。转化犯的法定性包括基本罪的法定性、转化理由的法定性和转化之罪的法定性三个方面。[1] 而该款并未规定危险驾驶罪这一轻罪转化为交通肇事罪或以危险方法危害公共安全罪这一更重罪的理由,也没有规定危险驾驶罪在什么样的条件下一定转化为交通肇事罪或一定转化为以危险方法危害公共安全罪,故其不是转化犯的规定。其次,从吸收犯来看,吸收犯以数行为构成数罪为前提条件。而该款规定的是:危险驾驶行为构成危险驾驶罪的同时还构成其他犯罪的情况,应"依照处罚较重的规定定罪处罚"。显然,"同时"意味着同一个行为构成数罪,而不是数个行为构成数罪,故该款规定的行为不符合吸收犯的特征。

第二,行为人在危险驾驶过程中因过失发生重大交通事故,致人重伤、死亡或公私财产遭受重大损失的,则危险驾驶行为同时构成的"其他犯罪"是指交通肇事罪,这属于一行为触犯数个不同罪名的情况。这种情况到底属于法条竞合还是想象竞合犯,应根据法条竞合与想象竞合犯的区分标准确定。然而,法条竞合与想象竞合犯应如

---

〔1〕 参见龙洋:《论转化犯立法的理论根据》,载《法律科学(西北政法大学学报)》2009 年第 4 期。

何区分,学界一直存在形式标准说(法条关系说)、实质标准说(充分评价说)、"形式标准+实质标准"说等诸多观点。形式标准说认为,法条竞合是由于法条的错综规定导致数个法条之间存在包容或者交叉的逻辑关系。这种逻辑关系不需要借助具体案件事实的联结,而是通过对构成要件的解释即可发现,[1]因而法条竞合是不以犯罪事实的发生为转移的。想象竞合犯则是行为人实施的一个行为偶然地触犯数个罪名,是因具体犯罪事实而导致数个罪名被触犯,且承载被触犯的数罪名的法条之间不具有包容或交叉的逻辑关系。因而想象竞合犯并非法条的错综规定所致,而是与行为人实施犯罪的具体情况有关。实质标准说认为,法条竞合与想象竞合犯的区分应从一行为触犯的数罪的保护法益来看,即看行为侵犯的法益能否为数罪中的某一个罪名全面评价。如果根据法条竞合的适用规则选择适用的罪名能对数罪侵犯的法益作出全面评价的,为法条竞合;如果一行为触犯的数罪名中的任何一个罪名均不能对数罪侵犯的法益作出全面评价的,则为想象竞合犯。[2] "形式标准+实质标准"说认为,法条竞合规范的是逻辑关系,不是事实关系,故形式标准只是一个前提性标准,除了形式标准之外,还必须有实质标准。也就是说,即使符合形式标准,如果不符合实质标准,也不能认定为法条竞合,而只能认定为想象竞合犯乃至实质的数罪。实质标准是指法益的同一性与不法的包容性。不法的包容性是指一个行为同时触犯数个法条,只适用其中一个法条就能够充分、全面评价行为的所有不法内容时,数个法条之间的关系才可能是法条竞合;[3]倘若适用任何一个法条都不能充分、全面评价行为的不法内容,即使符合形式标准与法益的同一性标准,也只能认定为想象竞合犯。

笔者认为,形式标准说值得肯定。因为法条竞合本来就是指法

---

[1] 参见张明楷:《法条竞合与想象竞合的区分》,载《法学研究》2016 年第 1 期。

[2] 参见安文录、陈洪兵:《法规竞合与想象竞合比较研究》,载《同济大学学报(社会科学版)》2003 年第 3 期。

[3] 参见张明楷:《法条竞合与想象竞合的区分》,载《法学研究》2016 年第 1 期。

条之间的交错关系,所以只有从法条关系的角度来理解才符合其本义,而且只要科学界定法条竞合,就可采用排除法,将其他竞合关系认定为想象竞合犯。但是,完全采用形式标准说,也可能会导致对法条竞合认定不当的问题,或者说,可能导致不能充分评价数罪的法益侵害性。这就需要实质标准作补充,即看以数罪中的某一罪定罪处罚能否充分评价数罪的法益侵害性。若能充分评价,为法条竞合;若不能充分评价,则为想象竞合犯。因为以数罪中的某一罪定罪处罚不能充分评价数罪的法益侵害性,就需要在裁判文书中明示数罪,以显示行为对数罪的法益的侵害性,发挥刑法的评价机能。这就是想象竞合的明示机能。如此说来,对于一行为触犯数罪名的情况,即便承载数个不同罪的法条之间存在包容或交叉的逻辑关系,也只能认定为想象竞合犯,不再认定为法条竞合。总之,采用形式标准来认定竞合关系,若承载数个罪的法条之间不存在逻辑上的包容和交叉关系,就能够直接认定为想象竞合犯;若承载数个罪的法条之间存在逻辑上的包容或交叉关系,还要考虑行为所触犯的数罪是否需要在裁判文书中予以明示,而是否需要明示,又应考虑以数罪中的某一罪定罪处罚能否充分评价行为触犯数罪的法益侵害性,如果能够充分评价,就不需要在裁判文书中明示构成数罪,即应认定为法条竞合;如果不能充分评价,就需要明示构成数罪,即应认定为想象竞合犯。

根据上述区分标准,该款规定的竞合犯究竟只是想象竞合犯抑或只是法条竞合,还是二者兼有,首先需要分析“前两款行为”即危险驾驶罪的行为可能触犯的其他罪名,再分析承载危险驾驶罪与其他犯罪的法条之间的关系。如果能够肯定承载不同罪的法条之间具有逻辑上的包容或交叉关系,就能初步认定其属于法条竞合,反之则为想象竞合。在认定为法条竞合的情况下,还应看以数罪中的某一罪定罪处罚能否充分评价数罪的法益侵害性,如果能够充分评价,为法条竞合;若不能充分评价,则需要在裁判文书中明示,为想象竞合。

从法条关系来看,危险驾驶罪与交通肇事罪的构成要件之间具有包容关系,应属于法条竞合。因为危险驾驶罪的四种危险驾驶行为都是违反交通运输管理法规的行为,能为交通肇事罪的“违反交通运输管理法规”这一前置性条件所包含,只不过交通肇事罪要求“发生重大事故”而已。而且,危险驾驶罪和交通肇事罪都是危害公共安全的犯罪,侵犯的法益具有同一性,以交通肇事罪定罪处罚,能够充分评价这两个罪的法益侵害性,无须在裁判文书中明示。因此,危险驾驶行为同时构成危险驾驶罪与交通肇事罪的情形,属于法条竞合。

第三,行为人实施的危险驾驶行为以类同放火、爆炸等高度危险方法进行,从而对公共安全带来具体危险的,同时构成的“其他犯罪”即为以危险方法危害公共安全罪,这也属于一行为触犯数个不同罪名的情况。但这种情况不属于法条竞合,而是想象竞合犯。因为危险驾驶罪是抽象危险犯,以危险方法危害公共安全罪是具体的危险犯,前者的危险方法已有限定,后者的危险方法没有限定,且后者的危险方法必须与放火、爆炸等危险方法相当,所以只有事实上危险驾驶行为的危险程度达到放火、爆炸等危险方法产生危害公共安全的具体危险程度时,这种危险驾驶行为才能既构成危险驾驶罪又构成以危险方法危害公共安全罪,而不是因为危险驾驶罪与以危险方法危害公共安全罪之间存在包容或交叉关系。故这种竞合应属于一行为侵害数法益的想象竞合。

既然危险驾驶行为同时构成交通肇事罪时属于法条竞合的情况,那么其适用条件应该是危险驾驶行为构成危险驾驶罪时同时构成交通肇事罪,而不能是同时构成交通肇事罪之外的其他犯罪。既然危险驾驶行为同时构成以危险方法危害公共安全罪时属于想象竞合犯的情况,那么其适用的条件只能是危险驾驶行为的危险方法与放火、爆炸等危险方法相当,且产生了危害公共安全的具体危险。张明楷教授认为行为人醉酒驾驶机动车运输毒品的行为既构成危险驾驶罪又构成运输毒品罪,属于典型的想象竞合犯,从而将运输毒品构成的犯罪纳入“同时构成其他犯罪”的范围。笔者认为这种看法值得商榷。想象竞合犯是一行为触犯数罪名的犯罪形态,而醉酒驾驶与运输毒品虽然在同一过程中实施,但是两个不同的符合构成要件的行为，应是数行为触犯数个不同罪名的典型数罪，应实行数罪并罚。因此，从该款规定的处断规则即“依照处罚较重的规定定罪处罚”出发，应将运输危险化学品之外的运输毒品、枪支等违禁品的行为构成的犯罪排除在危险驾驶罪“同时构成其他犯罪”的范围之外。

有的学者认为，危险驾驶行为“同时构成其他犯罪”的“其他犯罪”不应包括以危险方法危害公共安全罪。其主要理由是：将构成危险驾驶罪的行为理解为“以危险方法危害公共安全罪”中的“危险方法”不符合立法事实。根据刑法规定，“危害公共安全罪”一章共有 5 类公共安全犯罪，“以危险方法危害公共安全的犯罪”是其中的一类。这意味着能够纳入其他类型“危害公共安全罪”之中的犯罪，不宜再归类到“以危险方法危害公共安全的犯罪”之中。而“危险驾驶罪”属于其中的第 5 类即违反安全管理规定危害公共安全的犯罪。因此该学者认为将构成危险驾驶罪的行为理解为“危险方法”不可取。〔1〕笔者不同意这种看法。“以危险方法危害公共安全罪”这一罪名的“其他危险方法”是指放火、决水、爆炸、投放危险物质之外的，并与这四种行为相当的危险方法，因而本罪只是《刑法》第 114 条、第 115 条的兜底规定，而不是“危害公共安全罪”这一章犯罪的兜底规定。《刑法》第 133 条之一规定的构成危险驾驶行为的方法在危害公共安全的危险性上有程度之分。低度危险性的危险驾驶对公共安全只是产生抽象的危险，以危险驾驶罪定罪即可，但高度危险性的危险驾驶对公共安全产生具体的危险，足以致人重伤、死亡或者使公私财产遭受重大损失的，应定以危险方法危害公共安全罪。换句话说，危险驾驶罪与以危险方法危害公共安全罪之间不是对立关系，而是具有危险性的行为其危险程度的低与高的关系，危险驾驶行为构成危险驾驶罪时，并不排斥其同时构成以危险方法危害公共安全罪。故将以危险方法危害公共安全罪纳入危险驾驶行为同时构成的“其

〔1〕 参见陆诗忠：《论“危险驾驶罪”司法适用中的几个疑难问题》，载《甘肃政法学院学报》2018 年第 2 期。

他犯罪”的范围是没有问题的。

综上所述,该款指示规定适用的罪数范围为法条竞合和想象竞合犯,前者的适用条件是,构成危险驾驶罪的行为同时构成交通肇事罪;后者的适用条件是,构成危险驾驶罪的行为的危险方法与放火、决水、爆炸、投放危险物质等危险方法相当,且产生了危害公共安全的具体危险,构成以危险方法危害公共安全罪。

3.《刑法》第133条之二第3款适用的罪数与条件

该款为《刑法修正案(十一)》增设妨害安全驾驶罪时所设置。[1] 从“依照处罚较重的规定定罪处罚”适用的罪数范围的阐述可知,该款指示规定适用的罪数范围为想象竞合犯、法条竞合和吸收犯。但因吸收犯以数行为构成数罪为前提条件,而该款指的是,妨害安全驾驶行为构成妨害安全驾驶罪的同时还构成其他犯罪的情形,“同时”意味着同一个行为构成数罪,而不是数个行为构成数罪,故该款规定的行为不符合吸收犯的特征,只符合竞合犯的特征。其究竟适用于法条竞合还是想象竞合犯,还需具体分析构成妨害安全驾驶罪的行为。

从妨害安全驾驶罪条文第1、2款规定来看,构成妨害安全驾驶罪的行为包括三种:对驾驶人员使用暴力;抢控驾驶操纵装置;驾驶人员与他人互殴或殴打他人。其中,对他人使用暴力和殴打他人以及与他人互殴是伤害他人身体的行为。这种行为造成他人身体伤害达到轻伤以上结果的,构成故意伤害罪;如果行为人具有杀人故意的,则构成故意杀人罪。上述行为对于公共交通安全的危险性类同放火、决水、爆炸、投放危险物质行为对公共安全的危险性的,还构成以危险方法危害公共安全罪。由此可见,构成妨害安全驾驶罪的行为可能触犯的其他罪名包括故意伤害罪、故意杀人罪和以危险方法危害公共安全罪。

第一,构成妨害安全驾驶罪的行为同时触犯故意伤害罪或者故

---

[1] 该款规定:“有前款行为,同时构成其他犯罪的,依照处罚较重的规定定罪处罚。”

意杀人罪形成的竞合。构成妨害安全驾驶罪的行为同时触犯故意伤害罪或者故意杀人罪,是因为妨害安全驾驶罪中“暴力”“殴打”“互殴”的规定涉及故意伤害罪或故意杀人罪,所以,可以说,规定妨害安全驾驶罪与故意伤害罪、故意杀人罪的法条之间存在逻辑上的交叉关系,可以初步肯定其法条竞合关系。但是,妨害安全驾驶的行为同时构成妨害安全驾驶罪和故意伤害罪或故意杀人罪的,按照“从一重罪处断”的规则,应以故意伤害罪或故意杀人罪定罪处罚。由于故意伤害罪、故意杀人罪保护的法益是身体健康和生命权利,以故意伤害罪或故意杀人罪定罪处罚,并不能充分评价妨害安全驾驶罪所侵犯的法益即公共交通安全。这就有必要在裁判文书中明示行为触犯的妨害安全驾驶罪和故意伤害罪或故意杀人罪。因此这种情况最终应认定为想象竞合犯。

第二,构成妨害安全驾驶罪的行为同时触犯以危险方法危害公共安全罪形成的竞合。构成妨害安全驾驶罪的行为同时触犯以危险方法危害公共安全罪,是因为该行为事实上对公共交通安全的危险性达到了放火、决水、爆炸、投放危险物质对公共安全的危险性程度,能够认定为以危险方法危害公共安全罪的“其他危险方法”。但是,需要注意的是,一方面,妨害安全驾驶的行为能够认定为以危险方法危害公共安全罪的“其他危险方法”,并不意味着这种行为本身一定属于以危险方法危害公共安全罪的“其他危险方法”,而其是否属于以危险方法危害公共安全罪的“其他危险方法”,需要进行个案事实判断;另一方面,以危险方法危害公共安全罪的“其他危险方法”虽然具有多样性,但也不必然包含妨害安全驾驶的行为,而其是否包含妨害安全驾驶的行为,也取决于个案事实。这就是说,从法条关系上看,妨害安全驾驶罪与以危险方法危害公共安全罪之间不存在逻辑上的包容和交叉关系,不属于法条竞合,而属于想象竞合犯。

第三,构成妨害安全驾驶罪的行为同时触犯故意伤害罪、以危险方法危害公共安全罪形成的竞合。行为人对驾驶人员使用暴力造成驾驶人员轻伤以上结果的,或者是驾驶人员与他人互殴或殴打他人造成他人轻伤以上结果的,构成故意伤害罪,同时该行为对公共交通安全的危险性达到放火、决水、爆炸、投放危险物质行为对公共安全的危险性程度,又构成以危险方法危害公共安全罪。这就存在妨害安全驾驶罪、故意伤害罪、以危险方法危害公共安全罪这三个罪之间的竞合。关于妨害安全驾驶罪与故意伤害罪、以危险方法危害公共安全罪的竞合,前已述及,此处不再赘述。需要讨论的是故意伤害罪与以危险方法危害公共安全罪之间的竞合。故意伤害罪是故意伤害他人身体健康的行为,其侵害的法益一般是特定个人的身体健康权;以危险方法危害公共安全罪是指放火、决水、爆炸、投放危险物质行为之外的,类同放火、决水、爆炸、投放危险物质,危害公共安全的行为,其侵犯的法益是不特定或者多数人的生命、健康或者重大公私财产安全。从规定这两个罪的法条来看,承载这两个罪的法条之间并不存在逻辑上的包容和交叉关系,因此这两个罪的竞合不属于法条竞合,而属于想象竞合犯。

综上所述,该款适用的罪数形态是想象竞合犯。其适用条件是,妨害安全驾驶的行为在构成妨害安全驾驶罪时,还构成故意伤害罪、故意杀人罪或者以危险方法危害公共安全罪。

4.《刑法》第 142 条之一第 2 款适用的罪数与条件

《刑法》第 142 条之一第 2 款规定:“有前款行为,同时又构成本法第一百四十一条、第一百四十二条规定之罪或者其他犯罪的,依照处罚较重的规定定罪处罚。”该款为《刑法修正案(十一)》增设妨害药品管理罪时所设置。此处的“前款行为”,是指妨害药品管理罪的行为,具体包括违反药品管理法规、足以严重危害人体健康的下列四种行为:一是生产、销售国务院药品监督管理部门禁止使用的药品;二是未取得药品相关批准证明文件生产、进口药品或者明知是上述药品而销售;三是在药品申请注册中提供虚假的证明、数据、资料、样品或者采取其他欺骗手段;四是编造生产、检验记录。“同时又构成本法第一百四十一条、第一百四十二条规定之罪或者其他犯罪”,是指构成妨害药品管理罪的上述行为同时构成生产、销售、提供假药罪及生产、销售、提供劣药罪等犯罪。

关于该款指示规定适用的罪数形态，有的学者认为该款适用于竞合犯，但未区分法条竞合与想象竞合犯；[1]有的学者认为该款适用于交叉关系的法条竞合和想象竞合犯。[2] 笔者赞同后一种观点。因为根据《药品管理法》的规定，假药、劣药是禁止生产、销售、使用的药品。未取得药品批准证明文件生产、进口的药品也在禁止之列。假药是指下列四类药品：药品所含成份与国家药品标准规定的成份不符；以非药品冒充药品或者以他种药品冒充此种药品；变质的药品；药品所标明的适应症或者功能主治超出规定范围。劣药是指下列七类药品：药品成份的含量不符合国家药品标准；被污染的药品；未标明或者更改有效期的药品；未注明或者更改产品批号的药品；超过有效期的药品；擅自添加防腐剂、辅料的药品；其他不符合药品标准的药品。由此可见，生产、销售、提供假药罪中的"假药"，生产、销售、提供劣药罪中的"劣药"与妨害药品管理罪中的"禁止使用的药品"以及销售明知是未取得药品相关批准证明文件生产、进口的"药品"存在交叉关系。因此，"生产、销售国务院药品监督管理部门禁止使用的药品"和"未取得药品相关批准证明文件生产、进口药品或者明知是上述药品而销售"类妨害药品管理罪与生产、销售、提供假药罪及生产、销售、提供劣药罪存在法条竞合。除此之外，其他两种构成妨害药品管理罪的行为即"药品申请注册中提供虚假的证明、数据、资料、样品或者采取其他欺骗手段"和"编造生产、检验记录"的行为，既构成妨害药品管理罪，又构成生产、销售、提供假药罪及生产、销售、提供劣药罪等犯罪的，因其不存在逻辑上的包容和交叉关

---

[1] 参见谢望原：《药品犯罪的修改完善与合理解释——基于〈刑法修正案（十一）〉的解读》，载《中国法律评论》2021 年第 1 期；梅传强：《危害药品安全犯罪的最新修订及其适用研究》，载《当代法学》2021 年第 5 期；敦宁：《妨害药品管理罪的法教义学分析》，载《政治与法律》2021 年第 12 期。

[2] 参见王彦强：《〈刑法修正案（十一）〉中竞合条款的理解与适用》，载《政治与法律》2021 年第 4 期。

系而构成想象竞合犯。据此,该款指示规定的适用条件为:妨害药品管理的上述四种行为既构成妨害药品管理罪,同时构成生产、销售、提供假药罪及生产、销售、提供劣药罪等犯罪。

5.《刑法》第149条第2款适用的罪数与条件

关于该款指示规定适用的罪数形态,学界普遍认为是法条竞合,[1]但也有论者认为可能是想象竞合犯。[2] 笔者赞同法条竞合说。因为《刑法》第141条至第148条规定的"假药""劣药""不符合安全标准的食品""有毒有害食品""不符合标准的医用器材""不符合安全标准的产品""伪劣农药、兽药、化肥、种子""不符合卫生标准的化妆品"等特别种类的伪劣产品[3]都属于《刑法》第140条规定的伪劣产品。也就是说,《刑法》第141条至第148条规定的犯罪对象与第140条规定的犯罪对象之间存在特殊与一般的关系,逻辑上存在包容关系,因此从法条关系来看,《刑法》第140条与第141条至第148条之间构成具有包容关系的法条竞合。虽然法条竞合适用的一般规则是特别法优于普通法,但立法者考虑到"生产、销售伪劣商品罪"这一节犯罪如果都按照特别法优于一般法的规则处理,会导致罪刑不均衡的现象,于是规定了"依照处罚较重的规定定罪处罚"即重法优于轻法的规则。既然如此,"依照处罚较重的规定定罪处罚"的适用条件为:生产、销售《刑法》第141条至第148条规定的假药、劣药、不符合安全标准的食品等特殊的伪劣产品,销售金额达到5万元以上的行为,既构成生产、销售假药罪,生产、销售劣药罪等生产、销售特殊伪劣产品的犯罪,同时又构成生产、销售伪劣产品罪。简言

---

[1] 参见高铭暄、马克昌主编:《刑法学》(第8版),北京大学出版社、高等教育出版社2017年版,第374页;齐文远主编:《刑法学》(第2版),北京大学出版社2011年版,第368页;周光权:《刑法各论》(第3版),中国人民大学出版社2016年版,第207页。

[2] 参见张明楷:《刑法学》(下)(第5版),法律出版社2016年版,第747页。

[3] 参见高铭暄、马克昌主编:《刑法学》(第8版),北京大学出版社、高等教育出版社2017年版,第374页。

之,生产、销售特殊伪劣产品的行为同时触犯生产、销售特殊伪劣产品之罪和生产、销售伪劣产品罪两个罪名。在这种情况下,应"依照处罚较重的规定定罪处罚"即按照重法优于轻法的规则处断。

6.《刑法》第229条第2款适用的罪数与条件

该款为《刑法修正案(十一)》修改而成。[1] 一般认为,该款适用的罪数形态是牵连犯。[2] 这是从该款指示规定的适用条件出发分析得出的结论。但如果从其处断规则出发来看,该款的罪数范围只能是想象竞合犯、法条竞合和吸收犯。不过,该款的适用条件涉及的犯罪是提供虚假证明文件罪、非国家工作人员受贿罪、受贿罪。如果是非国家工作人员故意提供虚假证明文件,同时索取或者非法收受他人财物且数额较大,就构成非国家工作人员受贿罪;如果是国家工作人员故意提供虚假证明文件,同时索取或者非法收受他人财物,数额较大或者有其他较重情节,就构成受贿罪。由于提供虚假证明文件罪与非国家工作人员受贿罪、受贿罪之间既不存在法条上的包容和交叉关系,又不存在吸收关系,因此该款不适用于法条竞合和吸收犯。既然如此,该款适用的罪数形态就只能是想象竞合犯。因提供虚假证明文件的行为是为他人谋取利益的行为,而构成非国家工作人员受贿罪,无论是索取还是非法收受他人财物,都要求为他人谋取利益,构成收受型受贿罪也要求为他人谋取利益,故提供虚假证明文件的行为既构成提供虚假证明文件罪,又构成非国家工作人员受贿罪或收受型受贿罪的,属于一行为触犯数罪名的想象竞合犯。据此,该款适用的具体条件是:故意提供虚假证明文件的行为,既构成提供虚假证明文件罪,又构成非国家工作人员受贿罪或者收受型

[1] 1997年《刑法》对该款的规定是:"前款规定的人员,索取他人财物或者非法收受他人财物,犯前款罪的,处五年以上十年以下有期徒刑,并处罚金。"该款被《刑法修正案(十一)》修改后的规定是:"有前款行为,同时索取他人财物或者非法收受他人财物构成犯罪的,依照处罚较重的规定定罪处罚。"

[2] 参见杨万明主编:《〈刑法修正案(十一)〉条文及配套〈罪名补充规定(七)〉理解与适用》,人民法院出版社2021年版,第224页。

受贿罪。[1]

7.《刑法》第236条之一第2款适用的罪数与条件

该款规定:"有前款行为,同时又构成本法第二百三十六条规定之罪的,依照处罚较重的规定定罪处罚。"该款系《刑法修正案(十一)》增设负有照护职责人员性侵罪时设置的。此处的"前款行为",是指对已满14周岁不满16周岁的未成年女性负有监护、收养、看护、教育、医疗等特殊职责的人员,与该未成年女性发生性关系的行为。"同时又构成本法第二百三十六条规定之罪",是指负有照护职责人员的性侵行为同时构成强奸罪。

关于该款指示规定适用的罪数形态,有的学者认为,负有照护职责人员性侵罪与强奸罪之间"不是对立关系,而是竞合关系"[2]。显然,其认为该款适用于竞合犯,但没有指明属于法条竞合还是想象竞合犯,抑或二者兼有。有的学者认为其适用于交叉关系的法条竞合,即规定负有照护职责人员性侵罪和强奸罪的两个法条之间存在交叉关系。[3] 也有学者认为其适用于想象竞合犯和吸收犯。[4]

笔者认为,吸收犯是以独立成罪的数个行为为基本特征的罪数形态,而该款是指一个性侵行为既构成负有照护职责人员性侵罪又构成强奸罪的情形,因此不存在适用于吸收犯的情况。需要讨论的是,该款是适用于法条竞合,还是适用于想象竞合犯,抑或这两种竞合都适用。笔者的回答是,该款只适用于想象竞合犯。一方面,从法条关系上看,负有照护职责人员性侵罪与强奸罪之间确实存在交叉关系。因为负有照护职责人员性侵罪的主体与对象具有特殊性,其

[1] 索取型受贿罪应排除在外,因索取型受贿罪的构成不要求为他人谋取利益,从而提供虚假证明文件罪不可能与其构成想象竞合犯。

[2] 李立众:《负有照护职责人员性侵罪的教义学研究》,载《政法论坛》2021年第4期。

[3] 张欣瑞、陈洪兵:《负有照护职责人员性侵罪的立法评析与司法适用》,载《青少年犯罪问题》2021年第4期。

[4] 张勇:《负有照护职责人员性侵罪的司法适用》,载《青少年犯罪问题》2021年第4期。

主体是对已满 14 周岁不满 16 周岁的未成年女性负有监护、收养、看护、教育、医疗等特殊职责的人员，性侵对象是已满 14 周岁不满 16 周岁的未成年女性；而强奸罪的主体没有“特殊职责”的限制，强奸的对象也不限于已满 14 周岁不满 16 周岁的未成年女性，所以从外延来看，强奸罪的主体与对象包括负有照护职责人员性侵罪的主体与对象。而另一方面，负有照护职责人员性侵罪的行为手段没有特殊要求，而强奸罪的手段必须是“暴力、胁迫或者其他手段”，因此，从性侵行为方面看，负有照护职责人员性侵罪的行为又包括强奸罪的行为。或者说，负有照护职责人员性侵罪的成立不要求女性同意，违背女性性行为意志这一条件，而强奸罪的成立要求违背女性的性行为意志这一条件。据此，应该肯定，规定负有照护职责人员性侵罪与强奸罪的两个法条之间存在交叉关系。

然而，负有照护职责人员性侵罪的保护法益是已满 14 周岁不满 16 周岁的未成年女性的身心健康发展权，而强奸罪的保护法益是妇女的性自主决定权，[1]二者的保护法益不具有同一性，因此，负有监护、收养、看护、教育、医疗等特殊职责的人员性侵已满 14 周岁不满 16 周岁的未成年女性的行为，无论是以负有照护职责人员性侵罪还是以强奸罪定罪处罚，都不能全面评价这两个罪的保护法益。由于强奸罪的法定刑重于负有照护职责人员性侵罪，因此，负有照护职责人员性侵已满 14 周岁不满 16 周岁的未成年女性的行为构成强奸罪的，最终应定强奸罪。而此种情形以强奸罪定罪，不能评价负有照护职责人员性侵罪的保护法益，故应在裁判文书中明示性侵行为构成负有特殊职责人员性侵罪和强奸罪两个罪名。这就是说，在这种情况下，该行为最终应认定为想象竞合犯。很明显，该款指示规定的适用条件是，负有监护、收养、看护、教育、医疗等特殊职责的人员性侵已满 14 周岁不满 16 周岁的未成年女性的行为，既构成负有照护职责人员性侵罪，又构成强奸罪。

---

[1] 参见张明楷：《刑法学》（下）（第 6 版），法律出版社 2021 年版，第 1132 页。

8.《刑法》第 260 条之一第 3 款适用的罪数与条件

该款为《刑法修正案(九)》增设虐待被监护、看护人罪时所设置。[1] 关于该款指示规定适用的罪数形态,学界存在各种不同的看法,主要表现为对虐待被监护、看护人罪与虐待罪、故意伤害罪、强制猥亵罪、强奸罪的关系认识上。在虐待被监护、看护人罪与虐待罪的关系上,有的学者倾向于判定为交叉关系的法条竞合,[2]但张明楷教授认为,虐待被监护、看护人罪"与虐待罪虽然存在交叉关系,但不是法条竞合关系,而是想象竞合"[3]。在虐待被监护、看护人罪与故意伤害罪的关系方面,有学者认为这属于竞合犯的情况,但这属于法条竞合还是想象竞合犯,该学者没有指明。[4] 有学者认为这属于想象竞合犯。[5] 不过,也有学者认为,行为人长期虐待被监护、看护人的行为累积造成被害人重伤结果时,不属于想象竞合犯,而是牵连犯。[6] 在虐待被监护、看护人罪与强制猥亵罪、强奸罪的关系上,有学者认为,这一般属于想象竞合犯(虐待行为中有一次或数次强奸行为除外),[7]但有学者认为,强制猥亵、强奸不属于虐待内容,虐待被监护、看护人的行为人对被监护、看护人另行实施强制猥亵、强奸行为的,应将虐待被监护、看护人罪与强制猥亵罪、强奸罪实行数罪并罚。[8]

---

[1] 该款规定:"有第一款行为,同时构成其他犯罪的,依照处罚较重的规定定罪处罚。"

[2] 参见王彦强:《"从一重处断"竞合条款的理解与适用——兼谈我国竞合(罪数)体系的构建》,载《比较法研究》2017 年第 6 期。

[3] 张明楷:《刑法学》(下)(第 5 版),法律出版社 2016 年版,第 914 页。

[4] 参见谢望原:《虐待被监护、被看护人罪的客观要素与司法认定》,载《法学杂志》2016 年第 10 期。

[5] 参见张占军:《论虐待被监护、看护人罪》,载《河北法学》2016 年第 9 期。

[6] 参见王思维:《论虐待被监护、看护人罪的适用》,载《青少年犯罪问题》2018 年第 3 期。

[7] 参见王思维:《论虐待被监护、看护人罪的适用》,载《青少年犯罪问题》2018 年第 3 期。

[8] 参见周光权:《刑法各论》(第 3 版),中国人民大学出版社 2016 年版,第 80 页。

关于虐待被监护、看护人罪与虐待罪之间的关系,笔者赞同“法条竞合说”。因为虐待被监护、看护人罪与虐待罪都是以“虐待”为行为特征,而且虐待罪的主体与对象之间的关系限于家庭成员之间的关系;虐待被监护、看护人罪的主体是对未成年人、老年人、患病的人、残疾人等负有监护、看护职责的自然人和单位,虐待的对象是被监护、看护的人,而根据《民法典》对有关监护人与被监护人的规定,未成年人的监护人可以是父母、祖父母、外祖父母、兄、姐以及其他愿意担任监护人的个人或者组织;无民事行为能力和限制民事行为能力的成年人的监护人可以是配偶、父母、子女、其他近亲属以及其他愿意担任监护人的个人或组织,所以监护人与被监护人的关系完全可能是同一家庭成员之间的关系,相应地,虐待被监护、看护人罪的主体与对象之间的关系也完全可能是同一家庭成员之间的关系。由此可见,虐待被监护、看护人罪与虐待罪在构成要件上具有部分重合性,二者在法条逻辑上存在交叉关系,形成交叉关系的法条竞合。例如,甲是乙的父亲,也是乙的监护人。甲虐待乙情节恶劣的行为,既构成虐待罪,也构成虐待被监护人罪,是一行为触犯两个罪名的犯罪竞合。之所以出现这种竞合,是因为刑法对虐待行为在主体与对象上的错综规定,而不是因为甲的行为偶然地触犯这两个罪名。因此这属于法条竞合,而不属于想象竞合犯。

有的学者认为,虐待被监护、看护人罪的主体是同一家庭成员以外的、对未成年人、老年人、患病的人、残疾人等依据法律法规、合同约定或者行业、职业惯例负有监护、看护职责的自然人和单位,[1]其对象是同一家庭成员以外的未成年人、老年人、患病的人、残疾人等需要予以监护、看护的人,由于本罪与虐待罪的主体与对象不同,因此其与虐待罪之间不存在法条竞合。笔者认为,这种对虐待被监护、看护人罪的主体与对象范围的认识,与《民法典》有关监护的规定不

---

[1] 参见谢望原:《虐待被监护、被看护人罪的客观要素与司法认定》,载《法学杂志》2016年第10期。

符,值得商榷。民法是刑法的一种前置法,刑法是民法的保障法,对刑法规定的解释不能脱离民法的规定。既然《民法典》对监护人与被监护人作出了规定,那么对于涉及监护人与被监护人的虐待被监护、看护人罪的主体与对象范围的解释,就应根据《民法典》的规定进行,这样才符合法秩序的统一性原理。

一般认为,虐待被监护、看护人罪的“虐待”是指经常以打骂、冻饿、禁闭、有病不治等方法,对被监护、看护人进行肉体上、精神上的肆意摧残、折磨。其中可能包含伤害被监护、看护人身体的暴力成分,也可能不存在暴力成分,是否存在伤害被监护、看护人身体的暴力成分要依据案件事实确定。因此,虐待被监护、看护人罪与故意伤害罪之间不必然存在交叉关系,不是法条竞合,但可以构成一行为侵害的数法益具有同一关系的想象竞合犯。具体来说,如果行为人是以殴打等故意伤害被监护、看护人的手段实行虐待,造成轻伤以上结果,就属于一个故意伤害行为既触犯虐待被监护、看护人罪,又触犯故意伤害罪的想象竞合犯。笔者认为,即便行为人通过长期伤害的手段累积造成被监护人、看护人轻伤以上结果,也只能算作一个故意伤害行为,不属于以数行为为成立条件的牵连犯。

从虐待的手段来看,虐待行为包括身体虐待、心理虐待和性虐待三类。有的虐待可能表现为纯粹的身体虐待,有的虐待可能表现为纯粹的心理虐待,有的虐待可能表现为包含强制猥亵、强奸内容的性虐待,还有的虐待可能表现为这三者的结合或其中二者的结合。但虐待行为究竟属于上述哪种情况,应依据案件事实确定。故虐待被监护、看护人罪与强制猥亵罪、强奸罪之间不必然存在交叉关系,不是法条竞合。然而,以强制猥亵、强奸为手段虐待被监护、看护人的行为完全可以构成虐待被监护、看护人罪。如果行为人以强制猥亵、强奸为手段多次虐待被监护、看护人,那么一个强制猥亵行为或者一个强奸行为既构成虐待被监护、看护人罪,又构成强制猥亵罪或者强奸罪。这也属于一行为侵害数法益的想象竞合犯。

综上所述,虐待被监护、看护人罪与虐待罪之间存在交叉关系的法条竞合,其适用条件为:虐待被监护、看护人罪的主体与对象即监护人与被监护人之间的关系属于家庭成员之间的关系。虐待被监护、看护人罪与故意伤害罪、强制猥亵罪、强奸罪之间可能构成一行为侵害数法益的想象竞合犯。由于该款规定的处断规则为"依照处罚较重的规定定罪处罚",因此虐待被监护、看护人罪与故意伤害罪、强制猥亵罪、强奸罪之间构成想象竞合犯,只限于单以故意伤害为虐待手段、单以强制猥亵为虐待手段、单以强奸为虐待手段的虐待被监护、看护人的行为。如果行为人采用多种虐待手段实施虐待行为,其他手段行为又单独构成虐待被监护、看护人罪,而以故意伤害、强制猥亵、强奸为手段的虐待行为又另外构成故意伤害罪、强制猥亵罪、强奸罪的,应实行数罪并罚,即应排除在该指示规定的适用范围之外。

9.《刑法》第280条之一第2款适用的罪数与条件

该款为《刑法修正案(九)》增设使用虚假身份证件、盗用身份证件罪时所设置。〔1〕关于该款指示规定适用的罪数形态,学界看法不一。有学者认为,使用虚假身份证件、盗用身份证件罪与该行为同时构成的其他犯罪之间可能存在法条竞合或想象竞合关系,也可能存在牵连关系而构成牵连犯;〔2〕有学者认为,"使用虚假身份证件、盗用身份证件罪与其他犯罪之间有竞合关系"〔3〕;还有学者认为,行为人实施使用虚假身份证件、盗用身份证件犯罪,同时又构成其他犯罪的,属于想象竞合犯。〔4〕

从前述"依照处罚较重的规定定罪处罚"适用的罪数范围的阐述可知,该种指示规定适用的罪数范围为想象竞合犯、法条竞合和吸收

〔1〕该款规定:"有前款行为,同时构成其他犯罪的,依照处罚较重的规定定罪处罚。"

〔2〕参见肖友广、金华捷:《使用虚假身份证件、盗用身份证件罪的司法认定》,载《犯罪研究》2017年第2期。

〔3〕周光权:《刑法各论》(第3版),中国人民大学出版社2016年版,第344页。

〔4〕参见张明楷:《刑法学》(下)(第5版),法律出版社2016年版,第1043页。

犯,但其具体适用于哪种罪数形态,笔者认为,还需具体分析《刑法》第 280 条之一第 2 款规定的使用虚假身份证件、盗用身份证件的行为。

首先,使用虚假身份证件、盗用身份证件的行为,是指"在依照国家规定应当提供身份证明的活动中,使用伪造、变造的或者盗用他人的居民身份证、护照、社会保障卡、驾驶证等依法可以用于证明身份的证件"行为。如果行为人通过伪造的身份证件欺骗他人且情节严重的,则其伪造身份证件的行为构成伪造身份证件类犯罪;使用虚假身份证件且情节严重的行为,则构成使用虚假身份证件罪,这两个罪之间存在主观上的牵连意图和客观上的牵连关系,构成牵连犯。但是,前已述及,牵连犯不适用这种指示规定。此外,行为人使用虚假身份证件、盗用身份证件的行为同时构成其他犯罪,是指一行为构成数个不同罪,而不是数行为构成数个不同罪,故不符合牵连犯的数行为要求,不构成牵连犯。

其次,使用虚假身份证件、盗用身份证件罪与其同时构成的其他犯罪之间不存在法条竞合关系。法条竞合是数法条规定的构成要件之间存在逻辑上的包容或交叉关系,但使用虚假身份证件、盗用身份证件罪与其构成的其他犯罪如诈骗罪、招摇撞骗罪之间不存在这种逻辑关系。

再次,使用虚假身份证件、盗用身份证件的行为在构成使用虚假身份证件罪时可能同时构成其他犯罪。例如,使用伪造的社保卡多次骗取社会保险金且数额较大的行为,既构成使用虚假身份证件罪,又构成诈骗罪。该使用行为属于一行为触犯数罪名的竞合情况。但因为使用虚假身份证件罪与诈骗罪之间不存在包容和交叉关系,不是法条竞合,所以属于想象竞合犯。同样地,盗用他人的身份证件骗取财物,数额较大的,也属于想象竞合犯;使用虚假的身份证件或者盗用他人的身份证件招摇撞骗的行为,既构成使用虚假身份证件罪又构成招摇撞骗罪的,也属于想象竞合犯。

综上所述,该指示规定适用的罪数形态为想象竞合犯。其适用条件为：使用虚假身份证件或者盗用身份证件的行为既构成使用虚假身份证件、盗用身份证件罪，又构成其他扰乱公共秩序的犯罪，如招摇撞骗罪等。而使用虚假身份证件、盗用身份证件罪与他罪发生牵连关系的情况，应排除在该指示规定的适用范围之外。

10.《刑法》第286条之一第3款适用的罪数与条件

该款为《刑法修正案（九）》增设拒不履行信息网络安全管理义务罪时所设置。[1] 关于该款指示规定适用的罪数形态，有学者认为其适用于想象竞合犯；[2]有学者认为其适用于竞合犯（包括法条竞合和想象竞合犯）和牵连犯。[3]

笔者认为，该指示规定适用的罪数应从“依照处罚较重的规定定罪处罚”的处断规则出发，通过分析拒不履行信息网络安全管理义务罪的行为确定。前已述及，“依照处罚较重的规定定罪处罚”的处断规则只适用于想象竞合犯、法条竞合和吸收犯，不可适用于牵连犯，因此，即便拒不履行信息网络安全管理义务罪与其他罪存在牵连关系，构成牵连犯，也应排除在该处断规则的适用范围之外。

从《刑法》第286条之一第1、2款规定可见，拒不履行信息网络安全管理义务罪的行为，是指网络服务提供者（包括自然人和单位）“不履行法律、行政法规规定的信息网络安全管理义务，经监管部门责令采取改正措施而拒不改正”，“致使违法信息大量传播”、“致使用户信息泄露造成严重后果”、“致使刑事案件证据灭失情节严重”或者具有其他严重情节的行为。该行为同时构成的“其他犯罪”，与该行为造成的后果或情节有关。具体来说，同时构成的“其他犯罪”是在拒不履行信息网络安全管理义务行为构成犯罪所必须具备的结

---

〔1〕 该款规定：“有前两款行为，同时构成其他犯罪的，依照处罚较重的规定定罪处罚。”

〔2〕 参见周光权：《拒不履行信息网络安全管理义务罪的司法适用》，载《人民检察》2018年第9期。

〔3〕 参见谢望原：《论拒不履行信息网络安全管理义务罪》，载《中国法学》2017年第2期。

果要件或情节要件中产生和存在的。这就使拒不履行信息网络安全管理义务罪与其结果要件或情节要件中产生和存在的犯罪之间在构成要件上存在交叉关系。

例如,刑法规定“致使违法信息大量传播”是拒不履行信息网络安全管理义务罪的结果要件之一。此处的“违法信息”包括虚假恐怖信息、虚假信息、淫秽信息等信息。刑法规定故意传播虚假恐怖信息、虚假信息、淫秽信息的行为分别构成或可能构成故意传播虚假恐怖信息罪、故意传播虚假信息罪、传播淫秽物品罪、传播淫秽物品牟利罪,而拒不履行信息网络安全管理义务导致虚假恐怖信息、虚假信息、淫秽信息等违法信息大量传播,就构成或可能构成这些犯罪。因此,拒不履行信息网络安全管理义务罪与这些犯罪之间在构成要件上存在逻辑上的交叉关系,根据形式标准说,这属于法条竞合。但是,拒不履行信息网络安全管理义务罪侵害的法益与故意传播虚假恐怖信息罪、故意传播虚假信息罪、传播淫秽物品罪、传播淫秽物品牟利罪等犯罪侵害的法益不同,以其中的任一罪处断不能充分评价一行为构成数罪的法益侵害性,因此需要在裁判文书中明示行为构成数罪,应认定为想象竞合犯。

又如,刑法规定“致使用户信息泄露,造成严重后果”是拒不履行信息网络安全管理义务罪的结果要件之一,而“用户信息”与商业秘密、国家秘密、军事秘密存在交叉关系。刑法规定泄露商业秘密、国家秘密、军事秘密的行为均可构成侵犯商业秘密罪、故意泄露国家秘密罪或故意泄露军事秘密罪等泄密犯罪;如果拒不履行信息网络安全管理义务导致涉及商业秘密、国家秘密、军事秘密的用户信息泄露,造成严重后果,就构成这些犯罪。故因泄露用户信息所构成的拒不履行信息网络安全管理义务罪与侵犯商业秘密罪、故意泄露国家秘密罪、故意泄露军事秘密罪等泄密犯罪之间存在交叉关系,根据形式标准说,这属于法条竞合。但是,拒不履行信息网络安全管理义务罪侵害的法益与侵犯商业秘密罪、故意泄露国家秘密罪或故意泄露军事秘密罪等泄密犯罪侵害的法益不同,以其中的任一罪处断不能充分评价一行为构成数罪的法益侵害性,因此需要在裁判文书中明示行为构成数罪,应认定为想象竞合犯。

再如,刑法规定“致使刑事案件证据灭失,情节严重”是拒不履行信息网络安全管理罪的情节要件之一,而拒不履行信息网络安全管理义务的行为致使刑事案件证据灭失,可构成帮助毁灭证据罪,因此拒不履行信息网络安全管理义务罪与帮助毁灭证据罪的构成要件在逻辑上存在交叉关系,根据形式标准说,这属于法条竞合。但是,拒不履行信息网络安全管理义务罪侵害的法益与帮助毁灭证据罪侵害的法益不同,以其中的任一罪处断不能充分评价一行为构成数罪的法益侵害性,因此需要在裁判文书中明示行为构成数罪,应认定为想象竞合犯。

由此可见,该款指示规定适用的罪数形态为想象竞合犯。其适用条件为:拒不履行信息网络安全管理义务致使违法信息大量传播、用户信息泄露造成严重后果、刑事案件证据灭失情节严重的行为构成拒不履行信息网络安全管理义务罪,同时构成与该罪构成要件要素(结果要素和情节要素)具有交叉关系的犯罪。其他情况的罪数形态应排除在该指示规定的适用范围之外。

11.《刑法》第 287 条之一第 3 款适用的罪数与条件

该款为《刑法修正案(九)》增设非法利用信息网络罪时所设置。[1] 关于该款指示规定适用的罪数形态,有的学者认为其适用于法条竞合;[2]有学者认为其适用于想象竞合犯、牵连犯和吸收犯。[3]

笔者认为,该指示规定适用的罪数形态应从“依照处罚较重的规定定罪处罚”的处断规则出发,通过分析非法利用信息网络罪的行为确定。前已述及,“依照处罚较重的规定定罪处罚”的处断规则只适

---

〔1〕 该款规定:“有前两款行为,同时构成其他犯罪的,依照处罚较重的规定定罪处罚。”

〔2〕 参见张耀阳、孙永上:《完善非法利用信息网络罪司法适用的法理探析》,载《中国检察官》2019 年第 5 期。

〔3〕 参见陈志军:《非法利用信息网络罪研究》,载《公安学研究》2018 年第 5 期。

用于想象竞合犯、法条竞合和吸收犯,不可适用于牵连犯,因此,即便非法利用信息网络罪与其他犯罪如诈骗罪、贩卖毒品罪、非法买卖枪支罪等存在牵连关系,构成牵连犯,也应排除在该处断规则的适用范围之外。

根据《刑法》第287条之一第1款的规定,非法利用信息网络罪包括如下三种实行行为:一是"设立用于实施诈骗、传授犯罪方法、制作或者销售违禁物品、管制物品等违法犯罪活动的网站、通讯群组";二是"发布有关制作或者销售毒品、枪支、淫秽物品等违禁物品、管制物品或者其他违法犯罪信息";三是"为实施诈骗等违法犯罪活动发布信息"。

首先,从上述第一种行为来看。利用信息网络设立用于实施诈骗、传授犯罪方法、制作或者销售违禁物品、管制物品等违法犯罪活动的网站、通信群组的行为,是诈骗类犯罪,传授犯罪方法罪,制作或者销售违禁物品、管制物品犯罪的预备行为。该行为与所要实行的犯罪之间存在手段行为与目的行为的牵连关系;如果手段行为与目的行为均构成犯罪,就构成牵连犯,应排除在该款指示规定的适用范围之外。

其次,从上述第二种行为来看。利用信息网络发布有关制作或者销售毒品、枪支、淫秽物品等违禁物品、管制物品或者其他违法犯罪信息的行为,构成或者可能构成贩卖毒品罪、非法买卖枪支罪、违规销售枪支罪、贩卖淫秽物品牟利罪、传播淫秽物品罪等犯罪,因这些犯罪与非法利用信息网络罪的构成要件之间在逻辑上不存在包容和交叉关系,不属于法条竞合。非法利用信息网络发布上述违法犯罪信息、情节严重的行为,既构成非法利用信息网络罪,又构成贩卖毒品、非法买卖枪支等犯罪,属于一行为触犯数个不同罪名的想象竞合犯。

再次,从上述第三种行为来看。利用信息网络为实施诈骗等违法犯罪活动发布信息、情节严重的行为,既构成非法利用信息网络罪,又构成诈骗罪、招摇撞骗罪等犯罪的,也属于想象竞合犯。

综上,该款指示规定适用的罪数形态为想象竞合犯。其适用条件为:非法利用信息网络的行为既构成非法利用信息网络罪,又构成其他犯罪,如招摇撞骗罪、贩卖毒品罪、传播淫秽物品牟利罪等。

12.《刑法》第287条之二第3款适用的罪数与条件

该款为《刑法修正案(九)》增设帮助信息网络犯罪活动罪时所设置。[1] 关于该款指示规定适用的罪数形态,有的学者认为其适用于竞合犯,但没有指明其适用于哪种竞合犯,是法条竞合还是想象竞合犯;[2]有较多的学者认为其适用于想象竞合犯;[3]也有个别学者认为其是关于法条竞合的规定,但帮助信息网络犯罪活动罪与何罪存在法条竞合关系,该学者没有指明。[4]

笔者认为,该款指示规定适用的罪数形态应从"依照处罚较重的规定定罪处罚"的处断规则出发,通过分析非法利用信息网络罪的行为确定。前已述及,"依照处罚较重的规定定罪处罚"的处断规则可适用于想象竞合犯和法条竞合。但该款指示规定究竟适用于哪种情况,应从《刑法》第287条之二第1款规定的行为来看。

根据《刑法》第287条之二第1款的规定,帮助信息网络犯罪活动罪是指"明知他人利用信息网络实施犯罪,为其犯罪提供互联网接入、服务器托管、网络存储、通讯传输等技术支持,或者提供广告推广、支付结算等帮助,情节严重"的行为。本罪是帮助行为正犯化的

---

[1] 该款规定:"有前两款行为,同时构成其他犯罪的,依照处罚较重的规定定罪处罚。"

[2] 参见聂立泽、胡洋:《帮助信息网络犯罪活动的规范属性及司法适用》,载《上海政法学院学报(法治论丛)》2017年第1期;刘宪权、房慧颖:《帮助信息网络犯罪活动罪的认定疑难》,载《人民检察》2017年第19期;张铁军:《帮助信息网络犯罪活动罪的若干司法适用难题疏解》,载《中国刑事法杂志》2017年第6期。

[3] 参见梁根林:《传统犯罪网络化:归责障碍、刑法应对与教义限缩》,载《法学》2017年第2期;陈兴良:《快播案一审判决的刑法教义学评判》,载《中外法学》2017年第1期;徐然:《帮助信息网络犯罪活动罪的规范属性与司法认定》,载《法律适用(司法案例)》2018年第16期。

[4] 参见赵运锋:《帮助信息网络犯罪活动罪的立法依据与法理分析》,载《上海政法学院学报(法治论丛)》2017年第1期。

表现。行为人明知他人利用信息网络实施犯罪却为其提供帮助,该行为人可能与被帮助者一起构成被帮助者实施的犯罪的共同犯罪,成为帮助犯。例如,行为人明知他人利用信息网络实施诈骗犯罪,应诈骗者的要求为其提供技术支持,如果诈骗财物数额较大,就构成诈骗罪的帮助犯。如果帮助信息网络犯罪活动的行为既因情节严重而构成帮助信息网络犯罪活动罪,又因属于被帮助者实施的其他犯罪的帮助行为而触犯其他罪名,就属于一行为触犯数个不同罪名的情况,而这数个不同罪名的构成要件之间是不存在包容和交叉关系的,故该款指示规定适用的罪数形态只是想象竞合犯。

据此,该款指示规定的适用条件为:帮助信息网络犯罪活动情节严重的行为,构成帮助信息网络犯罪活动罪,同时也是其他犯罪的帮助行为,帮助者的网络技术支持等帮助行为与被帮助者实施的其他犯罪行为因双方有意思联络而共同构成其他犯罪。如果帮助者明知他人实施犯罪而提供技术支持,而被帮助者并不知情,该帮助信息网络犯罪活动的行为就只能构成帮助信息网络犯罪活动罪。因此,信息网络犯罪活动的帮助者与被帮助者具有意思联络,构成被帮助者实施的犯罪的共同犯罪,是该款指示规定确定的“依照处罚较重的规定定罪处罚”规则适用的重要条件。

13.《刑法》第291条之二第2款适用的罪数与条件

该款规定:“有前款行为,同时构成其他犯罪的,依照处罚较重的规定定罪处罚。”该款系《刑法修正案(十一)》增设高空抛物罪时设置的。此处的“前款行为”,是指从建筑物或者其他高空抛掷物品的行为(以下简称高空抛物行为)。该行为只要达到情节严重的程度,就构成高空抛物罪。此外,高空抛物行为致人伤亡的,如果行为人主观上具有故意,就构成故意伤害罪或故意杀人罪;如果行为人实施行为时的主观心理态度是过失,就构成过失致人重伤罪或过失致人死亡罪。高空抛物行为导致公私财物毁坏,数额较大或者情节严重的,如果行为人主观上具有故意,就构成故意毁坏财物罪。行为人在生产、作业中违反安全管理规定,高空抛物,发生重大伤亡事故或者造成其他严重后果的，构成重大责任事故罪。行为人实施的高空抛物行为危害不特定或者多数人的生命、健康或者重大公私财产安全的，还构成以危险方法危害公共安全罪。因此，该款中的“同时构成其他犯罪”，是指高空抛物行为同时构成故意杀人罪或者故意伤害罪、过失致人死亡罪、过失致人重伤罪、故意毁坏财物罪、重大责任事故罪、以危险方法危害公共安全罪等犯罪。

关于该款指示规定适用的罪数形态，有的学者认为该款适用于竞合犯，“包括两种情形：一是想象竞合犯；二是法规竞合犯。前者是指实施高空抛物行为，触犯数个罪名的情形；后者是指高空抛物触犯数个法条，只依其中一个法条定罪量刑的情形”〔1〕。而有的学者认为该款只适用于想象竞合犯。〔2〕笔者赞同后一观点。因为规定高空抛物罪的法条与规定故意杀人罪、故意伤害罪、过失致人重伤罪、过失致人死亡罪等犯罪的法条之间不存在逻辑上的包容和交叉关系，不符合法条竞合的基本特征，所以高空抛物行为同时构成高空抛物罪与故意杀人罪、故意伤害罪、过失致人重伤罪或者过失致人死亡罪等犯罪的，应直接认定为想象竞合犯。据此，该款指示规定的适用条件是，一个高空抛物行为既构成高空抛物罪，又构成故意杀人罪或者故意伤害罪、过失致人重伤罪、过失致人死亡罪等犯罪。

14.《刑法》第329条第3款适用的罪数与条件

关于该款指示规定适用的罪数形态，有的学者认为，若被抢夺、窃取的国有档案又是国家文物或者属于国家机密的，则抢夺、窃取国有档案的行为还触犯妨害文物管理罪或妨害国家机密罪，属于想象竞合犯；抢夺、窃取国有档案罪与抢夺罪、盗窃罪属于特别法与普通法的关系。〔3〕有的学者认为，侵犯公民个人信息罪与抢夺、窃取国

---

〔1〕彭文华：《〈刑法修正案（十一）〉关于高空抛物规定的理解与适用》，载《苏州大学学报（哲学社会科学版）》2021年第1期。

〔2〕参见张明楷：《刑法学》（下）（第6版），法律出版社2021年版，第1393页。

〔3〕参见王三山、黄明儒：《论抢夺、窃取国有档案罪》，载《荆州师范学院学报》2001年第6期。

有档案罪之间,侵犯公民个人信息罪与擅自出卖、转让国有档案罪之间构成想象竞合犯。[1]

笔者认为,该指示规定适用的罪数形态应从"依照处罚较重的规定定罪处罚"的处断规则出发,通过分析抢夺、窃取国有档案罪和擅自出卖、转让国有档案罪的行为确定。前已述及,"依照处罚较重的规定定罪处罚"的处断规则可适用于想象竞合犯和法条竞合。但该指示规定究竟适用于哪种情况,应从《刑法》第 329 条第 1 款、第 2 款的规定来看。

《刑法》第 329 条第 1 款规定的是抢夺、窃取国有档案罪,即指抢夺、窃取国家所有的档案,情节严重的行为。该条第 2 款规定的是擅自出卖、转让国有档案罪,即指违反《档案法》的规定,擅自出卖、转让国家所有的档案,情节严重的行为。根据《档案法》第 2 条的规定,抢夺、窃取国有档案罪和擅自出卖、转让国有档案罪中的"档案",[2]既可能是国家秘密,也可能是文物,还可能是个人信息。这就是说,国有档案与国家秘密、文物、个人信息之间存在逻辑上的交叉关系。而针对国家秘密、文物、个人信息实施的危害行为,刑法分则分别规定了故意泄露国家秘密罪,非法获取国家秘密罪,为境外窃取、非法提供国家秘密罪,倒卖文物罪,非法出售、私赠文物藏品罪,侵犯公民个人信息罪等罪名。这就使得抢夺、窃取国有档案罪与非法获取国家秘密罪、为境外窃取国家秘密罪之间以及擅自出卖、转让国有档案罪与倒卖文物罪,非法出售、私赠文物藏品罪,故意泄露国家秘密罪,为境外非法提供国家秘密罪,侵犯公民个人信息罪之间存在交叉关系,根据形式标准说,这属于法条竞合。但是,如果行为侵害的数法益不同,以其中任一罪定罪处罚不能充分评价行为触犯数罪名的法

[1] 参见黄丽勤:《刑法对档案保护的新进展——论非法提供个人信息罪与非法获取个人信息罪》,载《山西档案》2009 年第 4 期。

[2] 《档案法》第 2 条规定,"档案"是指"过去和现在的国家机构、社会组织以及个人从事政治、军事、经济、科学、技术、文化、宗教等活动直接形成的对国家和社会有保存价值的各种文字、图表、声像等不同形式的历史记录"。

益侵害性,需要在裁判文书中明示行为触犯的数罪名,就应认定为想象竞合犯。

需要注意的是,从《档案法》对"档案"的界定来看,档案是一种"历史记录",不是财物,档案与财物之间不存在包容关系,因此不能认为抢夺、窃取国有档案罪与抢夺罪、盗窃罪之间存在特别法条与普通法条的关系或者包容关系,不能认为它们之间存在具有包容关系的法条竞合。这就是说,该指示规定适用的是交叉关系的法条竞合或者想象竞合犯。其适用条件为:抢夺、窃取国有档案的行为,在构成抢夺、窃取国有档案罪时,还构成犯罪对象为与国有档案具有交叉关系(如国家秘密、文物、个人信息)的其他罪(如非法获取国家秘密罪等);擅自出卖、转让国有档案情节严重的行为,构成擅自出卖、转让国有档案罪时,还构成犯罪对象为与国有档案具有交叉关系的其他犯罪(如故意泄露国家秘密罪等)。

15.《刑法》第 338 条第 2 款适用的罪数与条件

该款规定:"有前款行为,同时构成其他犯罪的,依照处罚较重的规定定罪处罚。"该款系《刑法修正案(十一)》修改污染环境罪时所增设。关于该款适用的罪数形态,有的学者认为其适用于想象竞合犯。[1] 笔者赞同这种观点。

该款中的"前款行为",是指违反国家规定,排放、倾倒或者处置有放射性的废物、含传染病病原体的废物、有毒物质或者其他有害物质,严重污染环境的行为。这种行为可能致不特定的多人重伤、严重疾病,或者致不特定的多人严重残疾、死亡,危害公共安全,构成投放危险物质罪或者过失投放危险物质罪。虽然投放危险物质罪和过失投放危险物质罪的"投放"包括污染环境罪中的"排放、倾倒或者处置"行为,投放危险物质罪和过失投放危险物质罪的对象是"毒害性、放射性、传染病病原体等物质",也与污染环境罪中的"有放射性的废物、含传染病病原体的废物、有毒物质"具有包容关系,从法条关系上

[1] 张明楷:《刑法学》(下)(第 6 版),法律出版社 2021 年版,第 1489 页。

看,属于法条竞合,但是,由于投放危险物质罪和过失投放危险物质罪侵害的法益是公共安全,而污染环境罪侵害的法益是国家环境保护制度和环境被污染所损害的各种利益,在法益侵害上不具有同一性。因此,上述严重污染环境的行为同时构成污染环境罪和投放危险物质罪或过失投放危险物质罪,无论是以污染环境罪定罪处罚,还是以投放危险物质罪或过失投放危险物质罪定罪处罚,都不能全面评价其法益侵害性,有必要在裁判文书中明示,这属于想象竞合犯。据此,该款指示规定的适用条件是:违反国家规定,排放、倾倒或者处置有放射性的废物、含传染病病原体的废物、有毒物质或者其他有害物质,严重污染环境的行为同时构成污染环境罪和投放危险物质罪或过失投放危险物质罪。

16.《刑法》第 342 条之一第 2 款适用的罪数与条件

该款规定:“有前款行为,同时构成其他犯罪的,依照处罚较重的规定定罪处罚。”该款系《刑法修正案(十一)》增设破坏自然保护地罪时所设置。此处的“前款行为”,是指违反自然保护地管理法规,在国家公园、国家级自然保护区进行开垦、开发活动或者修建建筑物的行为。由于《刑法》新增的破坏自然保护地罪要保护的对象是国家公园、国家级自然保护区,而国家公园和国家级自然保护区是指一定的区域,在该区域内存在森林资源、野生动物资源。因此,破坏自然保护地的行为,如盗伐林木、狩猎、捕捞、采矿等,可能构成破坏环境资源罪中的盗伐林木罪、非法狩猎罪、非法捕捞水产品罪、非法采矿罪等犯罪。而这些犯罪的行为及其对象与破坏自然保护地罪的行为及其对象具有一定的交叉关系,故规定破坏自然保护地罪的法条与规定这些犯罪的法条之间,从法条关系上看,属于法条竞合。再者,这些犯罪行为同属于破坏环境资源的行为,法益侵害上具有同一性,从一重罪处断,能够全面评价行为所侵害的法益。因此,破坏自然保护地的某一行为同时构成破坏自然保护地罪和上述破坏环境资源类犯罪的,属于法条竞合,不必认定为想象竞合犯。据此,该款指示规定的适用条件是,违反自然保护地管理法规,在国家公园、国家级自然保护区进行开垦、开发活动或者修建建筑物的行为，既构成破坏自然保护地罪，又构成盗伐林木罪、非法狩猎罪、非法捕捞水产品罪、非法采矿罪等犯罪。

17.《刑法》第 399 条第 4 款适用的罪数与条件

关于该款指示规定适用的罪数范围，学界存在五种不同观点。第一种观点认为其适用于想象竞合犯；[1]第二种观点认为其适用于具有包含关系的法规竞合形态；[2]第三种观点认为其适用于牵连犯；[3]第四种观点认为其适用于吸收犯；[4]第五种观点认为其属于异种数罪。[5] 这五种观点争议的焦点问题在于：一是司法工作人员因收受贿赂而徇私枉法或枉法裁判、执行的行为是一行为还是数行为？如果认为其是一行为，就会得出法条竞合或想象竞合犯的结论；如果认为其是数行为，就会得出牵连犯、吸收犯或异种数罪的结论。二是如果认为是一行为触犯数罪名，那么受贿罪与《刑法》第 399 条第 1 款、第 2 款、第 3 款规定的犯罪之间是否存在逻辑上的包容或交叉关系？如果认为其存在包容或交叉关系，就会得出法条竞合的结论，否则就会得出想象竞合犯的结论。

前已述及，"依照处罚较重的规定定罪处罚"的处断规则可适用

---

〔1〕 参见高铭暄、马克昌主编：《刑法学》（第 8 版），北京大学出版社、高等教育出版社 2017 年版，第 656 页；张小虎：《罪刑分析》（下册），北京大学出版社 2003 年版，第 339、345 页；王作富主编：《刑法》，中国人民大学出版社 1999 年版，第 533 页。

〔2〕 参见黄奇中：《刑法第 399 条第 4 款的理解与适用——兼论法规竞合与想象竞合犯、牵连犯、吸收犯的界限》，载《中国刑事法杂志》2004 年第 4 期。

〔3〕 参见赵秉志主编：《中国刑法案例与学理研究》（第 6 卷），法律出版社 2004 年版，第 342-343 页；陈兴良：《刑法疏议》，中国人民公安大学出版社 1997 年版，第 659-660 页；韩耀元：《渎职罪的定罪与量刑》，人民法院出版社 2000 年版，第 186 页；周光权：《刑法各论讲义》，清华大学出版社 2003 年版，第 575 页；刘志高：《刑法第 399 条第 4 款的司法适用》，载《政治与法律》2006 年第 1 期。

〔4〕 参见全国人大常委会法制工作委员会刑法室编：《中华人民共和国刑法释义》，法律出版社 1997 年版，第 568 页。

〔5〕 参见李振林：《刑法中法律拟制论》，法律出版社 2014 年版，第 175 页。

于想象竞合犯、法条竞合和吸收犯，牵连犯应排除在外，典型数罪更应排除在外。但该指示规定究竟适用于哪种罪数，应从《刑法》第399条第1款、第2款、第3款和第385条的规定来看。这“三款一条”分别规定的犯罪是：徇私枉法罪，民事、行政枉法裁判罪，执行判决、裁定失职罪，执行判决、裁定滥用职权罪，受贿罪。

以司法工作人员因受贿而徇私枉法为例，笔者的看法是：第一，司法工作人员因收受贿赂而徇私枉法的行为属于一行为。依自然观察或一般来说，受贿与徇私枉法是两个不同的行为；从规范评价来看，刑法也对其分别规定了不同的罪名。但是，从“司法工作人员收受贿赂，有前三款行为”的表述来看，这里的受贿罪是指收受型受贿罪，不包括索贿型受贿罪。而收受型受贿罪以“为他人谋取利益”为要件。虽然学界对于“为他人谋取利益”是收受型受贿罪的主观要件还是客观要件，存在不同认识，但从实定法的存在论来看，都无法否定“为他人谋取利益”是收受型受贿罪的构成要件。这里的“为他人谋取利益”既包括为他人谋取正当利益，也包括为他人谋取不正当利益；既包括许诺为他人谋取利益，也包括客观上有为他人谋取利益的行为和结果。而行为人客观上实施的为他人谋取利益的行为，既可能是合法行为，也可能是违法行为，甚至可能是犯罪行为。如果是违法犯罪行为，当然不能排除徇私枉法的可能性。可以说，因受贿而徇私枉法是一种较为常见的社会现象。由此看来，徇私枉法行为完全可以成为收受型受贿罪的构成要件即“为他人谋取利益”的内容。因此从收受型受贿罪来看，可以认为因受贿而徇私枉法属于一个行为。既然属于一个行为，就不能认为其构成牵连犯和吸收犯，而应认为其构成法条竞合或想象竞合犯。因为牵连犯和吸收犯都是以数行为为基本特征的罪数形态，只有法条竞合和想象竞合犯才是一行为触犯数罪名的罪数形态。

第二，受贿罪与徇私枉法罪之间在构成要件上不存在逻辑上的包容和交叉关系，不存在法条竞合。首先，从包容关系的法条竞合来看。所谓包容关系，从逻辑上讲是指属于A概念的所有事项都属于

B 概念,但属于 B 概念的事项不全属于 A 概念。[1] 从受贿罪与徇私枉法罪的关系来看,无论是行为、对象上,还是目的、结果上,既不存在受贿罪的构成要件都属于徇私枉法罪的构成要件,但徇私枉法罪的构成要件不全属于受贿罪的构成要件的情况;也不存在徇私枉法罪的构成要件都属于受贿罪的构成要件,但属于受贿罪的构成要件不全属于徇私枉法罪的构成要件。因此这两罪之间不可能存在具有包容关系的法条竞合。其次,从交叉关系的法条竞合来看。所谓交叉关系,是指属于 A 概念的事项中,有属于 B 概念的事项,也有不属于 B 概念的事项;同样地,属于 B 概念的事项中,既有属于 A 概念的事项,也有不属于 A 概念的事项。[2] 简言之,A、B 概念所包含的事项存在部分重合性,具有"你中有我,我中有你"的关系。从受贿罪与徇私枉法罪的关系来看,前已述及,收受型受贿罪的"为他人谋取利益"要件包含徇私枉法行为,因而可以确定收受型受贿罪的部分构成要件包含徇私枉法罪的构成要件。但是,徇私枉法罪的构成要件中并不包含受贿罪的构成要件。这就是说,两罪构成要件之间并不存在"你中有我,我中有你"的关系,因此也不存在具有交叉关系的法条竞合。既然因收受贿赂而徇私枉法的行为既可能构成受贿罪,又可能构成徇私枉法罪,如果构成这两个罪,就属于一行为触犯数个不同罪名的情况,而这种情况不存在法条竞合,那么就是想象竞合犯。故认为该指示规定适用于想象竞合犯的观点是正确的。

通过上述分析可见,该指示规定的适用条件为:司法工作人员收受贿赂(不含索贿)的行为构成受贿罪,收受贿赂后实施徇私枉法行为,民事、行政枉法裁判行为,执行判决、裁定失职行为以及执行判决、裁定滥用职权行为中的任何一种实行行为又构成徇私枉法罪,民事、行政枉法裁判罪,执行判决、裁定失职罪以及执行判决、裁定滥用职权罪中的任何一种具体犯罪。

---

〔1〕 参见甘添贵:《罪数理论之研究》,中国人民大学出版社 2008 年版,第 57 页。
〔2〕 参见甘添贵:《罪数理论之研究》,中国人民大学出版社 2008 年版,第 58 页。

三、"依照处罚较重的规定定罪从重处罚"之规定适用的罪数与条件

(一)"依照处罚较重的规定定罪从重处罚"的基本含义

"依照处罚较重的规定定罪从重处罚",为刑法理论上所指的从一重罪从重处断规则。"依照处罚较重的规定定罪"意味着某个行为事实至少有两个罪刑规范可以适用,或者说,行为事实符合数个犯罪构成,构成数罪,而法官选择较重的罪定罪。因此,"依照处罚较重的规定定罪从重处罚"的基本含义为:在行为事实构成数个不同罪的情况下,法官应选择数罪中的一个重罪定罪,并在此罪相应的法定刑幅度内从重处罚。

在行为事实符合数个罪刑规范,构成数个不同犯罪的情况下,立法者设置指示规定,明确将其处断规则规定为从一重罪从重处断,而不是将其处断规则规定为从一重罪处断和数罪并罚。笔者认为,其规范目的有两个方面:一方面是避免刑法对行为事实的重复评价,另一方面是避免刑法对行为事实的评价不足。立法者设置指示规定意图通过这两个方面目的的实现来贯彻罪刑均衡原则。具体来说,在行为事实符合数个犯罪构成、构成数罪的情况下,刑法规定只选择一重罪定罪,作一罪处断,而不实行数罪并罚,是为了避免刑法对行为事实的重复评价;而在以一重罪定罪、不实行数罪并罚的情况下刑法规定对其从重处罚,而不仅仅是选择一重罪处断,是为了避免刑法对该行为事实的评价不足,使与定罪量刑有关的行为事实在刑法上都能得到应有的评价。

(二)"依照处罚较重的规定定罪从重处罚"适用的罪数

对于从一重罪从重处断规则适用的罪数形态,学界有三种不同的观点:第一种观点认为其适用于牵连犯。其理由是牵连犯实际上是数罪,对社会具有较大的危害性,只按一罪处理,会轻纵犯罪,而按

一重罪从重处断，才能真正体现罪责刑相适应原则。[1] 第二种观点认为其适用于想象竞合犯。[2] 行为人在实施虚假诉讼行为的同时触犯诈骗罪、贪污罪、职务侵占罪等场合，不能将之认定为牵连犯。因为牵连犯的成立需要两个行为，但在上述场合，行为人只实施了一个提起虚假诉讼的行为，侵犯了两个法益，完全符合想象竞合犯的特征。[3] 第三种观点认为其既可适用于想象竞合犯，又可适用于牵连犯。例如，有的学者在讨论虚假诉讼罪与其他犯罪的关系时认为，行为人实施虚假诉讼，非法占有他人财产或者逃避合法债务的行为，既构成虚假诉讼罪又构成诈骗罪或侵占罪等犯罪的情形，属于想象竞合犯；行为人以妨害作证的方式"捏造事实"提起民事诉讼的行为，既构成妨害作证罪，又构成虚假诉讼罪，属于牵连犯。[4] 笔者赞同第三种观点，即从一重罪从重处断规则既可适用于牵连犯，也可适用于想象竞合犯。

第一，从一重罪从重处断规则可适用于牵连犯。首先，对牵连犯从一重罪从重处断不会出现刑法上的重复评价。因为牵连犯虽然存在数行为构成数罪，但是在主客观方面有其特殊性。从主观方面看，"牵连犯是以实现一个犯罪为目的"[5]，这个犯罪目的推动整个犯罪的发展，行为人所实施的数个行为都是在这个犯罪目的的支配之下进行的。但是，牵连犯具有一个最终的犯罪目的，并不排斥行为人具有数个犯罪故意，不过，这些故意之间因贯穿一个最终目的而形成主从关系。从行为的犯罪目的是服务于、受制于主行为的犯罪目的的。从客观方面看，牵连犯虽然以数个独立成罪的行为为构成特

[1] 参见高铭暄、马克昌主编：《刑法学》（第8版），北京大学出版社、高等教育出版社2017年版，第195-196页。

[2] 参见吴振兴：《罪数形态论》，中国检察出版社1996年版，第72页。

[3] 参见张明楷：《虚假诉讼罪的基本问题》，载《法学》2017年第1期。

[4] 参见孙荣杰、储昱：《虚假诉讼罪的罪状、形态与罪数问题》，载《人民检察》2016年第11期。

[5] 高铭暄、马克昌主编：《刑法学》（第8版），北京大学出版社、高等教育出版社2017年版，第194页。

征，但这数个行为因具有牵连关系而成为一个犯罪整体，其中从行为构成的犯罪是服务于主行为构成的犯罪的。正是牵连犯这些主客观方面的特征使其有别于典型的数罪。若对牵连犯实行数罪并罚，则违反禁止重复评价原则。而若在牵连犯构成的数罪中选取其中一个重罪定罪，则能够避免对牵连犯实行数罪并罚所出现的从行为事实被重复评价的问题。

其次，对牵连犯从一重罪从重处断不会出现刑法评价不足的后果。牵连犯既有别于典型的数罪，又有别于典型的一罪。因为牵连犯在一个犯罪目的支配下有数个犯罪故意，与典型的一罪相比，其主观恶性更大，而且牵连犯的数行为不仅侵害了主行为构成的犯罪的法益，而且侵害了从行为构成的犯罪的法益，其社会危害性比典型的一罪要重，所以，对牵连犯不能仅以一重罪处断，而应择一重罪从重处断。在重罪的基础上处以较重的刑罚，能够避免对牵连犯从一重罪处断出现的、从行为侵害法益事实的刑法评价不足的问题。这样一来，对牵连犯从一重罪从重处断，既考虑了牵连犯因数行为之间的牵连关系、基于一个犯罪目的支配而与典型数罪的区别，不至于导致过重处罚，又考虑了牵连犯毕竟是数行为构成数罪且侵害数个不同法益而有别于典型的一罪，不至于导致过轻处罚。

最后，从牵连犯与典型的一罪、典型的数罪的社会危害性比较来看，牵连犯的社会危害性一般比无牵连的典型的数罪的社会危害性要小，又比牵连数罪中任何一罪的社会危害性要大，它与手段行为构成的犯罪或结果行为构成的犯罪相比，还有来自与其相牵连的目的行为构成的犯罪的社会危害性；与目的行为构成的犯罪相比，它还有来自与其相牵连的手段行为构成的犯罪的社会危害性，因此，对牵连犯一般既不能按数罪实行并罚，也不能仅按一罪定罪处罚，而应从一重罪从重处罚。

第二，从一重罪从重处断可适用于一行为侵犯的数法益不具有包含、同一关系的想象竞合犯。首先，对一行为侵犯的数法益不具有包含、同一关系的想象竞合犯从一重罪从重处断不会导致刑法重复评价。从一重罪从重处断,是指在想象竞合犯所触犯的数罪名中选取一个处刑最重的罪定罪,再适用较重的刑罚。想象竞合犯的犯罪事实毕竟只足够一罪,故以一重罪处断不会导致重复评价,这在前文已有阐述。问题是对一行为侵犯的数法益不具有包含、同一关系的想象竞合犯在一重罪的范围内从重处罚是否有违禁止重复评价原则呢?笔者的回答是否定的。因为从重处罚是立足于想象竞合犯中未被评价的多余的犯罪事实,即行为人具有的数个主观罪过,侵害的数个法益不只是构成一罪,而在一重罪的范围内考虑从重处罚,是对这种多余的犯罪事实的必要评价。更为重要的是,这种想象竞合犯侵害的数个法益之间不具有包含、同一关系,即重罪侵害的法益不包含轻罪侵害的法益,轻罪侵害的法益不能被重罪侵害的法益所吸收,而若对这种想象竞合犯仅以一重罪处断,就只是评价重罪侵害的法益,轻罪侵害的法益未予评价,这就有必要对轻罪侵犯的法益予以单独的刑法评价,从重处罚即是对这种想象竞合犯中轻罪侵害的法益的否定评价。

其次,从一重罪从重处断是对一行为侵害的数法益不具有包含、同一关系的想象竞合犯的充分评价。想象竞合犯是由一个行为、数个罪过、侵害数个法益这三个条件共同构成的。如果这数个法益之间不具有包含、同一关系,那么这数个被侵害的法益只有都予以评价,才能说是做到了刑法上的充分评价。因此对于这种想象竞合犯只以一重罪处断是没有充分评价被侵犯的数个法益的,而在一重罪的基础上再从重处罚才是做到了充分评价。再者,从主观方面看,想象竞合犯虽然是一个行为触犯数个罪名,但这数个罪名有不同的罪过,其主观恶性当然比所触犯的数罪中任一罪都要大,故用一个重罪来评价并不能完全凸显想象竞合犯的"恶",只有在一重罪的基础上再从重处罚才是对这种想象竞合犯的"恶"的充分评价。总之,想象竞合犯的一罪性决定了对想象竞合犯在定罪上应当"从一重罪",而其数个罪过和其侵犯的不具有包含关系的数个法益决定了对想象竞合犯应当"从重"处罚。

(三)“依照处罚较重的规定定罪从重处罚”的适用条件

目前刑法分则中,“依照处罚较重的规定定罪从重处罚”之规定只有《刑法》第 307 条之一第 3、4 款的规定。下文分别从这两款规定来讨论“依照处罚较重的规定定罪从重处罚”的适用条件。

1. 第 3 款“依照处罚较重的规定定罪从重处罚”的适用条件

该款规定:“有第一款行为,非法占有他人财产或者逃避合法债务,又构成其他犯罪的,依照处罚较重的规定定罪从重处罚。”从文义上理解,结合该条第 1 款规定来看,该款“依照处罚较重的规定定罪从重处罚”的适用条件是:行为人实施虚假诉讼,非法占有他人财产或者逃避合法债务的行为,既构成虚假诉讼罪,又构成其他犯罪。前已述及,这种处断规则对于牵连犯和想象竞合犯均可适用,问题是牵连犯和想象竞合犯都是触犯数个不同罪名的罪数形态。那么这里的行为事实到底是构成牵连犯还是想象竞合犯呢?还是既构成牵连犯又构成想象竞合犯呢?笔者认为,认定的关键在于:这里的行为事实是属于一行为还是数行为。如果属于一行为,就构成想象竞合犯;如果是数行为,就属于牵连犯。该款规定的行为要件是以捏造的事实提起民事诉讼,非法占有他人财产或者逃避合法债务。如果说该行为是一行为,则只能构成想象竞合犯;如果说该行为是数行为,则只能构成牵连犯;如果说该行为不一定是一行为或数行为,则既可构成想象竞合犯,又可构成牵连犯。对此,有的学者认为其是一行为,只能构成想象竞合犯。[1] 在笔者看来,不一定如此。

该款规定的行为事实包括“以捏造的事实提起民事诉讼”和“非法占有他人财产或者逃避合法债务”两部分。其中,“捏造的事实”是指凭空编造的不存在的事实。捏造的事实既可以是行为人自己捏造的事实,也可以是他人捏造的事实。但无论是哪种情况,以捏造的事实提起民事诉讼都需要有一定的证据证明才能得到法院受理。因

---

〔1〕 参见张明楷:《虚假诉讼罪的基本问题》,载《法学》2017 年第 1 期。

此“捏造”事实是指通过对书证、物证的伪造,指使他人做假证等手段,编造出虚假的法律事实,为提起民事诉讼做准备。既然如此,捏造事实的行为可能涉及证据方面的犯罪,还可能涉及伪造方面的犯罪。如果是行为人本人以非法的手段捏造事实,比如指使他人作伪证,这种捏造事实行为本身就构成妨害作证罪。如果是以伪造的公文、证件来证明捏造的事实,那么伪造公文、证件的行为,构成伪造公文、证件类犯罪。

所谓“提起民事诉讼”,是指行为人基于某种事实,向法院提出具体的民事诉讼请求,请求法院作出裁判。行为人只要是以捏造的事实提起民事诉讼,妨害司法秩序或者严重侵害他人合法权益,即便没有非法占有他人财产或者逃避合法债务,也构成虚假诉讼罪。

所谓“非法占有他人财产或者逃避合法债务”,是指通过虚假诉讼的手段将他人占有的财产变为自己占有或者逃避合法债务。可以肯定的是,“行为人通过伪造证据等手段提起民事诉讼欺骗法官,导致法官作出错误判决,使得他人交付或者处分财产,从而非法占有他人财产或者逃避合法债务,数额较大的,成立诈骗罪”[1]。

由此可见,该款规定的行为事实在不同的实施阶段上可能构成妨害作证罪或者伪造国家机关公文、证件、印章罪,伪造身份证件罪,虚假诉讼罪,诈骗罪等犯罪。就这些犯罪之间的关系而言,既可能是牵连犯,也可能是想象竞合犯。

第一,妨害作证罪或伪造国家机关公文、证件、印章罪,伪造身份证件罪与虚假诉讼罪之间构成牵连犯。妨害作证罪或伪造国家机关公文、证件、印章罪,伪造身份证件罪与虚假诉讼罪对于行为人来说,主观上具有牵连意图,客观上存在着事实上的牵连,为提起虚假诉讼,行为人采用指使他人作伪证的方式证明捏造的事实或者采用伪造国家机关公文、证件、印章以及伪造身份证件等方式证明捏造的事实,存在着手段行为与目的行为的牵连关系,构成牵连犯。或者

---

〔1〕 张明楷:《虚假诉讼罪的基本问题》,载《法学》2017 年第 1 期。

说,妨害作证或者伪造公文、证件的行为是提起虚假诉讼的手段行为,而提起虚假诉讼是目的行为。根据前述的行为数的区分标准来看,这是两个不同的行为。或者说,以捏造的事实提起民事诉讼,未必就是“虚假诉讼”这一行为,如果在提起诉讼的手段上采用了妨害作证或者伪造公文、证件的方式,则为数个独立成罪的行为。对于这种情形的牵连犯,应依照处罚较重的规定定罪从重处罚。就拿妨害作证罪与虚假诉讼罪构成的牵连犯的处断来说,如果是一般情节或严重情节的妨害作证罪与一般情节的虚假诉讼罪构成的牵连犯,应以妨害作证罪定罪从重处罚,因为妨害作证罪基本犯、加重犯的法定刑重于一般情节的虚假诉讼罪;如果是严重情节的妨害作证罪与严重情节的虚假诉讼罪构成的牵连犯,应以虚假诉讼罪定罪从重处罚,因为虚假诉讼罪加重情节犯的法定刑重于妨害作证罪的加重情节犯;如果是一般情节的妨害作证罪与严重情节的虚假诉讼罪构成的牵连犯,当然也应以虚假诉讼罪定罪从重处罚。

第二,虚假诉讼罪与诈骗罪之间构成想象竞合犯。此处的诈骗罪单靠非法占有他人财产或者逃避合法债务是不能构成的,必须有以“捏造的事实提起民事诉讼”这个前提条件。这就是说,以捏造的事实提起民事诉讼,非法占有他人财产或者逃避合法债务是一个行为整体,不能分割。根据行为数的区分标准,这是一行为,而不是数行为。这个行为无论是否“严重”侵害他人合法权益,都妨害了司法秩序,因而构成虚假诉讼罪无疑;同时该行为符合以非法占有为目的、虚构事实骗取他人财物的诈骗罪特征,只要非法占有他人财产或者逃避合法债务数额较大,即构成诈骗罪。在该行为既构成虚假诉讼罪又构成诈骗罪的情况下,属于一行为触犯数个不同罪名的想象竞合犯。此种情形下的虚假诉讼行为不但妨害了司法秩序,而且侵害了他人的财产权。司法秩序和他人的财产权是虚假诉讼罪侵害的法益,他人的财产权是诈骗罪侵害的法益,显然,虚假诉讼罪侵害的法益与诈骗罪侵害的法益之间具有包含关系,属于一行为侵害数个具有包含关系的法益的想象竞合犯。

综上,该款的"依照处罚较重的规定定罪从重处罚"适用的罪数包括牵连犯和想象竞合犯。其适用条件是,行为人实施的虚假诉讼行为构成虚假诉讼罪,其"捏造事实"的手段行为又触犯其他罪名。

2. 第 4 款"依照处罚较重的规定定罪从重处罚"的适用条件

该款是针对司法工作人员这一特殊主体与他人共同实施虚假诉讼犯罪所作的处罚规定。从字面意义上理解,结合前 3 款的规定来看,该款"依照处罚较重的规定定罪从重处罚"的适用条件是:司法工作人员利用职权与他人共同实施虚假诉讼行为、通过虚假诉讼非法占有他人财产或者逃避合法债务的行为,同时构成其他犯罪。也就是说,这种行为事实构成数罪的,应依照处罚较重的规定定罪从重处罚。问题是,这里的"同时构成其他犯罪"究竟是构成哪些犯罪,法律没有明确;这些犯罪与虚假诉讼罪的罪数关系如何,也需要确定。

笔者认为,研究这个问题需要从司法工作人员在其利用职权与他人共同实施虚假诉讼犯罪中可能起的作用以及可能存在的行为方式着手进行分析。虚假诉讼罪以"捏造的事实提起民事诉讼"为实行行为,因而其实行主体是具有民事诉权的诉讼当事人。由于受理案件的法官是民事诉讼的裁判者,因此不可能是虚假诉讼罪的实行主体即正犯,只可能成为虚假诉讼犯罪的组织者、教唆者或帮助者,即组织犯、教唆犯或帮助犯。这就是说,司法工作人员利用职权与他人共同实施虚假诉讼犯罪,办理案件的司法工作人员的行为不可能是虚假诉讼罪的实行行为,只可能是虚假诉讼共同犯罪中的组织行为、教唆行为或帮助行为。就这三种共同犯罪行为而言,司法工作人员在与他人共同实施虚假诉讼过程中,可以利用职权指使他人作伪证或者阻止他人作证,可以利用职权帮助当事人毁灭、伪造证据,可以利用职权为虚假诉讼当事人作民事枉法裁判,使当事人非法占有他人财产或者逃避合法债务,还可以利用职权索取或收受贿赂,等等。

因此,司法工作人员在利用职权与他人共同实施虚假诉讼犯罪过程中,如果是阻止他人作证或者指使他人作伪证,就构成妨害作证罪;如果是帮助当事人毁灭、伪造证据,就构成帮助毁灭、伪造证据罪;如果通过虚假诉讼非法占有的是他人的私人财产,只要达到数额较大,就构成诈骗罪;如果非法占有的是公共财产,且数额较大,就共同构成贪污罪;如果与公司、企业、事业单位人员非法占有的是本单位的财产,且数额较大,就共同构成职务侵占罪;司法工作人员明知他人提起的是虚假诉讼,而与当事人串通,作枉法裁判,情节严重的,构成民事枉法裁判罪;司法工作人员利用职权对虚假诉讼作枉法裁判过程中收受或索取贿赂,还可构成受贿罪。由此可见,司法工作人员利用职权与他人共同实施虚假诉讼罪,围绕虚假诉讼而实施的行为可能触犯的罪名较多。这些犯罪与虚假诉讼罪之间,有的属于一行为触犯数个不同罪名的想象竞合犯,而有的属于数行为触犯数罪名的牵连犯。

第一,司法工作人员与他人共同实施虚假诉讼过程中构成牵连犯的情况。

司法工作人员利用职权阻止证人作证或指使他人作伪证的行为,构成妨害作证罪。由于妨害作证只是共同实施虚假诉讼的手段行为,而虚假诉讼行为是目的行为,二者之间具有牵连关系,因此妨害作证与虚假诉讼罪之间构成牵连犯。司法工作人员明知他人提起的是虚假诉讼,而与当事人串通,作枉法裁判,情节严重的,构成民事枉法裁判罪。该罪与虚假诉讼罪之间构成牵连犯,因为虚假诉讼与民事枉法裁判之间存在原因行为与结果行为之间的牵连关系。司法工作人员利用职权对虚假诉讼作枉法裁判过程中收受或索取贿赂,如果构成受贿罪,则受贿罪与虚假诉讼罪并非同一个行为构成,而是存在原因行为与结果行为的牵连关系,构成牵连犯。但是,需要注意的是,如果司法工作人员作民事枉法裁判的行为是收受贿赂为他人谋取利益的内容,那么受贿罪与民事枉法裁判罪之间属于一行为侵犯的数个法益不具有包含、同一关系的想象竞合犯。对于这种情况的想象竞合犯应从一重罪从重处断。

第二,司法工作人员与他人在共同实施虚假诉讼过程中构成想象竞合犯的情况。

司法工作人员在与当事人共同实施虚假诉讼过程中,利用职权帮助当事人毁灭或者伪造证据,该行为构成帮助毁灭、伪造证据罪。但是,由于该行为属于虚假诉讼罪的帮助行为,构成虚假诉讼罪的帮助犯,因此这种情况属于一行为触犯数罪名的想象竞合犯。由于帮助毁灭、伪造证据罪侵害的法益是司法秩序,虚假诉讼罪侵害的法益是司法秩序或他人的合法权益,因此两罪侵害的法益具有包含关系,应从一重罪处断。比较来看,虚假诉讼罪是重罪,帮助毁灭、伪造证据罪是轻罪,故应以虚假诉讼罪定罪处罚。

前已述及,如果通过虚假诉讼非法占有的是他人的私人财产,只要达到数额较大,就构成诈骗罪;如果非法占有的是公共财产,且数额较大,就共同构成贪污罪;如果与公司、企业、事业单位人员非法占有的是本单位的财产,且数额较大,就共同构成职务侵占罪。根据《刑法》第 307 条之一第 1 款的规定,虚假诉讼罪是妨害司法秩序或严重侵害他人合法权益之罪,可见虚假诉讼行为本身就包含非法占有他人财产或者逃避合法债务的内容。因此通过虚假诉讼行为非法占有他人的私有财产、公共财产或单位财产的,既构成虚假诉讼罪,又构成诈骗罪、贪污罪或职务侵占罪,这属于一行为触犯数罪名的想象竞合犯。由于虚假诉讼罪侵害的法益与贪污罪、职务侵占罪侵害的法益之间不存在包含、同一关系,因此对于这种想象竞合犯应依照处罚较重的规定定罪从重处罚;而对于虚假诉讼罪与诈骗罪之间构成的想象竞合犯,因两罪侵害的法益之间具有包含关系而应从一重罪处断。

虽然从事实层面分析,司法工作人员利用职权与他人共同实施虚假诉讼罪的行为过程中既存在牵连犯,又存在想象竞合犯,但是,由于该款是专门针对司法工作人员而设的,其中的"从重处罚"是对司法工作人员的"从严惩处",因此该款关于数罪的处断规则其实是"依照处罚较重的规定定罪",即从一重罪处断。既然如此,从该处断规则出发,那么其罪数形态只能是想象竞合犯,而不包括牵连犯。该款适用条件中的"同时构成其他犯罪",应是指司法工作人员利用职权与他人共同实施虚假诉讼罪的行为同时构成其他犯罪，是一行为构成数罪的情形，而不包括数行为构成数罪的情形。如果是数行为构成数罪的情形，就应实行数罪并罚。唯有如此，才能实现司法工作人员与非司法工作人员在“实施虚假诉讼罪的行为同时构成其他犯罪”处断上的区别对待和罪刑均衡。

四、“依照数罪并罚的规定处罚”之规定适用的罪数与条件

（一）“依照数罪并罚的规定处罚”之规定适用的罪数范围与条件的一般理解

我国刑法分则中有 11 个条款规定了“依照数罪并罚的规定处罚”。数罪并罚是对一人犯数罪按照刑法总则规定的并罚原则和方法所进行的合并处罚。一人犯数罪是适用数罪并罚的前提条件。因此从罪数来看，“依照数罪并罚的规定处罚”应当适用于数罪，而不是一罪。数罪并罚中的“数罪”一般是指实质上的数罪或独立的数罪、典型数罪。数罪认定的标准是犯罪构成。从不同角度区分，数罪有以下几种类型：第一，以行为事实是否实质符合数个犯罪构成为标准，可分为实质数罪与想象数罪。第二，以数罪的罪名是否相同为标准，可分为同种数罪与异种数罪。前者是指行为符合同一犯罪构成、触犯同一罪名的数罪；后者是指行为符合不同的犯罪构成、触犯不同罪名的数罪。第三，以是否需要并罚为标准，可分为并罚数罪与非并罚数罪。上述的实质数罪、异种数罪一般为并罚数罪，但评价为数罪作为一罪处断的情形，如连续犯、牵连犯、吸收犯，除非法律有特别规定，一般不实行数罪并罚；想象数罪不并罚；同种数罪一般不并罚。第四，以实质数罪发生的时间为标准，可分为判决宣告以前的数罪和刑罚执行完毕以前的数罪。

从数罪关系来看，根据数罪的关联性状况，数罪可区分为有关联的数罪和无关联的数罪。前者是指行为人的行为事实构成的数罪具有某种客观或主观的联系。比如，在同一犯意或犯罪目的支配下实施行为构成的数罪、数罪发生在同一过程中具有前因后果的关系、数

罪的行为具有同一性、数罪侵犯的法益具有同一性,等等。后者是指行为人的行为事实构成的数罪没有主观或客观上的任何联系,数罪之间不但具有异质性,而且具有中立性。如在犯罪目的、犯意、危害行为、危害结果、侵犯法益等方面均无关联。有关联的异种数罪关系通常区分为法条竞合关系(包容关系与交叉关系)、想象竞合关系、牵连关系和吸收关系四种类型。[1] 其中,具有法条竞合关系的异种数罪构成法条竞合,具有想象竞合关系的异种数罪构成想象竞合犯,具有牵连关系的异种数罪可能构成牵连犯,具有吸收关系的异种数罪可能构成吸收犯。如果行为构成的数罪之间不具有法条竞合、想象竞合、牵连、吸收关系,就属于无关联的异种数罪。对于无关联的异种数罪,应实行数罪并罚。

除了想象竞合犯和法条竞合由一行为构成,数罪均需有数行为,且数行为分别符合刑法分则个罪的构成要件,构成独立的犯罪。关于一行为与数行为的区分标准,前已论及,此处不再赘述。

(二)刑法分则中“依照数罪并罚的规定处罚”之规定适用的罪数与条件

1.《刑法》第120条第2款适用的罪数与条件

该款指示规定适用的罪数范围与条件应当从“依照数罪并罚的规定处罚”这一处断规则出发加以确定。这就需要讨论《刑法》第120条第1款规定的组织、领导、参加恐怖组织罪与该罪主体实施的杀人、爆炸、绑架等犯罪之间的关系。

组织、领导、参加恐怖组织罪是指组织、领导、参加恐怖活动组织的行为构成的犯罪。其行为对象是恐怖活动组织。根据全国人大常委会2015年通过的《反恐怖主义法》第3条的规定,“恐怖活动组织,是指三人以上为实施恐怖活动而组成的犯罪组织”。“恐怖活动,是指恐怖主义性质的下列行为:(一)组织、策划、准备实施、实施

---

[1] 参见彭辅顺:《黑恶势力犯罪的数罪关系与处断》,载《北京联合大学学报(人文社会科学版)》2018年第2期。

造成或者意图造成人员伤亡、重大财产损失、公共设施损坏、社会秩序混乱等严重社会危害的活动的……（三）组织、领导、参加恐怖活动组织的……（五）其他恐怖活动。”可见，组织、领导、参加恐怖活动组织和具有恐怖主义性质的组织、策划、准备实施、实施造成或者意图造成人员伤亡、重大财产损失、公共设施损坏、社会秩序混乱等严重危害社会的活动，都属于恐怖活动。组织、领导、参加恐怖组织罪主体实施的杀人、爆炸、绑架等犯罪，是指“组织”“领导”“参加”这三种行为之外的行为构成的故意杀人罪、爆炸罪、绑架罪等犯罪。而故意杀人、爆炸、绑架等犯罪即属于造成人员伤亡、重大财产损失、公共设施损坏、社会秩序混乱等严重危害社会的活动。但是，故意杀人、爆炸、绑架等犯罪要认定为具有恐怖主义性质的犯罪，必须是在恐怖活动组织的组织、策划、实施下进行。更进一步说，如果故意杀人、爆炸、绑架等犯罪是在恐怖活动组织的组织、策划、实施下进行的，就成为恐怖活动的内容，从而与组织、领导、参加恐怖组织罪发生关联。该款规定的“犯前款罪并实施故意杀人、爆炸、绑架等犯罪”正意味着组织、领导、参加恐怖组织罪与实施故意杀人、爆炸、绑架等犯罪不是无关联的数罪，而是有关联的数罪。

这种有关联的数罪关系既不是法条竞合，也不构成吸收犯。因为故意杀人罪、爆炸罪、绑架罪与组织、领导、参加恐怖组织罪之间在法条逻辑上不存在包容和交叉关系，所以不属于法条竞合；这种有关联的数罪关系之所以不构成吸收犯，是因为故意杀人罪、爆炸罪、绑架罪的行为对象与组织、领导、参加恐怖组织罪的行为对象不同一，前者是人或物，后者是恐怖活动组织，不符合吸收犯的特征。

但是，这种有关联的数罪关系可能构成想象竞合犯和牵连犯。如果故意杀人是组织、领导恐怖活动组织行为本身的内容，则是一个行为既触犯故意杀人罪，又触犯组织恐怖组织罪，构成想象竞合犯。例如，甲是某恐怖活动组织的成员，不服从该恐怖活动组织者乙的组织、领导，乙便将甲杀死。但是，这种情况仍然要以组织、领导恐怖组织罪与故意杀人罪实行并罚。因为就故意杀人这个行为而言，虽然按照想象竞合犯从一重罪处断，应以故意杀人罪定罪处罚，但组织、领导恐怖组织罪在乙故意杀人之前就已经完成，组织、领导恐怖组织罪不依赖故意杀人而存在，所以组织、领导恐怖组织罪与故意杀人罪仍然是相互独立存在的典型数罪。如果故意杀人、爆炸、绑架等犯罪是在恐怖活动组织的授意下实施的，是组织、领导、参加恐怖组织的结果，则存在原因行为与结果行为的牵连关系，构成牵连犯。可见，该款适用的罪数范围包括典型数罪和牵连犯。根据这个罪数范围，该指示规定的适用条件有两种情况：一是数行为分别构成具有关联关系的组织、领导、参加恐怖组织罪和故意杀人罪、爆炸罪、绑架罪等犯罪，且不构成牵连犯，属于典型数罪，应实行数罪并罚。当然，行为人实施组织、领导、参加恐怖组织罪，又实施了与组织、领导、参加恐怖组织罪毫无关联的故意杀人、爆炸、绑架等犯罪的，更应实行数罪并罚。二是故意杀人罪、爆炸罪、绑架罪是在恐怖活动组织的组织、领导、指挥下实施的，是组织、领导、参加恐怖组织罪的结果行为，其与组织、领导、参加恐怖组织罪之间构成牵连犯，也应实行数罪并罚。

2.《刑法》第 157 条第 2 款适用的罪数与条件

关于该款指示规定适用的罪数形态，学界普遍认为，“以暴力、威胁方法抗拒缉私”的行为既构成走私罪，又构成妨害公务罪，属于牵连犯。[1] 因为以暴力、威胁方法抗拒缉私是在走私犯罪的过程中发生的，若行为人的走私行为符合走私犯罪的构成要件，即构成走私罪，这是目的行为，而以暴力、威胁方法抗拒缉私的行为构成妨害公务罪，是手段行为，该手段行为是在走私犯罪的目的支配下实施的；而且这两个罪的犯罪对象和侵害的法益是不同的，走私罪的对象是

---

〔1〕 参见屈耀伦：《论我国刑法理论上的牵连犯》，载《甘肃政法学院学报》2002 年第 4 期；游伟、谢锡美：《对牵连犯处罚的思考》，载《上海政法学院学报》2006 年第 6 期；冯野光、闫莉：《论牵连犯的内涵、特征及处罚原则》，载《法学杂志》2012 年第 3 期；牛忠志、秦立超：《我国牵连犯定罪处罚规则的立法完善》，载《河南财经政法大学学报》2017 年第 6 期。

货物、物品，其侵害的法益是国家的对外贸易管制秩序和国家的海关监管制度，妨害公务罪的对象是国家机关工作人员，其侵害的法益是国家机关的正常管理活动秩序，所以，妨害公务罪与走私罪之间构成牵连犯。由于行为人在走私过程中以暴力、威胁方法抗拒缉私，其抗拒缉私的行为不在走私罪的构成要件范围之内，不属于构成走私罪的行为；[1]又由于走私行为与以暴力、威胁方法抗拒缉私的行为之间具有独立性，无论适用《刑法》第 151 条至第 155 条有关走私个罪的规定，还是适用《刑法》第 277 条妨害公务罪的规定，都不能对行为人实施的行为的不法内容作出充分的刑法评价，必须同时适用数罪的规定予以并罚才能做到充分评价，贯彻罪刑均衡原则。可见该指示规定适用的罪数只是牵连犯，其适用条件为：以暴力、威胁方法抗拒缉私的行为分别构成走私罪和妨害公务罪。

3.《刑法》第 198 条第 2 款适用的罪数与条件

该款指示规定适用的罪数形态与条件应当从"依照数罪并罚的规定处罚"这一处断规则出发加以确定。这就需要讨论《刑法》第 198 条第 1 款规定的第 4 项、第 5 项所列行为构成的数个不同罪之间的关系。

首先，从第 198 条第 1 款第 4 项所列行为来看，该项行为是指"投保人、被保险人故意造成财产损失的保险事故，骗取保险金"的行为。该行为是保险诈骗罪的客观行为之一，如果投保人、被保险人骗取保险金数额较大，就构成保险诈骗罪。投保人、被保险人为了骗取保险金，故意造成财产损失的保险事故的行为（保险诈骗罪的预备行为）又可构成故意毁坏财物罪、放火罪、爆炸罪等犯罪。例如，行为人以放火的方式烧毁财产险标的物，危害公共安全的，构成放火罪；即使不构成放火罪，如果毁坏不属于行为人所有的保险标的物价值达到数额较大，也构成故意毁坏财物罪。由于故意毁坏财物罪、放火罪等犯罪行为是投保人、被保险人以骗取保险金为最终目的实施的行

---

[1] 参见张明楷：《保险诈骗罪的基本问题探究》，载《法学》2001 年第 1 期。

为,故是保险诈骗的手段行为,而保险诈骗是目的行为,二者具有手段行为与目的行为的牵连关系,且其侵害的法益不同,因此构成牵连犯。

其次,从第198条第1款第5项所列行为来看,该项行为是指“投保人、受益人故意造成被保险人死亡、伤残或者疾病,骗取保险金”的行为。该行为也是保险诈骗罪的客观行为之一,如果投保人、被保险人骗取保险金数额较大,就构成保险诈骗罪。投保人、受益人为了骗取保险金,采取杀害、伤害、虐待、遗弃等手段故意造成被保险人死亡、伤残或者疾病的行为(保险诈骗罪的预备行为),又可构成故意杀人罪、故意伤害罪、虐待罪、遗弃罪等犯罪。例如,行为人为了骗取保险金故意杀害被保险人的,构成故意杀人罪;行为人为了骗取保险金故意伤害被保险人达到轻伤以上程度的,构成故意伤害罪;行为人为了骗取保险金虐待被保险人情节恶劣的,构成虐待罪。由于这些犯罪行为是以骗取保险金为最终目的的,都是保险诈骗的手段行为,而保险诈骗是目的行为,存在手段与目的行为的牵连关系,且这些犯罪与保险诈骗罪侵害的法益不同,因此构成牵连犯。

由此可见,该指示规定适用的罪数形态只是牵连犯,其适用条件为:《刑法》第198条第1款第4、5项所列行为既构成保险诈骗罪,又构成放火罪、故意杀人罪、故意伤害罪、故意毁坏财物罪等犯罪。由于保险诈骗罪侵害的法益是国家的保险管理秩序和保险人的财产所有权,[1]而故意杀人罪、故意伤害罪、虐待罪、遗弃罪侵害的法益是人身权利,放火罪侵害的法益是公共安全,故意毁坏财物罪侵害的法益是被保险人的财产权,因此,无论是单独适用保险诈骗罪,还是单独适用保险诈骗的手段行为构成的犯罪,都不能对保险诈骗行为事实的不法内容予以充分的刑法评价,只有实行数罪并罚才能实现充分评价。

---

〔1〕 参见高铭暄、马克昌主编:《刑法学》(第8版),北京大学出版社、高等教育出版社2017年版,第424页。

4.《刑法》第 241 条第 4 款适用的罪数与条件

该款指示规定适用的罪数形态与条件应当从“依照数罪并罚的规定处罚”这一处断规则出发加以确定。这就需要讨论《刑法》第241 条第 2 款、第 3 款规定的犯罪行为与收买被拐卖的妇女、儿童构成的犯罪之间的关系。

首先,从第 241 条第 2 款规定来看,该款规定,收买被拐卖的妇女,强行与其发生性关系的,依照强奸罪的规定定罪处罚。这就是说,这种情况构成强奸罪。而根据该条第 1 款的规定,收买被拐卖的妇女的行为构成收买被拐卖的妇女罪。由于强奸罪发生在收买被拐卖的妇女罪完成之后,主观上不具有牵连意图,客观上也不是服务于收买被拐卖的妇女罪,不可能包含在收买行为中,因此二者之间不构成牵连犯,属于典型数罪。

其次,从第 241 条第 3 款规定来看,该款规定,“收买被拐卖的妇女、儿童,非法剥夺、限制其人身自由或者有伤害、侮辱等犯罪行为的”,以非法拘禁罪、故意伤害罪、侮辱罪等犯罪定罪处罚。由于这些犯罪是行为人在收买被拐卖的妇女、儿童罪完成之后实施的,主观上不具有牵连意图,客观上这些犯罪也不是服务于收买被拐卖的妇女、儿童罪,不可能包含在收买行为之中,[1]因此,尽管这些犯罪与收买被拐卖的妇女、儿童罪之间具有事实上的牵连,但不构成牵连犯,而属于典型数罪。

综上,该指示规定适用的罪数为典型数罪,其适用条件为:数行为分别构成收买被拐卖的妇女、儿童罪和强奸罪、非法拘禁罪、故意伤害罪、侮辱罪等犯罪。

5.《刑法》第 244 条之一第 2 款适用的罪数与条件

该款为《刑法修正案(八)》增设雇用童工从事危重劳动罪时所

---

〔1〕 参见张明楷:《刑法学》(下)(第 5 版),法律出版社 2016 年版,第 899 页。

设置。[1] 该款指示规定适用的罪数形态与条件应当从“依照数罪并罚的规定处罚”这一处断规则出发加以确定。这就需要讨论《刑法》第 244 条之一第 1 款规定的雇用童工从事危重劳动罪与其在造成事故的情况下构成的其他犯罪之间的关系。

雇用童工从事危重劳动造成事故的行为,除了构成雇用童工从事危重劳动罪,还可构成重大责任事故罪、强令他人违章冒险作业罪和重大劳动安全事故罪。行为人在雇用童工从事危重劳动过程中,生产、作业违反安全管理规定,因而发生重大伤亡事故的,构成重大责任事故罪;强令童工违章冒险作业因而发生重大伤亡事故的,构成强令他人违章冒险作业罪;因在安全生产的设施或安全生产的条件方面不符合国家规定而发生重大伤亡事故的,构成重大劳动安全事故罪。

由于雇用童工从事危重劳动的行为构成重大责任事故罪、强令他人违章冒险作业罪和重大劳动安全事故罪都以造成事故为条件,而雇用童工从事危重劳动罪的成立无须造成事故,因此从数罪关系来看,这并非一行为触犯数个不同罪名的想象竞合犯,而是牵连犯。其中,雇用童工从事危重劳动的行为是原因行为,构成重大责任事故罪、强令他人违章冒险作业罪或重大劳动安全事故罪的行为是结果行为,二者形成原因行为与结果行为的牵连犯。又由于雇用童工从事危重劳动的行为造成事故的情况下,只以雇用童工从事危重劳动罪定罪处罚不能充分评价该行为事实,只以重大责任事故罪、强令他人违章冒险作业罪或重大劳动安全事故罪定罪处罚也不能充分评价该行为事实,因此,为对该行为事实作充分评价,刑法规定对其实行数罪并罚。可见,该指示规定适用的罪数为牵连犯,其适用条件为:雇用童工从事危重劳动的行为造成事故,既构成雇用童工从事危重劳动罪,又构成重大责任事故罪或者强令他人违章冒险作业罪等

[1] 该款规定:“有前款行为,造成事故,又构成其他犯罪的,依照数罪并罚的规定处罚。”

犯罪。

6.《刑法》第280条之二第3款适用的罪数与条件

该款为《刑法修正案(十一)》增设冒名顶替罪时所设置。[1] 有的学者认为,该款适用于想象竞合犯。[2] 笔者不同意这种看法。从该款指示规定的处断规则出发分析,笔者的判断是,该款不适用于想象竞合犯,只适用于牵连犯。

(1)该款不适用于想象竞合犯

首先,从该款的处断规则来看,该款不适用于想象竞合犯。想象竞合犯是一行为触犯数罪名的罪数形态。因其触犯的数罪名是一行为导致的,为禁止重复评价,学界和司法实务的主流观点是,对其"从一重罪处断"。[3] 从刑法分则"依照处罚较重的规定定罪处罚"的规定来看,立法者也认可了想象竞合犯的处断规则是"从一重罪处断"。既然如此,从解释的逻辑性、协调性上说,即使是为了体现对国家工作人员的"从严惩处",对想象竞合犯也只能是在"从一重罪"的基础上"从重处罚",不可能直接"数罪并罚"。这是因为,从我国刑法分则对特殊主体犯一般主体构成之罪"从严惩处"的规定来看,只是对特殊主体"从重处罚",没有出现数罪并罚的规定。即便是特殊主体实施一般主体构成之罪时有"利用职权""滥用职权"等违法情形,也是如此。例如,国家机关工作人员利用职权犯非法拘禁罪的,"从重处罚";司法工作人员滥用职权犯非法搜查罪、非法侵入住宅罪的,"从重处罚";等等。

对特殊主体实施"一行为数罪"构成的想象竞合犯适用"从一重罪从重处断",《刑法》第307条之一第4款规定就是例证。该款明确规定,司法工作人员利用职权与他人共同实施虚假诉讼罪的行为同

---

[1] 该款规定:"国家工作人员有前两款行为,又构成其他犯罪的,依照数罪并罚的规定处罚。"

[2] 参见王彦强:《〈刑法修正案(十一)〉中竞合条款的理解与适用》,载《政治与法律》2021年第4期。

[3] 参见贾宇主编:《刑法学》(上册),高等教育出版社2019年版,第260页。

时构成其他犯罪的,“依照处罚较重的规定定罪从重处罚”。此处的“依照处罚较重的规定定罪”是对该款想象竞合犯的“从一重罪处断”,而“从重处罚”则是对“司法工作人员”这一特殊主体的“从严惩处”。由此可见,想象竞合犯不会因为其是特殊主体实施、要对特殊主体“从严惩处”而实行数罪并罚。

而该款的处断规则是“依照数罪并罚的规定处罚”,这既不同于从一重罪处断,也不同于从一重罪从重处断。应该说,从一重罪处断、从一重罪从重处断和数罪并罚在刑罚轻重上存在着由轻到重的逻辑顺序,对数罪无论是从一重罪处断,还是从一重罪从重处断,都轻于数罪并罚。因此,如果将数罪并罚规则适用于想象竞合犯,不但会导致一行为的重复评价,还会出现对国家工作人员罚过于罪。退一步说,如果认为该款数罪并罚规则适用于“一行为数罪”的想象竞合犯,那就更应适用于作为“数行为数罪”的牵连犯,其结果是导致该款中的想象竞合犯与牵连犯的处罚没有区别,有违罪刑均衡原则。

其次,从该款适用条件的表述看,不同于想象竞合犯。刑法分则对于想象竞合犯适用条件的表述方式是:有前款行为(有前两款行为),同时构成其他犯罪的。如《刑法》第 120 条之二第 2 款、第 133 条之一第 3 款、第 280 之一第 2 款等条款都是这样表述的。而该款“依照数罪并罚的规定处罚”适用条件的表述是:“国家工作人员有前两款行为,又构成其他犯罪的。”这里对于“构成其他犯罪的”表述,使用的只是“又”,而没有使用“同时”。“同时”意味着构成的“其他犯罪”与前款之罪时间同步,没有先后,因而只能是前款之罪的同一行为构成数罪;而“又”则不一定时间同步,构成的“其他犯罪”可能与冒名顶替罪存在时间上的先后,因而构成的“其他犯罪”可能是“前两款行为”即冒名顶替罪的关联行为使然。这样的文字表达,从解释论来说,应认为是立法者有意为之。既然如此,就不应当将其与其他条款中的“同时构成其他犯罪的”作相同的理解。更明确地说,不能将该款表述的罪数形态与其他“同时构成”条款一样解释为想象竞合犯,也不能因为其是“国家工作人员”这一特殊主体实施而将其勉强地认为是想象竞合犯。这是因为,即便该款是专门针对国家工作人员本人实施冒名顶替行为或者组织、指使他人实施冒名顶替行为时又触犯其他罪名而构成的想象竞合犯作出的规定,立法者也完全没有必要使用与其他条款规定的想象竞合犯不同的文字表述。因此,笔者认为,该款只能理解为不是针对想象竞合犯作出的指示规定。

(2)该款适用于牵连犯

首先,该款适用于牵连犯不存在解释上的障碍。我国刑法对牵连犯虽然在总则中没有作出规定,但在分则中存在不少规定。在处断规则上,有的规定对牵连犯采取的是“从一重罪从重处罚”,如《刑法》第307条之一第3款的规定;有的规定虽然对牵连犯以某一罪定罪从重处罚,但从具有牵连关系的数罪的法定刑比较来看,实际上也是采取“从一重罪从重处罚”,如《刑法》第253条第2款的规定;[1] 有的规定对牵连犯采取“依照数罪并罚的规定处罚”,如《刑法》第157条第2款、第198条第2款等条款的规定。[2] 因此,在解释论上,无论认为牵连犯的处断规则是“从一重罪从重处罚”,还是“依照数罪并罚的规定处罚”,都是有法律依据的,不存在解释上的障碍。反过来说,无论是“从一重罪从重处罚”还是“数罪并罚”的处断规则都可适用于牵连犯。据此,认为该款中的“依照数罪并罚的规定处罚”适用于牵连犯的观点,从解释的体系性、协调性来说,不存在障碍。不过,从合理性、罪刑均衡方面来说,笔者认为牵连犯恰当的处断规则应是“从一重罪从重处罚”。关于这一点,前已述及,此处不再赘述。

其次,该款适用于牵连犯符合立法逻辑和罪刑均衡要求。从冒名顶替罪的第1款、第2款规定来看,冒名顶替罪的主体是一般主体,无论是国家工作人员还是非国家工作人员,只要是达到刑事责任年龄、具有辨认控制能力的自然人实施本罪规定中的行为,都可构成本罪,也都可能出现该罪第3款中的“有前两款行为,又构成其他犯

---

[1] 参见黎宏:《刑法学总论》(第2版),法律出版社2016年版,第332页。

[2] 这些条款中的数罪通常属于牵连犯,其处断规则是“依照数罪并罚的规定处罚”。

罪”的情形。换言之,从主体是否特殊角度看,第 3 款中的“有前两款行为,又构成其他犯罪”的情形可以区分为两类:一是一般主体实施冒名顶替行为或者组织、指使他人实施冒名顶替行为又构成其他犯罪的情形;二是“国家工作人员”这类特殊主体实施冒名顶替行为或者组织、指使他人实施冒名顶替行为又构成其他犯罪的情形。由于特殊主体实施冒名顶替行为或者组织、指使他人实施冒名顶替行为又构成其他犯罪的社会危害性大于一般主体,因此从罪刑均衡的角度考虑,应区别对待。如果一般主体实施冒名顶替行为或者组织、指使他人实施冒名顶替行为又构成其他犯罪的情形,应“从一重罪从重处罚”,那么为区别于一般主体,体现对“国家工作人员”实施冒名顶替行为或者组织、指使他人实施冒名顶替行为又构成其他犯罪的“从严惩处”,对国家工作人员实施冒名顶替行为或者组织、指使他人实施冒名顶替行为又构成其他犯罪的情形实行“数罪并罚”,就理所当然。简言之,该款处断规则的内在逻辑是,如果“从一重罪从重处罚”适用于一般主体实施冒名顶替行为或者组织、指使他人实施冒名顶替行为又构成其他犯罪的情形,那么,“数罪并罚”就应适用于“国家工作人员”这个特殊主体,以体现对国家工作人员的“从严惩处”,实现其与一般主体的罪刑均衡。

(3)该款构成牵连犯的情形

以分工为标准,犯罪行为有实行行为、组织行为、教唆行为和帮助行为之分。《刑法》第 280 条之二第 1 款、第 2 款对冒名顶替罪的实行行为、组织行为、教唆行为均有文字表述。其第 2 款对组织、指使他人实施冒名顶替行为以冒名顶替罪“从重处罚”,就是对组织行为、教唆行为作出的特别规定。该条虽然没有对帮助行为作出规定,但冒名顶替犯罪往往需要一系列行为方能完成,[1]除冒名顶替者自己实施行为外,国家工作人员为冒名顶替者提供帮助并不少

〔1〕 参见杨万明主编:《〈刑法修正案(十一)〉条文及配套〈罪名补充规定(七)〉理解与适用》,人民法院出版社 2021 年版,第 283 页。

见,只是因为在此无须设款规定,直接依照刑法总则关于共同犯罪的规定处理即可。据此,该条第3款即“国家工作人员有前两款行为,又构成其他犯罪”构成的牵连犯,从犯罪行为的分工类型角度看,有如下几类情形,应“依照数罪并罚的规定处罚”。

第一,国家工作人员本人实行冒名顶替产生的牵连犯的情形。若国家工作人员本人冒名顶替获取利益,国家工作人员则是冒名顶替罪的实行犯。据《刑法》第280条之二第1款的规定,冒名顶替罪的实行行为是指“盗用、冒用他人身份,顶替他人取得的高等学历教育入学资格、公务员录用资格、就业安置待遇”的行为。由此可见,冒名顶替罪的实行行为是手段与目的的结合。“盗用、冒用他人身份”是本罪的实行手段,具有复杂多样性;“顶替他人取得的高等学历教育入学资格、公务员录用资格、就业安置待遇”是实行目的。无论是本罪的手段行为还是目的行为,都有可能构成本罪之外的其他犯罪。因此,就国家工作人员本人实行冒名顶替而言,其产生的牵连犯可以从“盗用、冒用”和“顶替”两个环节构成的犯罪来看。

首先,从“盗用、冒用”手段环节看,“盗用、冒用他人身份”是指行为人盗用、冒用能够证明他人身份的证件、证明文件、档案、户籍材料、入学通知书或录用通知书,以达到自己替代他人的法律地位,获取被替代者利益的目的。[1] 其中“盗用、冒用”的实施往往涉及私自开拆、隐匿录取、录用通知书和伪造、变造身份证件、证明文件类犯罪,如侵犯通信自由罪,伪造、变造、买卖身份证件罪,伪造、变造、买卖国家机关公文、证件、印章罪等,因为“他人身份”是要通过证件、证明文件、档案、户籍材料等予以证实的他人的法律地位。这些犯罪因冒名顶替而实施,故与冒名顶替罪构成牵连犯。例如,国家工作人员为了冒名顶替他人获取高校录取通知书、公务员录用通知书,通过隐匿、非法开拆被顶替者的信件、邮件,获取被顶替者的高校录取通知

〔1〕 参见许永安主编:《中华人民共和国刑法修正案(十一)解读》,中国法制出版社2021年版,第296页。

书或公务员录用通知书,情节严重的,即构成侵犯通信自由罪与冒名顶替罪的牵连犯;若是属于"国家工作人员"的邮政工作人员实施上述行为,则构成私自开拆、隐匿邮件罪与冒名顶替罪的牵连犯。又如,国家工作人员为了冒名顶替他人获取利益,通过伪造、变造印章,更改或伪造档案材料,将自己伪造成被顶替者的身份的,即构成伪造、变造事业单位印章罪或者伪造、变造国家机关印章罪与冒名顶替罪的牵连犯。再如,国家工作人员为了冒名顶替他人获取利益,通过伪造、变造、买卖身份证件,使用虚假身份证件、盗用身份证件,办理虚假的身份证件等手段伪造户籍材料,办理户口迁移证明材料,情节严重的,即构成伪造、变造、买卖身份证件罪,使用虚假身份证件、盗用身份证件罪等犯罪与冒名顶替罪的牵连犯。若在伪造、涂改档案材料,办理虚假证明材料的过程中,对其他国家工作人员行贿的,还构成行贿罪与冒名顶替罪的牵连犯。

其次,从"顶替"目的环节看,"顶替他人"的目的是取得他人的高等学历教育入学资格、公务员录用资格或就业安置待遇。而入学、录用、就业安置待遇均需进行一定的资格审查。在资格审查环节,国家工作人员为冒名顶替他人获取利益,对入学、录用、就业安置待遇的资格审查者或相关负责人行贿,构成行贿罪或对非国家工作人员行贿罪的,就构成行贿罪或对非国家工作人员行贿罪与冒名顶替罪的牵连犯。

第二,国家工作人员组织、指使他人冒名顶替产生的牵连犯的情形。国家工作人员组织、指使他人实施冒名顶替罪的,与他人(不一定是冒名顶替者)构成冒名顶替罪的共同犯罪,根据《刑法》第 280 条之二第 2 款的规定,以冒名顶替罪定罪从重处罚。《刑法》专设此"从重处罚"一款,旨在对组织、指使他人实施冒名顶替行为"从严惩处"。而国家工作人员组织、指使他人实施冒名顶替犯罪行为,不但难免涉及证件、证明文件类犯罪,而且往往涉及职务犯罪,因此构成冒名顶替罪的牵连犯。例如,国家工作人员因索取、收受贿赂而组织、指使他人实施伪造、变造印章、身份或户籍,更改或伪造档案材料等一系列盗用、冒用被顶替者身份的冒名顶替罪的手段行为，不但构成受贿罪与冒名顶替罪的牵连犯，而且构成伪造、变造印章、身份证件等犯罪与冒名顶替罪的牵连犯。又如，国家工作人员滥用职权，组织、指使他人实施伪造、变造、更改身份、户籍或档案材料等冒名顶替罪的手段行为，不但构成滥用职权罪与冒名顶替罪的牵连犯，而且构成伪造、变造、买卖身份证件罪与冒名顶替罪的牵连犯。再如，国家工作人员因受贿而组织、指使招生录取、公务员录用、就业安置待遇的资格审查者不审查或不按要求审查，使冒名顶替者顺利过关，即构成受贿罪与冒名顶替罪的牵连犯；国家工作人员滥用职权，组织、指使录取、录用、就业安置待遇的资格审查者不审查或不按要求审查，使冒名顶替者顺利过关，即构成滥用职权罪与冒名顶替罪的牵连犯；若是国家机关工作人员在高校招生、公务员录用过程中组织、指使他人冒名顶替，徇私舞弊，情节严重，还构成招收公务员、学生徇私舞弊罪与冒名顶替罪的牵连犯。

第三，国家工作人员帮助他人冒名顶替产生的牵连犯的情形。国家工作人员帮助他人实施冒名顶替罪的，与他人构成冒名顶替罪的共同犯罪，属于帮助犯，按照刑法总则关于共同犯罪的规定，应以冒名顶替罪定罪处罚。前已述及，实施冒名顶替罪，往往离不开国家工作人员的帮助。而国家工作人员为冒名顶替者提供帮助，往往涉及职务犯罪，从而构成相关职务犯罪与冒名顶替罪的牵连犯。例如，国家工作人员因受贿而利用职务之便，帮助冒名顶替者伪造身份、户籍、档案材料，这不但构成受贿罪与冒名顶替罪的牵连犯，而且构成伪造身份证件罪与冒名顶替罪的牵连犯。又如，国家工作人员滥用职权，帮助冒名顶替者顺利通过高校招生录取、公务员录用的资格审查或者获取就业安置待遇，即构成滥用职权罪与冒名顶替罪的牵连犯。再如，国家机关工作人员在招收公务员、学生工作中徇私舞弊，为冒名顶替者提供帮助，情节严重的，即构成招收公务员、学生徇私舞弊罪与冒名顶替罪的牵连犯。

综上所述，该款指示规定适用的罪数形态是牵连犯，其适用条件是：国家工作人员本人实施冒名顶替罪或者组织、指使、帮助他人实施冒名顶替罪时又牵连构成伪造、变造印章、身份证件等涉身份证明类犯罪或者受贿、滥用职权等职务犯罪。

7.《刑法》第294条第4款适用的罪数与条件

关于该款指示规定适用的罪数形态，有的学者认为其属于牵连犯；[1]有的学者认为其属于想象竞合犯；[2]还有学者认为其属于吸收犯；[3]但也有学者认为其属于相互独立、需要并罚的关系。[4] 笔者认为，该指示规定适用的罪数形态应当从"依照数罪并罚的规定处罚"这一处断规则出发加以确定。这就应当将想象竞合犯、法条竞合和吸收犯排除在外。剩下的只能是牵连犯和典型数罪。下文以组织、领导、参加黑社会性质组织罪为例作具体分析。

第294条第1款规定的组织、领导、参加黑社会性质组织罪主体实施的其他犯罪有两种情况：一是典型数罪；二是体现组织、领导、参加黑社会性质组织的意愿或体现黑社会性质组织意图的敲诈勒索、聚众斗殴、寻衅滋事、故意伤害、强迫交易、非法拘禁等犯罪。后一种情况下，组织、领导、参加黑社会性质组织罪与这些犯罪之间究竟属于何种数罪关系，需要根据法条竞合、想象竞合犯、牵连犯和吸收犯的特征来判断。

第一，从法条竞合来看，由于组织、领导、参加黑社会性质组织罪与故意伤害、敲诈勒索、寻衅滋事等关联犯罪，在构成要件上不存在

---

[1] 参见李文燕、田宏杰：《"打黑除恶"刑事法律适用解说》，群众出版社2001年版，第221页；王作富主编：《刑法分则实务研究》，中国方正出版社2001年版，第1309页；孟庆华、王敏：《刑法第294条第3款规定的理解适用问题探讨》，载《辽宁大学学报（哲学社会科学版）》2010年第5期。

[2] 参见黄京平、石磊：《试论组织、领导、参加黑社会性质组织罪的几个问题》，载《法学论坛》2002年第6期。

[3] 参见曾芳文、段启俊主编：《个罪法定情节研究与适用》，人民法院出版社2002年版，第683页。

[4] 参见于天敏等：《黑社会性质组织犯罪理论与实务问题研究》，中国检察出版社2010年版，第90页。

包容、交叉的逻辑关系,因此不存在法条竞合。

第二,从想象竞合犯来看,根据2018年施行的《最高人民法院、最高人民检察院、公安部、司法部印发〈关于办理黑恶势力犯罪案件若干问题的指导意见〉的通知》第4条的规定,[1]黑社会性质组织的组织者、领导者在组织、领导黑社会性质组织过程中实施的具体犯罪,如故意伤害、非法拘禁等犯罪,侵害被组织、领导的黑社会性质组织成员的人身权利,如果能为"组织""领导"行为所包含或者是"组织""领导"行为的具体表现,就应认定为一个"组织""领导"行为,则行为构成组织、领导黑社会性质组织罪又构成故意伤害罪、非法拘禁罪时,属于想象竞合犯。"参加"黑社会性质组织以"参与黑社会性质组织违法犯罪活动"为认定条件,[2]因此黑社会性质组织参加者实施的具体犯罪如果是"参加"行为的具体表现,应认定为一行为触犯数罪名的想象竞合犯。

第三,从牵连犯来看,由于"暴力或以暴力相威胁始终是黑社会性质组织实施违法犯罪活动的基本手段"[3],因此组织、领导、参加黑社会性质组织罪与以暴力或以暴力相威胁实施的行为构成的犯罪之间必然会存在一定的牵连关系。如果黑社会性质组织的组织者、领导者、参加者实施的具体犯罪是实施组织、领导、参加黑社会性质组织罪的手段或结果,那么,组织、领导、参加黑社会性质组织罪与手段行为或结果行为所触犯的其他罪名之间构成牵连犯。由于牵连犯中数行为构成的数罪侵害的法益不同,因此只是以组织、领导、参加黑社会性质组织罪或者仅以黑社会性质组织支配下实施的犯罪定罪

---

[1] 该条规定,"组织"黑社会性质组织是指"发起、创建黑社会性质组织,或者对黑社会性质组织进行合并、分立、重组的行为";"领导"黑社会性质组织是指"实际对整个组织的发展、运行、活动进行决策、指挥、协调、管理的行为"。

[2] 参见2018年1月16日施行的《最高人民法院、最高人民检察院、公安部、司法部印发〈关于办理黑恶势力犯罪案件若干问题的指导意见〉的通知》第5条。

[3] 2018年1月16日施行的《最高人民法院、最高人民检察院、公安部、司法部印发〈关于办理黑恶势力犯罪案件若干问题的指导意见〉的通知》第9条。

处罚,都不能充分评价行为事实,故应实行数罪并罚。[1]

第四,从吸收犯来看,行为人在组织、领导、参加黑社会性质组织罪实施过程中,如果其实施的具体犯罪针对的对象、侵害的法益与组织、领导、参加黑社会性质组织罪具有同一性,那么组织、领导、参加黑社会性质组织罪与其关联的具体犯罪之间具有吸收关系,构成吸收犯。但因吸收犯以重罪吸收轻罪为处断规则,故不属于该指示规定适用的罪数范围。

第五,如果组织、领导、参加黑社会性质组织罪与其他犯罪不具有竞合、吸收、牵连关系,就属于典型数罪,应实行数罪并罚。

综上所述,该指示规定适用的罪数范围为牵连犯和典型数罪,其适用条件为:数行为分别构成组织、领导、参加黑社会性质组织罪和其他犯罪,数个不同罪之间要么构成牵连犯,要么是不具有牵连关系的典型数罪。

8.《刑法》第 300 条第 3 款适用的罪数与条件

该款指示规定适用的罪数与条件应当从“依照数罪并罚的规定处罚”这一处断规则出发加以确定。这就需要讨论《刑法》第 300 条第 1 款规定的组织、利用会道门、邪教组织、利用迷信破坏法律实施罪与该罪主体实施的奸淫妇女、诈骗财物等犯罪之间的关系。

行为人在实行组织、利用会道门、邪教组织、利用迷信破坏法律实施行为的过程中,奸淫妇女的,构成强奸罪;诈骗财物达到数额较大的,构成诈骗罪。这里的强奸罪、诈骗罪与组织、利用会道门、邪教组织、利用迷信破坏法律实施罪存在事实上的牵连关系。如果行为人主观上以实施强奸、诈骗为最终目的,则二者在主观上具有牵连意图,就构成牵连犯。否则不构成牵连犯,属于典型数罪。在构成牵连犯的情况下,由于组织、利用会道门、邪教组织、利用迷信破坏法律实施罪侵害的法益是国家实施法律、法规的正常秩序,强奸罪侵害的法

---

[1] 参见彭辅顺:《黑恶势力犯罪的数罪关系与处断》,载《北京联合大学学报(人文社会科学版)》2018 年第 2 期。

益是妇女性的自己决定权,诈骗罪侵害的法益是公私财产所有权,因此构成牵连犯的数罪侵害的法益不同,单以其中一罪处断不能充分评价行为事实,故刑法指示规定对这种情况实行数罪并罚。由此可见,该指示规定适用的罪数形态包括牵连犯和典型数罪,其适用条件为:数行为分别构成组织、利用会道门、邪教组织、利用迷信破坏法律实施罪和强奸罪、诈骗罪等犯罪。数个不同罪之间要么构成牵连犯,要么构成不具有牵连关系的典型数罪。

9.《刑法》第 318 条第 2 款适用的罪数与条件

该款指示规定适用的罪数与条件应当从"依照数罪并罚的规定处罚"这一处断规则出发加以确定。这就需要讨论《刑法》第 318 条第 1 款规定的组织他人偷越国(边)境罪与该罪主体对被组织人实施的杀害、伤害、强奸、拐卖等犯罪以及对检查人员实施的杀害、伤害等犯罪之间的关系。

组织他人偷越国(边)境罪,是指违反国(边)境管理法规,组织他人偷越国(边)境的犯罪行为。行为人对被组织的偷越国(边)境者实施杀害、伤害、强奸、拐卖等行为的,构成故意杀人,故意伤害,强奸,拐卖妇女、儿童等犯罪;行为人对边防检查人员实施符合故意杀人罪、故意伤害罪等犯罪构成要件的杀害、伤害等行为的,构成故意杀人罪、故意伤害罪等犯罪。由于这些犯罪行为发生在行为人组织他人偷越国(边)境的过程中,因此与组织他人偷越国(边)境罪存在事实上的关联。但不一定构成牵连犯。如果行为人对被组织人实施杀害、伤害等犯罪是为了顺利实施组织他人偷越国(边)境行为,则主观上具有牵连意图,客观上存在牵连关系,构成牵连犯。如果行为人对被组织者实施杀害、伤害、强奸等犯罪是在组织他人偷越国(边)境的过程中另起犯意实施的,这些行为的实施并不是为了组织他人偷越国(边)境,那么不构成牵连犯,属于典型数罪。行为人在组织他人偷越国(边)境的过程中,为抗拒检查,对检查人员实施杀害、伤害等犯罪,构成故意杀人罪、故意伤害罪与妨害公务罪的想象竞合犯,应以故意杀人罪、故意伤害罪定罪处罚。而行为人对检查人员实施故意杀人罪、故意伤害罪是为了组织他人偷越国(边)境,因此故意杀人罪、故意伤害罪与组织他人偷越国(边)境之间在主观上存在牵连意图,客观上存在牵连关系,构成牵连犯。由于组织他人偷越国(边)境罪侵害的法益是国家的出入境管理秩序,故意杀人罪侵害的法益是他人的生命权利、故意伤害罪侵害的法益是他人的健康权利、强奸罪侵害的法益是妇女性的自己决定权,构成牵连犯的数罪侵害的法益不同,单以组织他人偷越国(边)境罪或单以故意杀人罪、故意伤害罪、强奸罪定罪处罚,都不能充分评价该行为事实,因此应实行数罪并罚。但是,以拐卖为目的,组织妇女、儿童偷越国(边)境,将妇女、儿童卖往境外,构成牵连犯的情形,不能实行数罪并罚。因为《刑法》第 240 条第 1 款明确规定:将妇女、儿童卖往境外的,处 10 年以上有期徒刑或者无期徒刑,并处罚金或者没收财产;情节特别严重的,处死刑,并处没收财产,所以,此种情形以拐卖妇女、儿童罪的加重构成定罪处罚,就能够充分评价行为事实。

由此可见,该指示规定适用的罪数范围包括牵连犯(组织他人偷越国(边)境罪与拐卖妇女、儿童罪构成的牵连犯除外)和典型数罪,其适用条件为:数行为分别构成组织他人偷越国(边)境罪和故意杀人、故意伤害、强奸等犯罪。数个不同罪之间要么构成牵连犯,要么构成不具有牵连关系的典型数罪。

10.《刑法》第 321 条第 3 款适用的罪数与条件

该款指示规定适用的罪数与条件应当从“依照数罪并罚的规定处罚”这一处断规则出发加以确定。这就需要讨论《刑法》第 321 条第 1、2 款规定的运送他人偷越国(边)境罪与该罪主体对被运送人实施的杀害、伤害、强奸、拐卖等犯罪以及对检查人员实施的杀害、伤害等犯罪之间的关系。

实施运送他人偷越国(边)境罪的行为人,对被运送的偷越国(边)境者实施杀害、伤害、强奸、拐卖等行为的,构成故意杀人罪,故意伤害罪,强奸罪,拐卖妇女、儿童罪等犯罪;行为人对边防检查人员实施符合故意杀人罪、故意伤害罪等犯罪构成要件的杀害、伤害等行为的,构成故意杀人罪、故意伤害罪等犯罪。由于这些犯罪行为发生在行为人运送他人偷越国(边)境的过程中,因此与运送他人偷越国(边)境罪存在事实上的关联。但不一定构成牵连犯。如果行为人对被运送人实施杀害、伤害等犯罪是为了顺利实施运送他人偷越国(边)境的行为,则主观上具有牵连意图,客观上存在牵连关系,构成牵连犯。如果行为人对被运送者实施杀害、伤害、强奸等犯罪是在运送他人偷越国(边)境的过程中另起犯意实施的,这些行为的实施并不是为了运送他人偷越国(边)境,那么不构成牵连犯,属于典型数罪。行为人在运送他人偷越国(边)境的过程中,为抗拒检查,对检查人员实施杀害、伤害等犯罪,构成故意杀人罪、故意伤害罪与妨害公务罪的想象竞合犯,应以故意杀人罪、故意伤害罪定罪处罚。而行为人对检查人员实施故意杀人罪、故意伤害罪是为了运送他人偷越国(边)境,因此故意杀人罪、故意伤害罪与运送他人偷越国(边)境之间主观上存在牵连意图,客观上存在牵连关系,构成牵连犯。由于运送他人偷越国(边)境罪侵害的法益是国家的出入境管理秩序、故意杀人罪侵害的法益是他人的生命权利、故意伤害罪侵害的法益是他人的健康权利、强奸罪侵害的法益是妇女性的自己决定权,构成牵连犯的数罪侵害的法益不同,单以运送他人偷越国(边)境罪或单以故意杀人罪、故意伤害罪、强奸罪等犯罪定罪处罚,都不能充分评价该行为事实,因此应实行数罪并罚。

由此可见,该指示规定适用的罪数范围包括牵连犯和典型数罪,其适用条件为:数行为分别构成运送他人偷越国(边)境罪和故意杀人罪、故意伤害罪、强奸罪等犯罪。数个不同罪之间要么构成牵连犯,要么构成不具有牵连关系的典型数罪。

11.《刑法》第358条第3款适用的罪数与条件

该款指示规定适用的罪数与条件应当从"依照数罪并罚的规定处罚"这一处断规则出发加以确定。这就需要讨论第358条第1款规定的组织卖淫罪、强迫卖淫罪与该罪主体实施的杀害、伤害、强奸、绑架等犯罪之间的关系。

“组织卖淫罪是指以招募、雇佣、引诱、容留等手段,纠集、控制他人从事卖淫的行为。”[1]强迫卖淫罪是指使用暴力、威胁等强制方法迫使他人卖淫的行为。如果杀害、伤害、强奸、绑架等犯罪行为是在组织卖淫、强迫卖淫的过程中实施的,那么这些犯罪行为与组织卖淫罪、强迫卖淫罪就存在关联。但不一定构成牵连犯。只有杀害、伤害、强奸、绑架等犯罪行为作为组织卖淫罪、强迫卖淫罪的手段实施,才能构成牵连犯。如果杀害、伤害、强奸、绑架等犯罪行为并非为了实施组织卖淫罪、强迫卖淫罪,那么属于典型数罪。在构成牵连犯的情况下,由于组织卖淫罪侵害的法益是国家对社会风尚的管理秩序,强迫卖淫罪侵害的法益是国家对社会风尚的管理秩序和公民的人身权利,[2]而杀害、伤害(重伤以上)、强奸、绑架等犯罪均是侵犯公民人身权利的重罪,因此单以组织卖淫罪、强迫卖淫罪或单以故意杀人罪、故意伤害罪、强奸罪、绑架罪定罪处罚,不能做到充分评价,应实行数罪并罚。

由此可见,该指示规定适用的罪数范围包括牵连犯和典型数罪,其适用条件为:数行为分别构成组织卖淫罪或强迫卖淫罪和故意杀人罪、故意伤害罪、强奸罪、绑架罪等犯罪。这些犯罪要么构成牵连犯,要么构成不具有牵连关系的典型数罪。

综上所述,刑法分则中 11 个“依照数罪并罚的规定处罚”之规定适用的罪数范围为牵连犯和典型数罪,其适用条件为:数行为分别构成不同的犯罪,不同的犯罪之间要么构成牵连犯,要么属于典型数罪。

五、其他指示规定适用的罪数与条件

(一)《刑法》第 171 条第 3 款适用的罪数与条件

该款指示规定适用的罪数为吸收犯,理由有如下三点:一是伪造

---

[1] 高铭暄、马克昌主编:《刑法学》(第 8 版),北京大学出版社、高等教育出版社 2017 年版,第 603 页。

[2] 参见高铭暄、马克昌主编:《刑法学》(第 8 版),北京大学出版社、高等教育出版社 2017 年版,第 603 页。

货币的行为构成伪造货币罪,出售或者运输伪造的货币且数额较大的行为构成出售、运输假币罪,这是数行为分别构成不同的罪名,符合吸收犯的数行为、数罪名特征。二是伪造货币与出售或者运输伪造的货币的行为在对象和法益侵害上具有同一性。具体来说,行为人出售、运输的假币是行为人自己伪造的;如果行为人出售或者运输的假币不是其伪造的货币,就不构成吸收犯。此外,伪造货币行为和出售、运输假币行为都侵害国家对货币的管理秩序。正因为这一点,二者不构成牵连犯。三是伪造货币的行为与出售、运输假币的行为发生在同一犯罪过程中,出售、运输假币行为是伪造货币行为的自然结果,且伪造货币罪是我国《刑法》中的重罪,能够包容出售、运输假币的行为,故行为之间具有吸收关系。因此,伪造货币与出售、运输假币这两个行为构成的数罪符合吸收犯的特征,应认定为吸收犯。从罪数理论上说,吸收犯应以吸收之罪定罪处罚,但该指示规定确定了依照伪造货币罪定罪从重处罚的规则,可以说是对吸收犯处断规则的特别规定。不过,这种特别规定值得检讨。

该款指示规定的适用条件为:行为人既有伪造货币的行为,又有出售或者运输伪造的货币的行为,且行为人出售或运输的假币是行为人自己伪造的;如果行为人出售或者运输的假币不是其伪造的,那么伪造货币与出售、运输假币之间形成的罪数为典型数罪,应实行数罪并罚。需要指出的是,根据该指示规定的表述,伪造货币并出售或者运输伪造的货币的行为,只要构成伪造货币罪,即使出售、运输的假币没有达到入罪要求,不构成出售、运输假币罪,也要以伪造货币罪定罪从重处罚。

(二)《刑法》第196条第3款适用的罪数与条件

关于该款指示规定适用的罪数,有的学者认为,盗窃信用卡与使用盗窃的信用卡之间存在牵连关系,盗窃信用卡是本罪行为,而非法使用盗窃的信用卡的行为为盗窃目的服务,是结果行为,故其适用于牵连犯。[1] 但有的学者认为其适用于吸收犯，理由是：盗窃行为是主行为，冒用他人名义使用信用卡的行为是盗窃罪的继续，是从行为，按照主行为吸收从行为的原则，应定盗窃罪。[2]

笔者认为，该款指示规定中虽然存在盗窃信用卡和使用信用卡两个行为，但并不构成牵连犯和吸收犯。因为无论是牵连犯还是吸收犯，都要求数行为分别构成数罪。但是，盗窃信用卡的行为不构成盗窃罪。一般认为，信用卡只是数字化财物的载体，其并非所载财物本身。行为人取得信用卡只是占有了数字化财物的载体，而不是取得了信用卡记载的财物，行为人要实际获得信用卡所记载的财物还必须通过使用信用卡的行为。[3] 由此，行为人盗窃了他人的信用卡并不等于就获得了该信用卡内的财物。信用卡只是相当于一个“电子钱柜”，而打开这个“钱柜”的“钥匙”就是信用卡的账号与密码。也就是说，仅盗窃信用卡而没有刷卡取钱或购物消费，不可能使信用卡所有人遭受财产损失，故不构成盗窃罪。既然盗窃信用卡的行为不构成盗窃罪，即便使用窃取的信用卡的行为构成盗窃罪或信用卡诈骗罪，也只有一行为构成犯罪，而不是数行为分别构成不同的犯罪，那么盗窃信用卡并使用的行为不可能构成牵连犯和吸收犯。

虽然盗窃信用卡并使用的行为中，盗窃不具有独立成罪的意义，但是行为人使用其窃取的他人信用卡取钱、套现或消费，属于《刑法》第 196 条第 1 款第 3 项规定的“冒用他人信用卡”的行为，如果取钱、套现或消费数额较大，就构成信用卡诈骗罪。而且，行为人如果针对自然人（特约商户）取钱、套现或消费，该行为也是一种隐瞒真相、骗取财物的行为，如果数额较大，构成诈骗罪。这就存在诈骗罪与信用卡诈骗罪的法条竞合问题，按照特别法优于一般法的规则，应

---

〔1〕 参见陈兴良主编：《刑法新罪评释全书》，中国民主法制出版社 1995 年版，第 531 页。

〔2〕 参见陈明华主编：《刑法学》，中国政法大学出版社 1999 年版，第 508 页。

〔3〕 参见刘宪权：《盗窃信用卡并使用行为定性的困境与破解》，载《法学评论》2018 年第 6 期。

定信用卡诈骗罪。如果行为人对机器使用盗窃来的信用卡,因机器不能被骗,这种行为只能构成盗窃罪。可见,盗窃信用卡并使用的行为构成的犯罪是实质的一罪。

根据《刑法》第196条第3款的规定,依照盗窃罪定罪处罚的适用条件为:盗窃信用卡并使用。从其字面含义上看,行为人不但要盗窃信用卡,而且要使用该盗窃来的信用卡,才能按照盗窃罪定罪处罚。也就是说,盗窃信用卡是必要条件。如果行为人冒用的他人信用卡并非其盗窃得到,而是通过抢夺、诈骗、拾得等方式取得后使用该信用卡的,不能按照盗窃罪定罪处罚。此外,行为人使用的信用卡也必须是其盗窃的信用卡。也就是说,盗窃与使用的对象具有同一性,否则也不能按照盗窃罪定罪处罚。

虽然《全国人民代表大会常务委员会关于〈中华人民共和国刑法〉有关信用卡规定的解释》规定,"信用卡是指由商业银行或者其他金融机构发行的具有消费支付、信用贷款、转账结算、存取现金等全部功能或者部分功能的电子支付卡",但是,随着电子商务的发展,对于信用卡的使用并不限于实体卡,也可以是信用卡信息资料。又由于盗窃信用卡不具有独立成罪的意义,不需要作独立的刑法评价,因此,作为该款行为对象的信用卡应不限于信用卡片,还应包括信用卡信息资料,如账号、秘密、持卡人姓名。故盗窃他人信用卡信息资料并使用的行为也可根据该款规定按照盗窃罪定罪处罚。

该款规定的"使用"是指按照信用卡本身的功能即通常使用方法加以利用。"使用"可以是盗窃行为人自己直接使用盗窃到的信用卡,也可以是盗窃行为人利用他人予以使用。但是,"使用"不包括出售。"使用"是利用信用卡取现或消费的行为,而出售是通过出卖信用卡获利的行为,二者性质不同。因此,盗窃信用卡后出售该卡的行为不能按照盗窃罪定罪处罚。

(三)《刑法》第198条第4款适用的罪数与条件

关于该款指示规定适用的罪数,有的学者认为其适用于法条竞合,理由是:保险事故的鉴定人、证明人、财产评估人与保险诈骗行为人事先通谋,故意提供虚假证明文件的行为是保险诈骗行为的一部分,而与提供虚假证明文件罪构成法条竞合的关系。[1] 有的学者认为其适用于想象竞合犯,因为保险事故的鉴定人、证明人、财产评估人的行为同时触犯了提供虚假证明文件罪和保险诈骗罪(帮助犯),属于一行为触犯数罪名,符合想象竞合犯的特征,所以应按从一重罪处断规则对其以保险诈骗罪的共犯论处。[2]

笔者认为,该款"以保险诈骗的共犯论处"的规定与《刑法》第229条规定的提供虚假证明文件罪之间不存在法条竞合关系。因为法条竞合是指刑法分则规定的个罪构成要件因在逻辑上存在包容或交叉的逻辑关系而产生的竞合。而《刑法》第229条规定的提供虚假证明文件罪的构成要件与该款规定的适用条件虽然都有"故意提供虚假的证明文件"的行为,二者的行为主体也都有财产评估人或资产评估人,但是,该款规定既不是保险诈骗罪构成要件的规定,也不是分则其他个罪构成要件的规定,而是指示规定,即指示司法人员在保险事故的鉴定人、证明人、财产评估人故意提供虚假的证明文件,为他人诈骗提供条件的情况下,即使该行为构成提供虚假证明文件罪,也应以保险诈骗罪的共犯论处。

由于提供虚假证明文件罪的主体包括承担资产评估、验资、验证、会计、审计、法律服务、保荐、安全评价、环境影响评价、环境监测等职责的中介组织的人员,该款规定的适用对象包括保险事故的鉴定人、证明人和财产评估人。显然,两个法条规定的犯罪主体具有一定的重合性。因此,如果保险事故的鉴定人、财产评估人明知他人有骗取保险金的目的,而故意为其提供虚假的证明文件,情节严重的,就既构成提供虚假证明文件罪,又构成保险诈骗罪的共犯,这属

---

〔1〕 参见薛瑞麟主编:《金融犯罪再研究》,中国政法大学出版社2007年版,第415页。

〔2〕 参见王作富主编:《刑法分则实务研究》(中),中国方正出版社2010年版,第614页;李凤梅:《刑法拟制研究》,中国政法大学出版社2016年版,第50页。

于一行为触犯数个不同罪名的想象竞合犯。但是,如果故意提供虚假证明文件的行为不构成故意提供虚假证明文件罪,则不属于想象竞合犯,即便构成保险诈骗罪的共犯,也只是单纯的一罪。

根据《刑法》第198条第4款的规定,"以保险诈骗的共犯论处"的适用条件为:"保险事故的鉴定人、证明人、财产评估人故意提供虚假的证明文件,为他人诈骗提供条件的……"首先,该款规定于保险诈骗罪的法条之中,意味着该款行为构成保险诈骗罪的共犯,应以被帮助的保险诈骗行为人的行为构成保险诈骗罪为条件。其次,保险事故的鉴定人、证明人、财产评估人故意提供虚假的证明文件,为他人诈骗提供条件的行为属于共同犯罪中的帮助行为。再次,行为人为他人诈骗提供虚假的证明文件,主观上具有故意,客观上也实行了帮助行为。最后,尽管保险事故的鉴定人、证明人、财产评估人以保险诈骗罪的共犯论处,但不需要这些犯罪主体与保险诈骗行为人之间具有犯意沟通或联络,无须形成共同犯罪的故意。因此,"以保险诈骗的共犯论处"的适用包括两种情形:一是行为人故意提供虚假的证明文件,为他人诈骗保险金提供条件,完全符合刑法总则规定的共同犯罪的成立条件;二是行为人故意提供虚假的证明文件,为他人诈骗保险金提供条件,但因其主观上与他人没有犯意沟通或联络,不符合共同犯罪的成立条件。

(四)《刑法》第241条第2款适用的罪数与条件

从该款规定的依照强奸罪的规定定罪处罚的规则出发,该指示规定适用的罪数只能是吸收犯。这是因为:其一,不以出卖为目的的收买被拐卖的妇女的行为构成收买被拐卖的妇女罪,违背被收买的妇女的意志强行与其发生性关系的行为构成强奸罪,二者符合吸收犯要求的数行为分别构成不同的犯罪的特征。其二,违背被收买的妇女的意志强行与其发生性关系的行为存在于收买被拐卖的妇女的过程中或之后,且行为针对的对象、侵害的法益具有同一性,都是同一妇女的人身权利。其三,收买被拐卖的妇女与强奸该妇女之间具有吸收关系,强奸被收买的妇女的行为能够包容收买该妇女的行为。

该款指示规定的适用条件为:行为人收买被拐卖的妇女的过程中,又实施了强奸行为。行为人与被收买的妇女发生性关系的,必须符合强奸罪的构成要件,才能依照强奸罪的规定定罪处罚;否则,如被收买的妇女自愿与其发生性关系,则不构成强奸罪,不能适用该款指示规定。

(五)《刑法》第241条第5款适用的罪数与条件

该款指示规定适用的罪数为吸收犯。这是因为:其一,该指示规定中存在两种行为,且分别构成收买被拐卖的妇女、儿童罪和拐卖妇女、儿童罪,符合吸收犯的数行为构成数罪的特征。其二,出卖行为是发生在收买被拐卖的妇女、儿童之后,是出于同一机会另起犯意实施的。作为重罪的拐卖妇女、儿童罪完全能够包容、评价作为轻罪的收买被拐卖的妇女、儿童罪,二者具有吸收关系。其三,收买行为和出卖行为是针对同一被拐卖的妇女、儿童,且二者侵害的法益都是“人身不受买卖的权利”[1],因而符合吸收犯侵害的法益特征。

据该款的规定,以拐卖妇女、儿童罪定罪处罚的条件为:行为人收买被拐妇女、儿童又进行出卖。从出卖犯意的产生时间看,收买有两种情形:一是在收买被拐妇女、儿童之前就产生了出卖的犯意,收买以出卖为目的。根据《刑法》第240条第2款的规定,这种情形应定拐卖妇女、儿童罪。二是收买被拐妇女、儿童后才产生出卖犯意。《刑法》第241条第5款的规定,即属于此种情形。因此,该款规定的“收买”是指不具有出卖目的的收买。该款规定的“出卖”是对被收买的妇女、儿童的出卖,以收买被拐卖的妇女、儿童为先行行为。收买与出卖只有具有前因后果的关系,且是针对同一对象实施,才能根据该款规定以拐卖妇女、儿童罪定罪处罚,否则可能要实行数罪并罚。

---

[1] 高铭暄、马克昌主编:《刑法学》(第8版),北京大学出版社、高等教育出版社2017年版,第474-475页。

(六)《刑法》第253条第2款适用的罪数与条件

有的学者认为该款指示规定适用于想象竞合犯。[1] 但笔者认为,该款中的行为不构成想象竞合犯。因为想象竞合犯以一行为为要件,而该指示规定中的行为并非一行为,而是存在私自开拆或者隐匿、毁弃邮件和窃取邮件中的财物两个行为,这两个行为可分别构成不同的犯罪,因此不构成想象竞合犯。

关于行为人为实施私自开拆、隐匿、毁弃邮件、电报罪而窃取财物的行为,其罪数有两种情形:一是在以窃取财物为目的的私自开拆或者隐匿、毁弃邮件的行为实施后窃取财物。这种情形由于行为人是以窃取财物为目的,私自开拆或者隐匿、毁弃邮件的行为是窃取财物的手段,窃取邮件中的财物才是目的,因此只要窃取邮件中的财物达到盗窃罪的入罪要求,构成盗窃罪,就属于牵连犯。二是先私自开拆或者隐匿、毁弃邮件,后发现有财物而窃取。这种情况因不符合牵连犯的主观特征而不构成牵连犯,因私自开拆、隐匿、毁弃邮件罪侵害的法益不同于盗窃罪侵害的法益,故也不符合吸收犯的特征,因此属于典型数罪,应当实行数罪并罚,不能适用该指示规定确定的处断规则。这就是说,该指示规定适用的罪数只能是构成牵连犯的情形。

该款指示规定确定的"依照本法第二百六十四条的规定定罪从重处罚"的适用条件为:行为人为窃取财物而私自开拆、隐匿或者毁弃邮件,进而窃取了邮件中价值数额较大的财物或者多次窃取邮件中的财物。也就是说,私自开拆、隐匿或者毁弃邮件的行为和窃取财物的行为都必须分别构成犯罪。且私自开拆或者隐匿、毁弃邮件的行为是在窃取财物的主观目的支配下实施的。

(七)《刑法》第333条第2款适用的罪数与条件

有的学者认为,该款指示规定适用的罪数形态为想象竞合犯。[2]

---

[1] 参见张明楷:《刑法学》(下)(第5版),法律出版社2016年版,第925页。

[2] 参见李振林:《刑法中法律拟制论》,法律出版社2014年版,第153页。

笔者同意这种看法。此处的“前款行为”是指非法组织他人出卖血液的行为和以暴力、威胁方法强迫他人出卖血液的行为。前者构成非法组织卖血罪，后者构成强迫卖血罪。无论是非法组织他人出卖血液，还是强迫他人卖血，如果对被组织者或被迫卖血者造成轻伤以上伤害结果，就构成故意伤害罪。这是一行为触犯数个不同罪名的犯罪形态。由于非法组织卖血罪或强迫卖血罪与故意伤害罪在构成要件上不存在逻辑上的包容和交叉关系，因此不属于法条竞合，而属于想象竞合犯。也就是说，该指示规定适用的罪数为想象竞合犯。

根据该款规定，以故意伤害罪定罪处罚的条件为：非法组织卖血的行为或强迫他人卖血的行为对他人造成伤害。一般来说，伤害有轻微伤、轻伤、重伤、伤害致死等结果。因非法组织卖血或强迫卖血而导致他人轻微伤的行为不构成故意伤害罪，故不构成想象竞合犯，只能定非法组织卖血罪或强迫卖血罪。如果是组织或强迫卖血的行为致他人轻伤，虽然构成想象竞合犯，但因故意伤害致他人轻伤的结果，其法定刑为“三年以下有期徒刑、拘役或者管制”，而非法组织卖血罪的法定刑为“五年以下有期徒刑，并处罚金”，强迫卖血罪的法定刑为“五年以上十年以下有期徒刑”。根据想象竞合犯从一重罪处断的规则，这种情况理当以非法组织卖血罪或强迫卖血罪定罪处罚。而如果根据该款规定，按照故意伤害罪定罪处罚，有违罪刑均衡原则。因此，对于该款中的“伤害”有必要作出限制解释，该款中的“伤害”结果不能是轻伤，只能是“重伤”以上的伤害结果。因为根据《刑法》第 234 条第 2 款的规定，故意伤害“致人重伤的，处三年以上十年以下有期徒刑……”，所以，行为人实行的非法组织卖血或强迫卖血的行为，只有造成“致人重伤、伤害致死或以特别残忍手段致人重伤造成严重残疾”的结果，才能根据该指示规定以故意伤害罪定罪处罚，也才能实现罪刑均衡原则，符合想象竞合犯从一重罪处断规则的要求。

第五章　国外刑法指示规定的立法技术比较与启示

指示规定并非我国刑法所独有,国外一些国家的刑法典中也存在指示规定。无论是我国还是国外,刑法指示规定都离不开一定的立法技术。国外刑法指示规定的立法技术如何?是否有值得我国刑法指示规定设置的借鉴之处?本章拟从立法论的角度,在讨论立法技术的概念、内容及其对于刑法的意义之基础上,比较国外刑法指示规定的立法技术,分析其对我国刑法指示规定设置的启示。

一、立法技术的概念、内容及其对刑法的意义

(一)立法技术的概念

立法技术虽然与立法活动相伴而生,但"立法技术"一词不是立法术语,而仅仅是一个法学术语,[1]人们对立法技术研究的历史也不如立法活动那么悠久,尤其是在我国。由于我国对立法技术研究的时间不长,立法技术理论尚不成熟,对"立法技术"概念的认识至今尚未达成共识。

从"立法技术"的内涵或属性看,学界存在"规则说""方法、技巧或技能说"等观点。"规则说"认为,立法技术是一种与立法活动有关的规则。例如,张文显教授认为,"立法技术主要是指法律的内部结构和外部结构的形式、法律的修改和废止的方法、法律的文体、法律的系统化等方面的规则"[2]。这种对立法技术属性的认识与苏联

---

〔1〕 参见吴大英、曹叠云:《立法技术论纲》,载《中国法学》1990 年第 4 期。

〔2〕 张文显主编:《法理学》,法律出版社 1997 年版,第 350 页。

法学家凯里莫夫的观点一致。[1] 而“方法、技巧或技能说”则认为,立法技术本质上是立法的方法、技巧或技能。目前国内有较多的学者持这种观点。例如,周旺生教授认为,“立法技术是立法活动中所遵循的用以促使立法臻于科学化的方法和操作技巧的总称”[2]。吴秋菊认为,“立法技术是在立法实践中产生并发展起来的,关于法的内容的确定、表述及完善的方法和技能的总称”[3]。刑法学者周少华教授认为,“立法技术是指有关刑法规范的语言表达、逻辑构造、体系安排等方面的工具性的技巧和方法”[4]。

笔者赞同将立法技术界定为立法的方法或技巧,因为“立法技术”是由“立法”和“技术”两个语词组成的,这里的“立法”是修饰“技术”的,界定“立法技术”,关键在于把握“技术”的核心意义。而“技术”的核心意义是指方法或技巧。之所以笔者不赞同“规则说”,是因为规则是指人们共同遵守的行为规范或章程、法则,而技术是指技巧、方法。虽然技术可以提炼出一定的规则,但技术毕竟不同于规则,因此“规则说”离开了“技术”一词的本意,故不可取。笔者也不赞同将立法技术界定为立法的技能。因为根据《现代汉语词典》的解释,“能”表示具备某种能力,“技能”是指“掌握和运用专门技术的能力”,所以将“技术”界定为“技能”,不符合“技术”的本意。

从“立法技术”概念的外延来看,学界存在广义说和狭义说两种观点。广义说认为,立法经验、立法知识、立法规则、立法方法或操作技巧都属于立法技术。例如,有的学者认为,“立法技术是在立法活动中积累起来的并在立法过程中体现出来的立法经验、知识和操作

---

〔1〕 凯里莫夫认为,“立法技术是在一定的立法制度中,历史地形成、最合理地制定和正确表述法的规定,以达到最完善表述形式所形成的规则的总和”。参见郭道晖主编:《当代中国立法》,中国民主法制出版社 1998 年版,第 1106 页。

〔2〕 周旺生:《立法学》(第 2 版),法律出版社 2009 年版,第 375 页。

〔3〕 吴秋菊:《立法技术探讨》,载《时代法学》2004 年第 4 期。

〔4〕 周少华:《立法技术与刑法之适应性》,载《国家检察官学院学报》2011 年第 3 期。

技巧的总和"〔1〕。有的学者认为,立法技术"是指在法的创制活动中所应体现和遵循的有关法的创制知识、经验、规则、方法和操作技巧等的总称"〔2〕。而狭义说认为,立法技术只是立法方法或操作技巧、技能的总称。例如,有的学者认为,"立法技术是立法活动中所遵循的用以促使立法臻于科学化的方法和操作技巧的总称"〔3〕。"立法技术是在立法实践中产生并发展起来的,关于法的内容的确定、表述及完善的方法和技能的总称。"〔4〕

笔者认为,广义说将立法知识、经验、规则纳入立法技术范围不可取。虽然从"技术"一词的本意来讲,将立法知识、经验纳入立法技术范围是没有问题的,〔5〕但是,立法知识、立法经验的范围太宽泛,它不但包括立法形式方面的知识、经验,而且包括立法内容方面的知识、经验,立法方法和技巧也属于立法知识的范围,也是立法经验的总结;而立法方法和技巧显然不属于立法内容。所以,若完全根据"技术"一词的本意来确定"立法技术"的概念,会使"立法技术"的概念过于宽泛,会使立法技术与立法规定或立法内容混淆不清。因此,笔者赞同狭义说。

综上所述,立法技术是指从立法实践中总结出来的、用于具体立法活动的方法和技巧。具体来说,立法技术源于立法实践,是对立法实践中立法方法和技巧的归纳总结;从实践中来的立法技术又要应用于立法实践,为法律或法规从草案到颁布施行的具体立法活动提供方法和技巧。

(二)立法技术的内容

如果说立法技术的概念是从"技术"的角度来界定立法技术的属

〔1〕 侯淑雯:《立法制度与技术原理》,中国工商出版社2003年版,第229页。
〔2〕 张文显主编:《法理学》,法律出版社1997年版,第350页。
〔3〕 周旺生:《立法学》(第2版),法律出版社2009年版,第375页。
〔4〕 吴秋菊:《立法技术探讨》,载《时代法学》2004年第4期。
〔5〕 因为根据《现代汉语词典》解释,"技术是人类在认识自然和改造自然的反复实践中积累起来的有关生产劳动的经验和知识,也泛指其他操作方面的技巧"。

性与范围的话,那么立法技术的内容则是从“立法”的角度来确定立法技术的范围,即立法技术包括立法哪些方面的技术。对此,学界存在不同的认识。有的学者认为立法技术包括立法体制技术、立法程序技术和立法表达技术三个方面;〔1〕有的学者认为立法技术包括法的内容的确定、表述和完善技术三个方面。〔2〕有的学者将立法技术划分为纵向面的立法技术和横向面的立法技术。“纵向面的立法技术包括立法预测技术、立法规划技术、立法表达技术、立法构造技术和立法发展技术”〔3〕;“横向面的立法技术包括法的体系构造技术、法的形式设定技术、法的结构营造技术和法的语言表述技术”〔4〕。还有学者认为,立法技术仅包括法的内容的确定技术和表述技术。“法律内容的确定技术即是法律起草的实体技术……立法的表述技术包括立法的思想表述技术和法的语言表述技术。”〔5〕

从上述各种观点来看,立法表达技术属于立法技术的一个方面,这在学界已经形成共识。不过,对于立法表达技术包括哪些方面的内容,学界尚存分歧。有的学者认为,“立法表达技术包括法律的结构设计、法律之间的衔接和协调、法律规范的构造、法律的宣示条款和规范条款的配合、法律效力的表达、法律责任设定的适当、法律语言的准确和精练,等等”〔6〕。有的学者认为,立法表述技术包括立法的思想表述技术和立法的语言表述技术。〔7〕这两种观点对于立法表达技术内容的认识都有一定的道理,但是,前一种观点将“法律

---

〔1〕 参见吴大英、曹叠云:《立法技术论纲》,载《中国法学》1990 年第 4 期。

〔2〕 参见吴秋菊:《立法技术探讨》,载《时代法学》2004 年第 4 期。

〔3〕 郭跃:《论立法精细化的标准与实现路径》,载《学术界》2016 年第 2 期。

〔4〕 顾炜:《浅议立法技术》,载《北京理工大学学报(社会科学版)》2000 年第 1 期。

〔5〕 孙书妍:《立法技术与法律的有效性——以就业促进法为例》,载《人大研究》2008 年第 6 期。

〔6〕 信春鹰:《中国特色社会主义法律体系形成意义深远》,载全国人大常委会法制工作委员会组织编写:《中国特色社会主义法律体系学习读本》,新华出版社 2011 年版,第 98 页。

〔7〕 参见孙书妍:《立法技术与法律的有效性——以就业促进法为例》,载《人大研究》2008 年第 6 期。

责任设定的适当”作为立法表达技术的内容值得推敲,因为法律责任设定的适当性问题属于立法内容问题。后一种观点只是将思想表达技术和语言表达技术作为立法技术的内容,未能全面概括立法技术的内容。

笔者认为,无论是立法草案的拟定与说明、立法规定的描述,还是立法文本的通过与颁布,都是需要用语言文字来表达的,这无疑存在着技术问题,因此,立法表达技术属于立法技术的内容是毋庸置疑的。不过,在笔者看来,立法表达技术应包括立法文字表达技术和立法体系构造技术两个方面。立法文字表达技术是指如何使用语言、文字和标点符号来合乎逻辑地表达立法的内容与精神的技术。其具体包括:立法语言是否准确、简洁、清楚、通俗、严谨、规范和庄重;立法语言中的法律术语是否能够准确无误地表达立法意图,不会产生歧义,不存在矛盾;立法语言文字中句子的运用是否恰当。立法体系构造技术是指立法内容体系化的技术,具体表现为立法的总体结构和局部结构严谨,编、章、节、条、款、项的安排能够准确表达立法意图,布局合理,相互协调,符合逻辑,便于解释,使立法的功能得以发挥,立法的价值得到有效实现。笔者认为前述个别观点中所指的“法的体系构造技术、法的形式设定技术、法的结构营造技术”都可以纳入立法体系构造技术之中。

对于立法技术内容认识的前述观点中,需要讨论的问题有三:一是立法体制技术、立法程序技术应否纳入立法技术的范围,作为立法技术的内容?二是立法预测技术、立法规划技术应否作为立法技术的内容?三是立法发展技术、立法完善技术应否作为立法技术?下文就这三个问题进行简要回答。

首先,从立法体制、立法程序来看,“立法体制是关于立法权、立法权运行和立法权载体诸方面的体系和制度所构成的有机整体,其核心是有关立法权限的体系和制度。”〔1〕立法体制是由宪法和专门

---

〔1〕 周旺生:《立法学》(第2版),法律出版社2009年版,第145页。

的法律如立法法来确定的，是非常宏观的体系和制度，它涉及立法权的性质、立法权的归属、立法权的种类和构成、立法权的范围、立法权的限制、各种立法权之间的关系、立法权的运行方式、立法主体、立法活动的形式等方面内容。如何构造良好的立法体制虽然存在一定的技术问题，但这种技术不是一部法律或法规从草案到颁布过程中的技术，因而不宜纳入通常所指的立法技术范围。否则会导致立法技术范围的扩大以及立法技术与立法体制混淆不清。立法程序是有权立法的机关创制、修改、补充、废止法律法规所应遵循的法定步骤。简言之，立法程序是有权立法机关开展立法工作的法定步骤。如何更好地开展立法工作，立法程序如何设置，当然也存在一定的技术问题，不过，这种立法技术不是创制或修改一部具体的法律法规的技巧和方法，因此也不宜将立法程序技术纳入立法技术范围。

其次，从立法预测、立法规划来看，立法预测是对立法的发展趋势和未来状况包括立法的必要性、可能性和预期效果所进行的前瞻性判断，是立法准备阶段所要开展的工作。立法规划是在立法预测的基础上对未来的立法所进行的设想、计划、安排或部署。这也是正式立法前所应开展的工作。立法预测和立法规划都是面向未来的，针对的是未来的立法。如何做好立法预测、立法规划，当然存在一定的技术问题，但其不是一部法律从草案到颁布的立法技术问题，因此笔者认为不应纳入立法技术范围。

最后，从立法发展、立法完善来看，立法需要随着时代的发展而发展和完善，这就存在对已有立法的修订问题。然而，如何做好立法修订、立法完善工作，确实存在立法技术问题，故将立法发展技术或立法完善技术纳入立法技术范围未尝不可。

基于上述分析可见，立法体制技术、立法程序技术、立法预测技术和立法规划技术虽然都存在一定的技术问题，但均不宜纳入这里所指的立法技术的内容。笔者认为，立法技术的内容若从静态来看，包括立法文字表达技术和立法体系构造技术；若从动态来看，立法技术包括立法创制技术和立法修正技术（立法发展完善技术）。立法修正技术是指“具体的微观的技术，即立法机关以什么样的方法、技巧对具体法律的内容及形式进行有效的、科学的补充、变更、删除，以赋予法律符合现实生活的活力”〔1〕。无论是立法创制技术还是立法修正技术都存在立法文字表达技术和立法体系构造技术，都包括立法模式的选择、立法内容的确定、立法的体系安排、立法的逻辑构造、立法的文字表达等具体内容。

如果从历时性和共时性两个维度来看，立法技术也可以分为纵向立法技术和横向立法技术。纵向立法技术是指立法过程的每个阶段上以及每个阶段的具体步骤上立法的技巧和方法，其内容包括立法准备阶段的立法技术、由法案上升到法的阶段的立法技术和立法进入完善阶段的立法技术。横向立法技术是指从共时性的角度观察，立法技术所包含的内容，主要包括：立法的一般方法、法的体系构造技术、法的形式设定技术、法的结构营造技术和法的语言表述技术。〔2〕

（三）立法技术对于刑法的意义

立法技术与立法内容的关系是手段与目的的关系；立法技术服务于立法内容，立法内容符合体系化逻辑、立法内在品格的呈现与立法效果的实现均有赖于良好的立法技术。高超的立法技术对于准确体现和表达法的内在价值具有非常重要的意义。正如有的学者所言：“技术是价值的支持系统，法律的所有内容和制度特征无不包含在一系列的技术细节中，包括适应性在内的法律的一切内在品格，很大程度上都是借助于具体的、操作性的微观立法技术来塑造的。”〔3〕立法技术对于刑法的意义也是如此。

〔1〕 方忠耀、刘丹红：《刑法修改的立法技术评析》，载《中国刑事法杂志》2011 年第 12 期。

〔2〕 参见周旺生：《立法学》（第 2 版），法律出版社 2009 年版，第 382 页。

〔3〕 周少华：《立法技术与刑法之适应性》，载《国家检察官学院学报》2011 年第 3 期。

第一,立法技术对于刑法解释的意义。刑法立法技术恰当,有助于刑法文理解释、目的解释和体系解释的运用。首先,刑法是由普通用语和法律的专用术语来表达的。刑法用语或术语表达准确、明确、清楚、易懂有助于对刑法规定进行文理解释,准确把握刑法规定的基本文义。其次,刑法具有保护法益和保障人权的目的,立法者创制和修正刑法是为了保护法益和保障人权,能够充分体现刑法整体目的和规范目的的立法技术有助于刑法目的解释,而对刑法规定作出符合其立法目的的解释,有利于贯彻立法意图,实现刑法规定的目的。再次,刑法体系是由刑法典、单行刑法和附属刑法组成的结构,刑法典体系是由编、章、节、条、款、项架构而成的。有技术含量的刑法体系应该是单行刑法之间、附属刑法之间、单行刑法与刑法典之间、附属刑法与刑法典之间具有协调性和逻辑性的有机整体;有技术含量的刑法典体系也应该是刑法的编、章、节、条、款、项之间具有协调性和逻辑性的统一整体。而具有协调性、逻辑性的体系化刑法有助于刑法的体系解释。因为刑法规定不是孤立存在的,而是存在于刑法体系或刑法典体系中,解释者通过将刑法规定作为刑法体系的一个要素或单元来理解,有利于保持此刑法规定与彼刑法规定含义的协调性以及保持某一刑法规定与该刑法规定所在的章、节或条内容的协调性。

第二,立法技术对于刑法机能发挥的意义。从价值层面来看,刑法具有保护法益和保障人权的机能。而恰当的立法技术有助于刑法机能的充分发挥,且能实现具有冲突性的法益保护与人权保障之间的平衡。从立法技术来说,如果刑法规定特别是罪刑规范具有相对明确的文字表达,有助于实现犯罪的一般预防,这是有利于保护法益的;同样地,如果刑法规定特别是罪刑规范具有相对明确的文字表达,国民就能够根据该立法文字表达预见自己的行为性质与后果,这是有利于保障国民的预测可能性的,也是有利于保障人权的。

第三,立法技术对于司法机关适用刑法的意义。刑法是面向司法实践的应用性极强的法律,是需要司法机关适用于具体个案的,是司法机关办理刑事案件的实体法依据。而立法技术是沟通刑法规范与刑法适用实践的桥梁和纽带。从立法技术上讲，刑法立法模式恰当、表达明确、符合逻辑、协调性强，有利于司法机关对于刑法规定的准确理解，从而以之为据对个案作出公平合理、符合刑法规范目的的裁判。因此，可以说，高技术含量的刑法立法是有利于司法机关适用刑法的。

二、国外刑法的指示规定概述

从笔者所掌握的国外刑法立法资料来看，德国、意大利、西班牙、瑞士、荷兰、冰岛、波兰、俄罗斯、哈萨克斯坦、日本、阿根廷、哥伦比亚、智利等国的刑法典中均存在罪数处断的指示规定。下文就这些国家刑法典中的指示规定作简要阐述。

（一）欧陆国家的刑法指示规定

1. 德国刑法指示规定

德国刑法在符合构成要件的行为数上有行为单数和行为复数之分。针对这两种行为数的处断，《德国刑法典》作出了专门的规定。例如，对于行为单数的处断，该法第 52 条第 1、2 款规定："（1）同一行为触犯数个刑法法规，或数次触犯同一刑法法规的，只判处一个刑罚；（2）①触犯数个刑法法规的，依规定刑罚最重的法规确定刑罚。②所判刑罚不得轻于其他可适用法规所规定的刑罚。"〔1〕此处的"同一行为触犯数个刑法法规"的情况即为异种想象竞合犯，"同一行为数次触犯同一刑法法规"的情况为同种想象竞合犯，〔2〕"依规定刑罚最重的法规确定刑罚"和"所判刑罚不得轻于其他可适用法规

---

〔1〕《德国刑法典》，徐久生、庄敬华译，中国方正出版社 2004 年版，第 19 页。
〔2〕参见［德］乌尔斯·金德霍伊泽尔：《刑法总论教科书》（第 6 版），蔡桂生译，北京大学出版社 2015 年版，第 485 页。

所规定的刑罚”属于异种想象竞合犯的处断规则。[1] 可见,该法对于属于行为单数的想象竞合犯作出了明确的指示规定。在德国刑法中,行为复数是排除了行为单数、构成实质竞合的情况。对于行为复数的处断,《德国刑法典》第 53 条第 1 款规定:“因犯数罪同时受审判,因而被判处数个有期自由刑或罚金刑的,应宣告总和刑。”[2]很明显,属于行为复数的犯罪竞合,按照德国刑法的规定应对其实行数罪并罚。

2. 意大利刑法指示规定

意大利刑法对于犯罪竞合和连续犯的处断均有指示规定。意大利刑法中的犯罪竞合区分为形式的犯罪竞合和实质的犯罪竞合。前者是指行为人实施的一个行为触犯了数个刑法规范;后者是指行为人实施的数个行为触犯了数个刑法规范。[3] 而对于一个行为符合数个犯罪构成、触犯数个罪名的情形,意大利刑法将其区分为法条竞合与形式的异种数罪竞合。法条竞合是指一个行为触犯具有包含关系的数个法条,只适用其中一个法条的情形。形式的异种数罪竞合是指一个单独的作为或不作为同时触犯数个不同的刑法规范的情形。这也就是我国刑法理论上的想象竞合犯。

对于法条竞合的处断,《意大利刑法典》第 15 条规定:“当数项刑事法律或者同一法律的数项规定调整某一相同的问题时,特别法律或者法律的特别规定变通一般法律或者法律的一般规定,但另有规定者除外。”[4]很明显,法条竞合的处断一般采取的是特别法优于一般法的规则。

对于形式的异种数罪竞合的处断,《意大利刑法典》第 81 条第 1

---

[1] 同种想象竞合犯因为触犯的是同一罪名,所以不存在“按照最重的刑罚处断”的问题,只“判处一个刑罚”即可。

[2] 《德国刑法典》,徐久生、庄敬华译,中国方正出版社 2004 年版,第 19 页。

[3] 参见[意]杜里奥·帕多瓦尼:《意大利刑法学原理》,陈忠林译,法律出版社 1998 年版,第 406 页。

[4] 《意大利刑法典》,黄风译,中国政法大学出版社 1998 年版,第 9 页。

款规定:“对于以单一的作为或者不作为触犯不同的法律条款或者实施违反同一法律条款的多次侵害行为的人,按照对最严重的侵害行为本应科处的刑罚处罚,并且可在3倍的幅度内增加刑罚。”[1]此处的“以单一的作为或者不作为触犯不同的法律条款”即为形式的异种数罪竞合;而“按照对最严重的侵害行为本应科处的刑罚处罚,并且可在3倍的幅度内增加刑罚”即为这种竞合的处断规则。

对于实质的犯罪竞合的处断,根据《意大利刑法典》第73条第1-3款、第74条第1款、第75条第1款和第77条的规定,应采取数罪并罚的并科原则。

对于连续犯的处断,《意大利刑法典》第81条第2款规定:“对于为执行同一犯罪计划,以数个作为或不作为,实施包括在不同的时间中实施数项触犯同一或不同法律条款的人,依照第一款规定的方式处罚。”[2]此处的“对于为执行同一犯罪计划,以数个作为或不作为,实施包括在不同的时间中实施数项触犯同一或不同法律条款的”行为是意大利刑法中的连续犯,“依照第一款规定的方式处罚”为连续犯的处断规则,也就是说,要按照最严重的侵害行为本应科处的刑罚处罚,并且可在3倍的幅度内增加刑罚量,或者说,对连续犯应按照形式的异种数罪竞合处罚。

3. 西班牙刑法指示规定

西班牙刑法对于连续犯、想象竞合犯和牵连犯设置了指示规定。根据《西班牙刑法典》第73条的规定,对于实质数罪应采取并科原则,即“触犯两种或两种以上犯罪,根据犯罪的性质及其产生的后果,在可能范围内就其所犯不同种类罪行各自判处相应刑罚,并同时服刑”[3]。但是,该法第74条第1项规定:“当罪犯在执行同一犯罪计划或者实施同一犯罪行为时,对他人或者多人实施了侵害,触犯了

[1] 《意大利刑法典》,黄风译,中国政法大学出版社1998年版,第30页。
[2] 《意大利刑法典》,黄风译,中国政法大学出版社1998年版,第30页。
[3] 《西班牙刑法典》,潘灯译,中国政法大学出版社2004年版,第28页。

刑法的相同条款、相同或类似性质的规定，该行为人构成了实施犯罪或者过失罪的复合犯罪，适用处罚较重的规定。”[1]这是对于连续犯的处断规定，即对于连续犯应适用处罚较重的规定。对于想象竞合犯和牵连犯的处断，该法第 77 条规定：“当同一行为构成两个或者两个以上罪行，或者某一犯罪是实施另一犯罪行为的必要时，不适用以上两条规定；此类案件，在最严重罪行的法定刑幅度内，取较重半幅度处罚。如果就几项犯罪行为分别判刑，但处罚的年限不准超过对各种犯罪分别处罚的平限的总和；如果所判刑罚按照此种方法计算超过最高期限，则就其所触犯的法律分别处罚。”[2]此处的“同一行为构成两个或者两个以上罪行”为想象竞合犯，“某一犯罪是实施另一犯罪行为的必要”的情况属于牵连犯。很明显，西班牙刑法对于想象竞合犯和牵连犯的处断采取的是同一处断规则，即一般在最严重罪行的法定刑幅度内取较重半幅度处罚，但也可以有限制地分别处罚。

4. 荷兰刑法指示规定

荷兰刑法对于一行为构成数罪、数行为构成一罪和数行为构成数罪的处断均有指示规定。对于一行为构成数罪的情形，荷兰刑法区分为法条竞合与想象竞合犯。对于想象竞合犯的处断，《荷兰刑法典》第 55 条第 1 款规定：“数个刑法条文对同一行为作出可罚规定的，仅适用其中一个条文，规定不同的，适用主刑最重的条文。”[3]此处的“数个刑法条文对同一行为作出可罚规定”，指的是想象竞合犯；“仅适用其中一个条文，规定不同的，适用主刑最重的条文”属于想象竞合犯的处断规则，即对同种想象竞合犯以一罪处断，对异种想象竞合犯从一重罪处断。对于法条竞合的处断，该法第 55 条第 2 款规定：“如果某一行为根据一般刑法条款和特别刑法条款均可罚，仅适

---

[1] 《西班牙刑法典》，潘灯译，中国政法大学出版社 2004 年版，第 28 页。

[2] 《西班牙刑法典》，潘灯译，中国政法大学出版社 2004 年版，第 29 页。

[3] 《荷兰刑法典》，龚馨等译，中国方正出版社 2007 年版，第 40 页。

用特别条款。"[1]显然,其法条竞合的处断规则是特别法优于普通法,适用特别法条。

对于数行为构成一罪的连续犯情形,《荷兰刑法典》第56条规定:"数行为相互连接以至于被认为是一个连续的行为,尽管每一个独立的行为本身也构成严重犯罪或较轻犯罪,仅适用一个刑法条文。刑罚轻重不同的,应当适用主刑最重的条文。类似地,如果某人因伪造或变造货币和使用以伪造或变造的货币购买的物品被定罪,仅适用一个刑法条文。"[2]此处的"数行为相互连接以至于被认为是一个连续的行为"的情形属于连续犯,对于罪行完全相同的连续犯,适用一个刑法条文即可,而对于数行为罪行不同的连续犯,则应择主刑最重的条文处断;伪造或变造货币并使用伪造或变造的货币的情形属于吸收犯,对于吸收犯,适用一个刑法条文即可。

对于数行为构成数罪的情形,荷兰刑法规定了数罪并罚,不过,并罚的原则因情形不同而异。根据《荷兰刑法典》第57条、第58条的规定,同样是同时实施被认为是相互独立、无联系的数行为,如果构成一个以上可判处同等主刑的严重犯罪的,则应当判处一个主刑;如果构成一个以上可判处不同主刑的严重犯罪的,则可以判处所有刑罚。

5. 瑞士刑法指示规定

瑞士刑法对于想象竞合犯、法条竞合和实质数罪设置了指示规定。《瑞士联邦刑法典》第68条第1款规定:"因一行为或数行为可能被科处数个自由刑的,法官可就其最严重行为科处自由刑,并适当提高该自由刑的期限,但所提高之刑期不得长于应科处自由刑最高限之一半。判刑时法官应受刑种最高限的约束。"[3]该款中的"一行为或数行为可能被科处数个自由刑"意味着一行为可能构成数罪、数

---

[1] 《荷兰刑法典》,龚馨等译,中国方正出版社2007年版,第40页。

[2] 《荷兰刑法典》,龚馨等译,中国方正出版社2007年版,第40页。

[3] 《瑞士联邦刑法典》,徐久生、庄敬华译,中国方正出版社2004年版,第26页。

行为可能构成数罪,而一行为构成数罪属于想象竞合犯和法条竞合的情形,数行为构成数罪属于实质数罪的情形。"法官可就其最严重行为科处自由刑,并适当提高该自由刑的期限,但所提高之刑期不得长于应科处自由刑最高限之一半。判刑时法官应受刑种最高限的约束"是对想象竞合犯、法条竞合和实质数罪的处断规定。

6. 冰岛刑法指示规定

冰岛刑法对想象竞合犯作出了指示规定。《冰岛刑法典》第77条第2款规定:"在一般情况下,应当在适用于所涉犯罪的刑法条款规定的范围内判处刑罚,如果该犯罪涉及数个不同的刑法条款的,应当在适用于其中最重之罪的刑法条款规定的范围内判处刑罚。但是,可以在诉讼所涉罪行法定刑的基础上加重不超过1/2的幅度内判处刑罚。尽管如此,在行为人同时因为一个较重犯罪和另外一个相比较轻之罪被判处刑罚时,法院甚至可以判处较重之罪的最低刑。"〔1〕该款中的"该犯罪涉及数个不同的刑法条款"属于想象竞合犯的情形,"应当在适用于其中最重之罪的刑法条款规定的范围内判处刑罚"是对这种想象竞合犯的处断与处罚规定。

7. 波兰刑法指示规定

波兰刑法对竞合犯作出了指示规定。《波兰刑法典》第11条第2款规定:"如果某一行为符合两个或者更多的刑法条款规定的构成特征的,法院应当在所有的这些竞合条款中选择一个犯罪对行为人作出判决。"〔2〕该条第3款规定:"对第2款所规定的案件,法院应当在这些竞合条款中选择最重的刑罚予以适用……"该条第2款中的"某一行为符合两个或者更多的刑法条款规定的构成特征",属于竞合犯的情形;第2款中的"应当在所有的这些竞合条款中选择一个犯罪对行为人作出判决"以及第3款中的"应当在这些竞合条款中选择最重的刑罚予以适用",是对竞合犯的处断规定,即从一重罪处断。

---

〔1〕《冰岛刑法典》,陈志军译,中国人民公安大学出版社2009年版,第38-39页。
〔2〕《波兰刑法典》,陈志军译,中国人民公安大学出版社2009年版,第4页。

(二)亚洲国家的刑法指示规定

1. 日本刑法指示规定

日本刑法对于想象竞合犯和牵连犯设置了指示规定。日本刑法严格区分想象竞合犯与法条竞合。前者"是指一个行为触犯两个以上罪名的场合"[1],后者"是指对于一个犯罪事实,存在数个可能适用的法条的情况"[2]。由于日本刑法将法条竞合作为单纯一罪中的一种,[3]因此未专门规定法条竞合的处断规则。但对于想象竞合犯的处断,《日本刑法典》第54条第1款规定:"一个行为同时触犯二个以上的罪名,或者作为犯罪的手段或者结果的行为触犯其他罪名的,按照其最重的刑罚处断。"[4]此处的"一个行为同时触犯二个以上的罪名"的情形即为想象竞合犯,"按照其最重的刑罚处断"即为其处断规则。

在日本刑法中,牵连犯是指"作为犯罪的手段或结果的行为触犯了其他罪名"的情形。即在数个行为处于目的与手段或者原因与结果的关系时,应着眼于行为人犯罪意思活动的单一性,作为准照于一个行为的犯罪,按照科刑上的一罪来处断。[5] 从《日本刑法典》第54条第1款的规定来看,其处断规则与想象竞合犯相同,都是"按照其最重的刑罚处断"。其意思是,比较所成立的犯罪的法定刑,其上限、下限均在相对更重的刑罚的范围之内予以处断;其理由在于,"由于具有犯罪意思活动的一次性、单一性,可以减少其责任谴责(责任评价上的一罪性)"[6]。

---

[1] [日]大谷实:《刑法总论》,黎宏译,法律出版社2003年版,第362页。

[2] [日]大谷实:《刑法总论》,黎宏译,法律出版社2003年版,第356页。

[3] 参见[日]山口厚:《刑法总论》(第2版),付立庆译,中国人民大学出版社2011年版,第368页。

[4] 《日本刑法典》,张明楷译,法律出版社1998年版,第24页。

[5] 参见[日]西田典之:《日本刑法总论》,刘明祥、王昭武译,中国人民大学出版社2007年版,第350页。

[6] [日]西田典之:《日本刑法总论》,刘明祥、王昭武译,中国人民大学出版社2007年版,第348页。

2. 泰国刑法指示规定

泰国刑法对竞合犯作出了指示规定。《泰国刑法典》第 90 条规定:“同一行为触犯数法条的,从一重处断。”[1]该条中的“同一行为触犯数法条”是对竞合犯特征的规定,但该规定是对法条竞合还是想象竞合犯的规定,没有明确;“从一重处断”是对竞合犯处断规则的规定。

(三)俄罗斯、哈萨克斯坦的刑法指示规定

1. 俄罗斯联邦刑法指示规定

俄罗斯联邦刑法对于实质的数罪、想象的数罪和规范竞合设置了指示规定。根据《俄罗斯联邦刑法典》第 17 条第 1 款的规定,实质的数罪是指行为人实施了两个或者两个以上的犯罪行为,且没有因其中任何一个行为受到刑事处罚的犯罪形态。对于这种实质的数罪,行为人应依照该法典相应条或款的规定对实施的每一种犯罪负刑责,也就是要按照该法第 69 条的规定实行数罪并罚。想象的数罪是实质的数罪的对称,“是行为人的一个行为至少符合两个以上的犯罪构成,且这些犯罪具有各自独立的犯罪构成要件,它们由刑法典分则的不同条文加以规定,在某些情况下,也可以由同一条文的不同款项加以规定的犯罪形态”[2]。根据该法第 17 条第 2 款的规定,想象的数罪视为数罪,按照实质的数罪处断,即“犯罪人应依照本法典相应条或款的规定对实施的每一犯罪承担刑事责任”。“刑法规范竞合是指有两个或者两个以上调整同一法律关系的法律条文,但是只能适用其中的一个法条的情形。”[3]对此,该法第 17 条第 3 款规定:“如果一个犯罪由一般规范和特殊规范作了规定,则不是数罪,其刑

[1] 《泰国刑法典》,吴光侠译,中国人民公安大学出版社 2004 年版,第 20 页。

[2] [俄]Л. В. 伊诺加莫娃-海格主编:《俄罗斯联邦刑法》(总论)(第 2 版),黄芳等译,中国人民大学出版社 2010 年版,第 148 页。

[3] [俄]Л. В. 伊诺加莫娃-海格主编:《俄罗斯联邦刑法》(总论)(第 2 版),黄芳等译,中国人民大学出版社 2010 年版,第 153-154 页。

事责任依特殊规范。"这就是说,对于行为人实施的行为如果存在一般规范与特殊规范的竞合,就按照特殊规范追究刑事责任。

2. 哈萨克斯坦共和国刑法指示规定

哈萨克斯坦共和国刑法对于一行为符合数个刑法分则规定的构成要件和数行为符合数个刑法分则规定的构成要件的情形设置了指示规定。根据《哈萨克斯坦共和国刑法典》第 13 条对于并合罪的规定,[1]一行为既符合刑法分则条文的一般规定又符合刑法分则条文的特别规定的法条竞合不是并合罪,应根据包含特别规定的刑法分则条文追究刑事责任,即按照特别法条处断。而对于一行为虽然符合数个法条规定的构成要件但不属于法条竞合的情形,应当视为并合罪。对于这种并合罪的情形,如果一个行为的构成要件能够被该法典对另一行为规定较重刑罚条款的规定所包含,就以该较重刑罚条款的规定追究刑事责任;如果一个行为的构成要件不能被该法典对另一行为规定较重刑罚条款的规定所包含,行为人就应对其实施的该法典分则条款规定的每一个行为承担刑事责任。对于数行为分别构成该法典分则不同条款规定的数罪的情形,应当视为并合罪。对于这种情形的并合罪,如果数行为的构成要件能够被其中处刑较重的分则条款所包含,就应以处刑较重的分则条款追究刑事责任;反之,如果数行为的构成要件不能被其中处刑较重的分则条款所包含,行为人就应对其所实施的每一个符合构成要件的行为承担刑事责任。

(四)拉美国家的刑法指示规定

1. 阿根廷刑法指示规定

阿根廷刑法对犯罪竞合设置了指示规定。《阿根廷刑法典》第 54 条规定:"两个或两个以上的刑法条文对同一犯罪行为都有规定的,应当适用处罚更为严厉的条文。"[2]此处的"两个或两个以上的

[1] 《哈萨克斯坦共和国刑法典》,陈志军译,中国政法大学出版社 2016 年版,第 16 页。

[2] 《阿根廷刑法典》,中国方正出版社 2007 年版,第 17 页。

刑法条文对同一犯罪行为都有规定”的情形属于犯罪竞合，包括法条竞合和想象竞合犯；“适用处罚更为严厉的条文”即为犯罪竞合的处断规则。对于实质竞合，根据该法第55条、第56条规定，应实行数罪并罚，一般适用重刑吸收轻刑的原则，以适用更重、更严厉的刑罚为原则。

2. 哥伦比亚刑法指示规定

《哥伦比亚刑法典》总则虽然对于一行为构成的犯罪和数行为构成的犯罪设置了指示规定，但是未对想象竞合犯、连续犯、实质数罪等罪数形态的处断予以区分，后是一并作出如下规定：“一个作为或者不作为或者数个作为或者不作为，触犯数个刑法条款或者数次触犯同一条款的，应当根据其性质以数个行为中处罚最重者为基础，就其他行为进行加重，但不能超过对该数个当罚行为各自应当判处之制裁的算术总和。”[1]

3. 智利刑法指示规定

智利刑法对于想象竞合犯和牵连犯设置了指示规定。《智利刑法典》第75条规定：“在一个行为构成两个或者更多犯罪，或者一个行为是实施其他一个行为的必要手段的情况下，不适用前条之规定。在这些情况下，适用对其中最严重的犯罪之刑罚的高阶等级。”[2]此处的“一个行为构成两个或者更多犯罪”的情形属于想象竞合犯；“一个行为是实施其他一个行为的必要手段”的情形属于牵连犯。对于想象竞合犯和牵连犯的处断，智利刑法采取同样的处断规则，即“适用对其中最严重的犯罪之刑罚的高阶等级”，不适用《智利刑法典》第74条规定的数罪并罚。

从上述14个国家的刑法指示规定来看，作出指示规定的罪数形态有想象竞合犯、法条竞合（法规竞合）、牵连犯、连续犯、吸收犯和实质的数罪。不过，没有一个国家的刑法对这些罪数形态都作出了指

---

〔1〕《哥伦比亚刑法典》，陈志军译，中国政法大学出版社2015年版，第10页。

〔2〕《智利刑法典》，陈志军译，中国政法大学出版社2015年版，第35页。

示规定,而一般是只对其中的某一种或几种罪数形态作出指示规定。在上述14个国家的刑法典中,对想象竞合犯和法条竞合作出指示规定的居多,但在处断规则上,想象竞合犯的处断规则差别较大,有的采用从一重罪处断规则,有的以一重罪从重处断,有的以一重罪处断并加重刑罚,甚至有的实行数罪并罚。其他罪数形态的处断规则基本趋同。如对于法条竞合,除了个别国家刑法规定要适用处罚更为严厉或更重的条文,一般都依照特别法或特别条款处断;对于牵连犯,一般与想象竞合犯规定在一起,有的以一重罪处断,有的以一重罪从重处断;对于连续犯一般是以一罪处断并从重处罚;对于实质的数罪除个别国家有特别规定外,一般实行数罪并罚。

三、国外刑法指示规定的立法技术比较考察

在简述上述各国刑法指示规定的立法情况的基础上,本部分拟从宏观到微观的路径对国外刑法指示规定进行比较考察,即按照立法模式、法条定位、法条构成、法条表述的路径对国外刑法指示规定进行比较。

(一)立法模式之比较

这里的立法模式是指刑法指示规定的设置方式。具体来说,对于指示规定,刑法是将之作为总则式条文予以规定,还是将之作为分则式条文予以规定;[1]是将之集中规定,还是对其分散规定。如果刑法将指示规定集中在总则式条文中予以规定,就是总则集中立法模式;如果刑法将指示规定分散在总则式条文中予以规定,就是总则分散立法模式;如果刑法将指示规定分散在分则式条文中予以规定,就是分则分散立法模式;如果刑法对指示规定在总则式条文中和分则式条文中均予以规定,就是总则与分则相结合的立法模式。通

---

〔1〕 由于有的国家刑法典没有区分总则与分则,因此笔者在此将刑法典中以原则式、共通式规定的条文称为总则式条文,将对类罪或个罪予以规定的条文称为分则式条文。

过对前述 14 个国家刑法指示规定的立法模式逐一考察,可以发现,这些国家都是在总则式条文中设置指示规定,只不过有的国家刑法采取的是总则集中立法模式,有的国家刑法采取的是总则分散立法模式。

1. 刑法指示规定的总则集中立法模式

德国、荷兰、西班牙、瑞士、冰岛、波兰、日本、泰国、俄罗斯、哈萨克斯坦、阿根廷、哥伦比亚、智利等国家刑法对于指示规定采取的是总则集中立法模式。

《德国刑法典》有总则和分则之分。其总则是关于刑法的效力范围、行为(包括未遂、正犯与共犯、正当防卫、紧急避险等)及其法律后果(包括刑罚、量刑等),时效等原则性、共通性规定,分则是关于罪名、构成要件、量刑情节、法定刑的规定。《德国刑法典》对于想象竞合、实质竞合的指示规定,集中规定在属于总则部分的第 52 条、第 53 条中。

《荷兰刑法典》分为三卷,第一卷为总则,第二卷为重罪,第三卷为轻罪。其总则是关于刑法的适用范围、刑罚、未遂与预备、共同犯罪、数罪并罚等原则性、共通性规定,重罪与轻罪是关于类罪及其下面的个罪的罪状与法定刑的规定。《荷兰刑法典》对于罪数处断的指示规定集中规定在属于总则部分的第 55 条至第 58 条中。

《西班牙刑法典》没有总则与分则之分,只有卷一、卷二和卷三之分。其卷一是关于犯罪和过失罪的总规定以及关于刑事责任人、刑罚、保安处分及其他触犯刑法的结果的规定,属于总则式规定;卷二是关于故意犯罪的类罪及其下面的个罪的罪名、罪状和法定刑的规定;卷三是关于过失犯罪的类罪及其下面的个罪的罪状和法定刑的规定。卷二和卷三属于分则式规定。西班牙刑法关于连续犯、想象竞合犯和牵连犯的指示规定,虽然没有连续规定在一起,而是分散规定在第 74 条(连续犯)和第 77 条(想象竞合犯和牵连犯)之中,但这两条都是集中规定在"特别规定"这一节当中。

《瑞士联邦刑法典》有总则和分则之分,其总则是关于刑法的效力范围、可罚性、刑罚、保安处分和其他处分等规定，分则是关于类罪及其下面的个罪的罪名、罪状和法定刑的规定。《瑞士联邦刑法典》对于想象竞合犯、法条竞合和实质数罪的指示规定，集中规定在属于总则部分的第68条中。

《冰岛刑法典》未分总则和分则，其第一章至第九章属于总则式规定，第十章至第二十八章属于分则式规定。其对想象竞合犯的指示规定设置在第八章“影响量刑的情节”第77条中。

《波兰刑法典》有总则与分则之分，其总则是关于刑事责任、犯罪形态、刑罚及其适用等内容的规定，分则是对个罪的罪状与法定刑等内容的详细规定。《波兰刑法典》对于竞合犯的指示规定，集中规定在总则第一章“刑事责任的原则”中的第11条中。

《日本刑法典》有总则和分则之分，其总则是关于刑法对于国内犯和国外犯的适用、刑罚、缓刑、假释、未遂罪、并合罪、共犯等内容的规定，分则是关于类罪及其下面的个罪的罪状与法定刑等内容的规定。《日本刑法典》对于想象竞合犯、牵连犯的指示规定，集中规定在属于总则部分的第54条中。

《泰国刑法典》分为“总则”“具体犯罪”“轻罪”三编，其总则是关于刑法的适用、刑罚与保安处分、刑事责任、犯罪形态等内容的规定，其“具体犯罪”编是关于国家安全、公共管理、司法、宗教、伪造货币、侵犯生命和身体、侵犯财产等犯罪的构成要件和法定刑的规定。《泰国刑法典》对于竞合犯的指示规定，集中规定于总则第一章“适用于一般犯罪的规定”的第七节“犯罪的竞合”中的第90条。

《俄罗斯联邦刑法典》有总则和分则之分，其总则是关于刑法的基本原则、适用效力、犯罪（包括犯罪的概念与种类、数罪、累犯、罪过、未完成罪、共同犯罪等）、刑罚（包括刑罚的概念、目的与种类、处刑）、免除刑事责任与免除刑罚等内容的规定，分则是关于类罪及其下面的个罪的罪状、量刑情节与法定刑的规定。《俄罗斯联邦刑法典》对于规范竞合、想象的数罪和实质的数罪的指示规定，集中规定在属于总则部分的第17条中。

《哈萨克斯坦共和国刑法典》有总则和分则之分，其总则是关于刑法的任务、适用效力、犯罪、刑罚、量刑、刑事责任与刑罚的免除、未成年人刑事责任和强制治疗处分等内容的规定，分则是关于类罪及其下面的个罪的罪状、量刑情节与法定刑的规定。该法对于指示规定，集中规定在属于总则部分的第 13 条中。

《阿根廷刑法典》第一卷为总则，第二卷为犯罪。其总则是关于刑法的适用范围、刑罚、刑事责任、未遂、共同犯罪、犯罪竞合等内容的规定，犯罪一卷规定的是类罪及其下面的个罪的罪状与法定刑。该法对于犯罪竞合的指示规定，集中规定在属于总则部分的第 54 条中。

《哥伦比亚刑法典》设有总则和分则两卷，其总则是关于刑法的指导原则、刑法的适用范围、当罚行为的法律后果等内容的规定，分则是关于类罪及其下面的个罪的罪名、罪状、量刑情节与法定刑的规定。该法对于指示规定，集中规定在属于总则部分的第 31 条中。

《智利刑法典》未分总则和分则，而是设三编，其第一编是关于犯罪、刑事责任、刑罚的原则性、共通性规定，第二编为重罪、轻罪及其刑罚的规定，第三编为违警罪规定。该法对于想象竞合犯和牵连犯的指示规定，集中规定在属于第一编的第 74 条、第 75 条中。

由此可见，上述设有刑法指示规定的国家中，除了《冰岛刑法典》《智利刑法典》，其他绝大多数国家的刑法典均设有总则，而且指示规定集中规定在属于总则部分的某一条或某一章节的某几条之中。对于这种刑法指示规定的立法模式，笔者将之概括为“总则集中立法模式”。

2. 刑法指示规定的总则分散立法模式

意大利的刑法指示规定采取的是总则分散立法模式。《意大利刑法典》分为三编，第一编为总则，第二编为重罪分则，第三编为违警罪分则。其总则是关于罪刑法定原则、刑法的适用范围、法规竞合、刑罚、犯罪，罪犯和犯罪被害人，刑罚的变更、适用与执行等内容的规定，重罪分则和违警罪分则是对类罪及其下面的个罪罪名、罪状和法定刑的规定。笔者之所以将意大利刑法指示规定的立法模式称为“总则分散立法模式”,是因为意大利刑法的指示规定虽然设置在总则中,但不像前述国家的刑法指示规定那样集中规定在一起,而是分散规定在刑法典总则不同的章中。其中,法规竞合的指示规定被规定在“刑事法律”一章中(第15条),想象竞合犯和连续犯的指示规定被规定在“犯罪”一章中(第81条)。

从刑法指示规定的上述两种总则式立法模式的适用来看,总则集中立法模式为绝大多数国家刑法指示规定的立法模式,而总则分散立法模式只是个别国家刑法指示规定的立法模式。

(二)法条定位之比较

法条定位是指承载刑法指示规定的条文处于刑法典体系中的位置,是放到“犯罪”中规定,还是放到“刑罚”中规定;若放到“犯罪”中规定,那么是放到“犯罪”中的什么位置;若放到“刑罚”中规定,那么是放到“刑罚”中的什么位置。

通过对德国、意大利、荷兰、西班牙、瑞士、冰岛、波兰、日本、泰国、俄罗斯、哈萨克斯坦、阿根廷、哥伦比亚、智利等国家刑法典中的指示规定的考察,可以发现,这些国家刑法对指示规定的定位并不一致,大致可归纳为如下三种定位。

1. 将指示规定置于“犯罪”域

刑法是规定犯罪、刑事责任及其承担方式(包括刑罚、保安处分等方式)的法律。任何刑法都会有对犯罪的规定。将刑法指示规定置于“犯罪”域是指将指示规定置于刑法典总则中的“犯罪”编或“犯罪”章的范围。俄罗斯、哈萨克斯坦、哥伦比亚、泰国对刑法指示规定采取这种做法。例如,《俄罗斯刑法典》总则分为六编,第一编为“刑事法律”,第二编为“犯罪”,第三编为“刑罚”,第四编为“免除刑事责任与免除刑罚”,第五编为“未成年人的刑事责任”,第六编为“医疗性强制措施”。其指示规定置于“犯罪”编下的“犯罪的概念和犯罪的种类”一章中。该章共6条(第14条至第18条),是对犯罪的概念、犯罪的种类、多次犯罪、数罪和累犯的规定。第17条关于数罪的规定即是指示规定。

《哈萨克斯坦共和国刑法典》总则包括七章,第一章为“刑法”,第二章为“刑事犯罪”,第三章为“刑罚”,第四章为“量刑”,第五章为“刑事责任与刑罚的免除”,第六章为“未成年人的刑事责任”,第七章为“强制治疗处分”。其指示规定置于“刑事犯罪”一章中的“并合罪”〔1〕一条(第13条)中。

《哥伦比亚刑法典》总则分为四编,第一编为“哥伦比亚刑法的指导原则”,第二编为“刑法的适用”,第三编为“当罚行为”,第四编为“当罚行为的法律后果”。根据该法第19条的规定,当罚行为分为犯罪和违警罪。“当罚行为”这一编实际上是关于犯罪的分类、犯罪的成立条件、未遂、共同犯罪和罪数的规定。其指示规定(第31条当罚行为的合并)置于“当罚行为”这编中,也就是置于“犯罪”域中。

《泰国刑法典》总则分为二章,第一章为“适用于一般犯罪的规定”,第二章为“适用于轻罪的规定”。第一章的五、六、七节都是关于犯罪形态的规定。而关于竞合犯的指示规定被置于第七节“犯罪的竞合”中,显然是置之于“犯罪”域中。

2. 将刑法指示规定纳入“刑罚”域

刑罚是刑法应对犯罪的基本方法。各国刑法除了规定犯罪,还会有刑罚的种类及其适用的规定。将刑法指示规定纳入“刑罚”域是指将指示规定纳入刑法典总则中的刑罚或刑罚的具体适用之中。德国、荷兰、西班牙、日本、阿根廷、智利对刑法指示规定采取这种做法。例如,《德国刑法典》总则包含五章,第一章为“刑法”,第二章为“行为”,第三章为“行为的法律后果”,第四章为“告诉、授权和要求判刑”,第五章为“时效”。其指示规定置于刑法总则第三章第三节“触犯数法规的量刑”中。从该节标题及其规定的内容来看,“触犯数法规的量刑”这一节规定的内容是,如何进行犯罪竞合处断。显然,《德

〔1〕 此处的“并合罪”不同于《日本刑法典》中的“并合罪”,未涉及数罪并罚。

国刑法典》是将指示规定置于“刑罚”域的，且放在“量刑”中予以规定。

《荷兰刑法典》总则包含十章，从第一章到第十章的标题依次为：“刑法典的适用范围”“刑罚”“排除或加重刑事责任”“未遂和预备”“共同犯罪”“数罪并罚”“只有告诉才能引起刑事诉讼的严重犯罪的起诉和撤诉”“追诉时效和行刑时效”“关于未成年人的特别规定”“本法典部分用语和表达的定义”。其指示规定(第55条至第58条)置于第六章“数罪并罚”中。

《西班牙刑法典》卷一下设六集，从第一集到第六集的标题依次为：“总规定”“犯罪及过失罪的刑事责任人”“刑罚”“保安处分”“由犯罪和过失罪引起的民事责任和诉讼费用”“刑事责任的消灭及其效力”。其指示规定置于“刑罚”这一集下的第二章“刑罚的执行”中。

《瑞士联邦刑法典》总则包含两编，第一编为重罪与轻罪，第二编为越轨。第一编下设五章，其标题依次为“刑法的效力范围”“可罚性”“刑罚、保安处分和其他处分”“儿童和少年”“刚成年青年”。其指示规定置于第三章“刑罚、保安处分和其他处分”下的第二节“量刑”中。

《冰岛刑法典》总则式规定共分十章，其标题依次为“关于刑罚权的限制条件与刑法的适用范围等的规定”“追究刑事责任的一般限制条件”“法人的刑事责任”“未遂与共犯”“关于起诉的规定”“刑罚”“附条件的暂缓起诉和暂缓处刑”“保安措施、剥夺公权与没收财产”“影响量刑的情节”“刑事责任的时效、前科消灭和公民权利的恢复”。其指示规定置于第八章“影响量刑的情节”中。

《日本刑法典》总则包含十三章，从第一章到第十三章的标题依次为：“通则”“刑罚”“期间的计算”“缓刑”“假释”“刑罚的时效和刑罚的消灭”“犯罪的不成立和刑罚的减免”“未遂罪”“并合罪”“累犯”“共犯”“酌量减轻”“加重减轻的方法”。其指示规定置于第九章“并合罪”中。并合罪“指的是实质数罪，因而是指数罪并罚的规定”[1]，因此，日本刑法也将指示规定置于“刑罚”域。

《阿根廷刑法典》总则包含十二章，从第一章到第十二章的标题依次为：“刑法典的适用范围”“刑罚”“缓刑”“损害赔偿”“刑事责任”“未遂”“共同犯罪”“累犯”“犯罪竞合”“诉讼和判决的消灭”“起诉职能的行使”“本法典部分术语的定义”。与上述国家的刑法典不同的是，《阿根廷刑法典》总则第九章对“犯罪竞合”及其处断规则作出了专门的规定。虽然如此，但从这一章的内容来看，实质上属于刑罚方面的规定。因此其指示规定总体上看是归于“刑罚”域的。

《智利刑法典》第一编为总则式规定，包含五章，从第一章到第五章的标题依次为：“犯罪与刑事责任阻却、加重、减轻事由”“对犯罪承担责任的人”“刑罚”“对违反判决者和服刑期间再犯新罪者的刑罚”“刑事责任的消灭”。其指示规定（第 74 条、第 75 条）置于“刑罚”章下“刑罚的适用”一节中。

3. 刑法指示规定既不纳入“刑罚”域，也不完全纳入“犯罪”域

刑法指示规定既不纳入“刑罚”域，也不完全纳入“犯罪”域的国家是意大利和波兰。《意大利刑法典》将法条竞合的特征及其处断规则置于第一章“刑事法律”中，将想象竞合犯的特征及其处断规则置于第三章“犯罪”下的第三节“数罪”中。这就说明，想象竞合犯是被纳入“犯罪”范围规定的，但法条竞合既没有被纳入“犯罪”域，也没有被纳入“刑罚”域。《波兰刑法典》将竞合犯的特征及其处断规则置于总则第一章“刑事责任的原则”中，可见其关于竞合犯的指示规定既不是置于“犯罪”域，也不是置于“刑罚”域。

综上所述，刑法指示规定的法条定位在有些国家刑法典中具有相同性，在有些国家刑法典中具有相异性。从总体上看，将刑法指示规定纳入“刑罚”域的国家占多数。刑法指示规定的法条定位在有些国家之所以不同，主要是因其法制传统不同而使刑法典体系的建构不同，从而导致对刑法典总则的内容安排不同。

---

[1] 陈兴良：《刑法竞合论》，载《法商研究》2006 年第 2 期。

(三)法条构成之比较

“所谓法条是制定法下,基于立法技术之需要所发展出来的结构单元。其形式特征为:以条次的编号带头分辨其起始,并以下一条之起始标识本条之终了。”〔1〕“法条具有明显的形式性,是人的感官可以直接把握的客观实在,但它也属于法的本体范畴,是法之所以为法的实存。”〔2〕因为“条是制定法的相对独立部分,是制定法中最重要的结构单位。一个法条既体现着整个制定法的立法目的,也有其特殊的‘法意’”〔3〕。虽然法条以文字表达为载体,但总是包含着一定的内容。此处的“法条构成”不但是指一部刑法典中的指示规定由几个条文构成,而且意味着表达刑法指示规定的条文由什么内容构成。通过对前述各国刑法典中的指示规定的考察可以发现,各国刑法典中指示规定的条文构成数不尽相同,但条文构成的内容大同小异,基本上都是由适用条件和法律后果或处断规则构成的。

首先,从刑法指示规定的条文数来看,各国有所不同。较多的国家刑法典中只有 1 条指示规定,例如《西班牙刑法典》(第 74 条)、《瑞士联邦刑法典》(第 68 条)、《波兰刑法典》(第 11 条)、《冰岛刑法典》(第 77 条)、《日本刑法典》(第 54 条)、《泰国刑法典》(第 90 条)、《俄罗斯联邦刑法典》(第 17 条)、《哈萨克斯坦共和国刑法典》(第 13 条)、《阿根廷刑法典》(第 54 条)、《哥伦比亚刑法典》(第 31 条)即是如此。有的国家刑法典中有 2 条指示规定,《德国刑法典》(第 52 条、第 53 条)、《意大利刑法典》(第 15 条、第 81 条)、《智利刑法典》(第 74 条、第 75 条)即是如此。还有个别国家刑法典中存在 4 条指示规定,《荷兰刑法典》(第 55 条、第 56 条、第 57 条、第 58 条)即是如此。

其次,从每条刑法指示规定的构成内容来看,基本上都是由适用条件和法律后果或处断规则构成。例如,《日本刑法典》第 54 条中的

〔1〕黄茂荣:《法学方法与现代民法》(第 5 版),法律出版社 2007 年版,第 133 页。

〔2〕刘风景:《法条的功用与设置》,载《法学》2018 年第 5 期。

〔3〕刘风景:《法条的功用与设置》,载《法学》2018 年第 5 期。

“一个行为同时触犯二个以上的罪名，或者作为犯罪的手段或者结果的行为触犯其他罪名”属于指示规定的适用条件，“按照其最重的刑罚处断”属于指示规定的处断规则。《泰国刑法典》第90条规定：“同一行为触犯数法条的，从一重处断。”该条中的“同一行为触犯数法条”属于指示规定的适用条件，“从一重处断”属于指示规定的处断规则。《波兰刑法典》第11条中的“如果某一行为符合两个或者更多的刑法条款规定的构成特征”属于指示规定的适用条件，“法院应当在所有的这些竞合条款中选择一个犯罪对行为人作出判决”“法院应当在这些竞合条款中选择最重的刑罚予以适用”属于指示规定的处断规则。

不过，需要注意的是，有的国家的刑法指示规定的适用条件和处断规则并未完全规定在一个条文中，对于处断规则的确定，需要参看另一条文。例如，《意大利刑法典》对于连续犯的指示规定，该法第81条第2款规定：“对于为执行同一犯罪计划，以数个作为或不作为，实施包括在不同的时间中实施数项触犯同一或不同法律条款的人，依照第1款规定的方式处罚。”[1]该规定中的“对于为执行同一犯罪计划，以数个作为或不作为，实施包括在不同的时间中实施数项触犯同一或不同法律条款的人”属于指示规定的适用条件，“依照第1款规定的方式处罚”属于指示规定的处断规则，但是该处断规则的确定需要参看第1款规定。

（四）法条表述之比较

刑法指示规定总是要通过法条来表述的。法条是刑法指示规定的载体。通常一种罪数形态的指示规定是由一个构成完整的法条来表达的。不过，数种不同罪数形态的指示规定如果处断规则相同，也可以由一个法条来表达。简言之，不同罪数形态的指示规定既可以合并表达，也可以分设条款单独表达。此外，一个指示规定的适用条

---

〔1〕《意大利刑法典》，黄风译，中国政法大学出版社1998年版，第30页。

件与处断规则既可以在一条或一款中完整表述,也可以在一条中分设两款分别表述适用条件与处断规则。从前述 14 个国家刑法指示规定的法条表述来看,既有合并表述的做法,也有分设条款单独表述的做法;既有以一条或一款完整表述指示规定的适用条件和处断规则的做法,也有在一条中分两款分别表述指示规定的适用条件和处断规则的做法。

1. 刑法指示规定对于罪数形态的并述与单述

第一,刑法指示规定对于罪数形态合并表述。有的国家将想象竞合犯和牵连犯的特征与处断规则合并到一个条文表述,例如,《日本刑法典》第 54 条、《西班牙刑法典》第 77 条和《智利刑法典》第 75 条的规定。有的国家将想象竞合犯和实质数罪的特征与处断合并表述,如《瑞士联邦刑法典》第 68 条。有的国家将想象竞合犯、连续犯和实质的数罪的特征和处断规则合并到一个条文表述,如《哥伦比亚刑法典》第 31 条的规定。有的国家将想象竞合犯和法条竞合的特征与处断规则合并表述,如《瑞士联邦刑法典》第 68 条第 1 款、《波兰刑法典》第 11 条、《阿根廷刑法典》第 54 条、《泰国刑法典》第 90 条的规定。

第二,刑法指示规定对于罪数形态单独表述。有的刑法典专设一条或专设一款表述想象竞合犯的特征与处断规则,如《德国刑法典》第 52 条、《意大利刑法典》第 81 条第 1 款、《冰岛刑法典》第 77 条第 2 款和《哈萨克斯坦共和国刑法典》第 13 条第 2 款的规定。有的刑法典专设一条或专设一款表述法条竞合的特征与处断规则,如《意大利刑法典》第 15 条、《荷兰刑法典》第 55 条、《俄罗斯联邦刑法典》第 17 条第 3 款和《哈萨克斯坦共和国刑法典》第 13 条第 3 款的规定。有的刑法典专设一条或专设一款表述连续犯的特征与处断规则,如《荷兰刑法典》第 56 条和《意大利刑法典》第 81 条第 2 款的规定。

从上述两种表述方式涉及的罪数形态来看,二者都涉及想象竞合犯和连续犯。这就是说,各国刑法对于想象竞合犯和连续犯的指示规定,既有采用合并表述的做法,也有采用单独表述的做法。不过,单独表述想象竞合犯、连续犯的刑法条款占多数。从上述各国刑法对于指示规定的法条表述还可以看到,对法条竞合作出指示规定的,大多采用单独表述,只有个别国家的刑法将其与想象竞合犯合并表述;凡对牵连犯作出指示规定的,都是采用与想象竞合犯合并表述的方式,没有一个国家的刑法对牵连犯的指示规定单独表述。

2. 刑法指示规定的适用条件与处断规则的并述与单述

在一个条款中既表述了指示规定的适用条件,又表述了指示规定的处断规则,即指示规定的适用条件与处断规则的并述。例如,《泰国刑法典》第 90 条规定:“同一行为触犯数法条的,从一重处断。”该条中的“同一行为触犯数法条”是对竞合犯的指示规定的适用条件的表述,“从一重处断”是对其处断规则的表述。《日本刑法典》第 54 条中的“一个行为触犯二个以上罪名,或者作为犯罪手段或犯罪结果的行为触犯其他罪名的”是对想象竞合犯和牵连犯的指示规定的适用条件的表述,“按照其最重的刑罚处断”是对其处断规则的表述。显然,该指示规定的适用条件和处断规则完整地规定在一个条文中。这种做法较为普遍。《西班牙刑法典》第 74 条第 1 项,《荷兰刑法典》第 55 条、第 56 条,《瑞士联邦刑法典》第 68 条第 1 款,《冰岛刑法典》第 77 条第 2 款,《阿根廷刑法典》第 54 条,《哥伦比亚刑法典》第 31 条,《哈萨克斯坦共和国刑法典》第 13 条,以及《意大利刑法典》第 81 条第 1 款均是采用这种表述方式。

刑法指示规定的适用条件与处断规则不是完整地规定在一个条文中,而是分开规定在两款中,为指示规定的适用条件与处断规则的单述。例如,《智利刑法典》第 75 条第 1 款规定:“在一个行为构成两个或者更多犯罪,或者一个行为是实施其他一个行为的必要手段的情况下,不适用前条之规定。”该款规定了指示规定的适用条件,但并未明确其处断规则。其处断规则是通过该条第 2 款表述的,即“在这些情况下,适用对其中最严重的犯罪之刑罚的高阶等级”。又如,《波兰刑法典》第 11 条第 2 款规定了竞合犯指示规定的适用条件和一定的处断规则，但对其处断规则没有作出完整的规定，第3款进一步规定了处断规则，即“法院应当在这些竞合条款中选择最重的刑罚予以适用”。《德国刑法典》第52条也采用这种做法，但这种做法较为少见。

四、国外刑法指示规定的立法技术的启示

通过对国外刑法指示规定的比较考察，可以发现，国外刑法指示规定的立法技术有一些启发思考的地方，主要有如下几个方面。

（一）牵连犯、想象竞合犯、法条竞合指示规定的总则集中立法模式

前已述及，有的国家如日本、西班牙、智利等国刑法对于牵连犯的指示规定采取总则集中立法模式，有的国家如德国、日本、瑞士、冰岛、智利等国刑法对于想象竞合犯的指示规定采取总则集中立法模式，有的国家如意大利、荷兰、俄罗斯、阿根廷等国刑法对于法条竞合的指示规定采取总则集中立法模式。笔者认为，这种总则集中立法模式与我国分则分散立法模式相比，有更多的优点，可为我国刑法借鉴。

第一，牵连犯、想象竞合犯、法条竞合的指示规定采用总则集中立法模式可以“一揽子”解决牵连犯、想象竞合犯、法条竞合的处断规则问题，具有更强的适应性。因为刑法总则对分则的解释和适用具有指导、规范或约束的功能，所以，无论分则中哪一种具体犯罪，只要涉及牵连犯、想象竞合犯、法条竞合，就可以适用总则指示规定来处断，这就避免了分则分散立法模式下牵连犯、想象竞合犯、法条竞合的处断规则只能适用于其所依附的个罪与其他犯罪的牵连、竞合问题。因此牵连犯、想象竞合犯、法条竞合的特征及其处断规则采取总则集中立法模式，具有更强的适应性。

第二，牵连犯、想象竞合犯、法条竞合的指示规定采用总则集中立法模式可以避免刑法分则条款的增多，符合法典精简的技术要求。刑法立法实践证明，牵连犯、想象竞合犯、法条竞合的指示规定采取

分则分散立法模式,会导致该指示规定在刑法分则中有随时增多的趋势,而且会导致重复性规定不断出现;而采用总则集中立法模式,在刑法总则中专条规定牵连犯、想象竞合犯、法条竞合的指示规定,则既可以使牵连犯、想象竞合犯、法条竞合的认定与处断有法可依,又可以适当减少分则条款的总数量,避免分则条款之间不必要的重复。

第三,牵连犯、想象竞合犯、法条竞合的指示规定采用总则集中立法模式,可以避免对牵连犯、想象竞合犯、法条竞合的指示规定进行多次立法,从而节约立法资源。由于对指示规定采取分则分散立法模式,使该规定依附于个罪,不能适用于其他个罪与他罪的牵连、竞合问题,因而会不可避免地导致对其多次立法、重复性立法;而采用总则集中立法模式,对指示规定在总则中设专条一次性规定,就可适用于分则任何牵连犯、想象竞合犯、法条竞合的认定与处断问题,即使以后通过刑法修正案新增的个罪发生与他罪的牵连、竞合问题,也同样适用该指示规定,无须再在该新增个罪之后作出指示规定,这就避免了针对牵连犯、想象竞合犯、法条竞合的指示规定出现多次立法、重复规定的情况发生,有利于节约立法资源。

第四,牵连犯、想象竞合犯、法条竞合的指示规定采用总则集中立法模式可以保证牵连犯、竞合犯的处断规则规定及其适用的确定性、稳定性、预测可能性。“刑法作为国家的裁判规范,应该以法的安定性为指导原理。”〔1〕法的安定性要求成文刑法典具有稳定性。因为刑法规范的稳定性能带来其适用上的确定性,也能保障国民的预测可能性,还能形成司法权威。“依照处罚较重的规定定罪处罚”“依照处罚较重的规定定罪从重处罚”等指示规定采用分则分散立法模式,会使刑法没有明确规定处断规则的其他牵连犯、想象竞合犯、法条竞合的处断处于一种不确定的状态,这既影响刑法的安定性和

〔1〕[日]大塚仁:《刑法概说》(总论)(第3版),冯军译,中国人民大学出版社2003年版,第20页。

国民的预测可能性,又造成司法实践对牵连犯、竞合犯处理的不统一、不协调,影响刑事司法的权威性。而采用总则集中立法模式可以使分则中所有的牵连犯、竞合犯都依照总则的原则性规定进行认定与处断,这既可以保证分则中所有的牵连犯、竞合犯有确定的认定标准与适用规则,使其认定与处断处于一种稳定的状态,而且能保障国民对自己所实施的行为在定罪处罚上的预测可能性,同时能够规范法官对于牵连犯、竞合犯问题的统一适用,维护司法权威。

(二)将指示规定置于刑法典总则"刑罚"域的模式

前已述及,国外刑法指示规定的法条定位模式有三:一是将指示规定置于刑法总则"犯罪"域模式,二是将指示规定置于刑法典总则"刑罚"域模式,三是指示规定不完全置于刑法典总则"犯罪"域模式。其中,指示规定的法条定位于"刑罚"域为多数国家采纳。笔者认为,定位于"刑罚"域的模式可为我国借鉴。理由是:虽然牵连犯、想象竞合犯、法条竞合等指示规定的处断规则如从一重罪处断、从一重罪从重处断等涉及定罪问题,但是,若其只是解决定罪问题,则依照个罪的构成要件分析便可,无须规定该规则,而从一重罪处断、从一重罪从重处断显然是选取数罪中较重的刑罚来定罪,或者说选取重罪是为了解决一行为触犯数罪名或有关联性的数行为触犯数罪名的刑罚处罚问题,因此规定该规则最终是为了解决犯罪人的刑罚处罚问题。既然如此,就应置于刑法典总则的"刑罚"部分。正如有的学者所言:"罪数论·竞合论是在实体法上经过了对某一行为的违法、责任的判断阶段后,为量刑提供基础的领域的讨论。"[1]"竞合论所处理的问题,并非构成要件该不该当的问题,亦非罪成不成立的问题,而系以数被该当之构成要件为基础,确认可罚性之法律效果决定

〔1〕［日］只木诚:《罪数论·竞合论》,载山口厚、甲斐克则编:《21世纪日中刑事法の重要课题》,成文堂2014年版,第73页。转引自张明楷:《罪数论与竞合论探究》,载《法商研究》2016年第1期。

问题。"〔1〕

(三)法条竞合与想象竞合犯的指示规定分开表述模式

国外关于法条竞合与想象竞合犯的指示规定在表述上既有合并表述模式,如《瑞士联邦刑法典》第 68 条第 1 款、《阿根廷刑法典》第 54 条的规定,也有分开表述的模式,如《意大利刑法典》第 15 条、《荷兰刑法典》第 55 条、《俄罗斯联邦刑法典》第 17 条第 3 款的规定,以及《哈萨克斯坦共和国刑法典》第 13 条第 3 款设专门条款规定法条竞合,从而与想象竞合犯分开规定。笔者认为,法条竞合与想象竞合犯分开表述模式值得我国刑法立法借鉴。因为法条竞合与想象竞合犯虽然同属于一行为触犯数罪名的犯罪竞合现象,但二者的构成特征毕竟存在着区别,不可混同,这是中外刑法理论上的共识。既然如此,其竞合特征与处断规则在表述上应有不同,所以刑法对法条竞合和想象竞合犯作出规定时,分开规定各自的竞合特征和处断规则较为合适。

在法条竞合与想象竞合犯分开规定的情况下,对于法条竞合及其处断规则、想象竞合犯及其处断规则应如何表述的问题,意大利刑法与荷兰、俄罗斯、哈萨克斯坦等国刑法的做法不同。意大利刑法将法条竞合、想象竞合犯分别置于不同章、不同条文中规定(第 15 条、第 81 条),而荷兰、俄罗斯、哈萨克斯坦等国刑法将二者置于同一条规定。笔者认为荷兰、俄罗斯和哈萨克斯坦等国刑法的做法值得我国刑法立法借鉴。因为法条竞合与想象竞合犯同属于竞合犯,都是为了解决竞合犯的刑罚处罚问题,所以将二者置于同一刑法条文中规定——一方面,能够凸显立法目的;另一方面,有利于对二者进行比较与解释,更好地适用于司法实践。

---

〔1〕 柯耀程:《刑法竞合论》,中国人民大学出版社 2008 年版,第 11 页。

第六章　我国刑法指示规定立法技术的缺陷与改进

综合前述,我国的刑法指示规定在立法技术方面还存在一些不完善之处,需要改进。本章拟从立法论的角度,在阐述我国刑法指示规定在立法技术方面存在的不完善之处之基础上,提出改进我国刑法指示规定立法技术的建议。

一、我国刑法指示规定立法技术的缺陷

我国刑法指示规定在立法模式、法条构成、文字表达以及指示规定之间的协调性等方面均存在缺陷。

(一)我国刑法指示规定的立法模式及其缺陷

1. 我国刑法指示规定的立法模式

立法模式是指法律规范在法律体系中的表现形式或所处的位置。应该说,刑法的立法模式不是由立法者随意设计的,而是由立法者综合法制传统、现实国情、国内需要、国外影响等因素决定的,它是为刑法规范表现形式定型化所作的理论归纳。如果从刑法规范在刑法体系中的表现形式来看,立法模式可分为刑法典模式、单行刑法模式和附属刑法模式;如果从刑法规范在刑法典中的位置来看,立法模式可分为总则立法模式、分则立法模式和总则与分则相结合的立法模式。

我国刑法指示规定在立法模式上采取的是分则分散立法模式。所谓分则分散立法模式,是指所有的刑法指示规定都是被规定在刑法分则中,且分散规定在刑法分则的各个章节中,而不像前述的德、日等国刑法那样,将其集中规定在刑法总则的一个或几个条文中。

这种立法模式表现出如下两个特征。

第一,分散性。《刑法》中,17 个“依照处罚较重的规定定罪处罚”之规定、2 个“依照处罚较重的规定定罪从重处罚”之规定、11 个“依照数罪并罚的规定处罚”之规定以及其他数个指示规定,不是集中规定在刑法总则中,而是分别规定在刑法分则的不同章或同一章的不同个罪的罪刑规范之后,从而表现出分散性的特点。

首先,从刑法分则各章分布指示规定的情况来看。除了刑法分则第一章“危害国家安全罪”、第五章“侵犯财产罪”、第七章“危害国防利益罪”和第八章“贪污贿赂罪”没有指示规定,其他各章均有指示规定。其中,第二章“危害公共安全罪”有 4 个条款的指示规定,第三章“破坏社会主义市场经济秩序罪”有 7 个条款的指示规定,第四章“侵犯公民人身权利、民主权利罪”有 6 个条款的指示规定,第六章“妨害社会管理秩序罪”有 18 个条款的指示规定,第九章“渎职罪”有 1 个条款的指示规定,第十章“军人违反职责罪”有 1 个条款的指示规定。

其次,从四类指示规定在刑法分则中的分布情况来看。17 个“依照处罚较重的规定定罪处罚”之规定分别处在第二章(第 120 条之二第 2 款、第 133 条之一第 3 款、第 133 条之二第 3 款),第三章的第一节“生产、销售伪劣商品罪”(第 142 条之一第 2 款、第 149 条第 2 款)和第八节“扰乱市场秩序罪”(第 229 条第 2 款),第四章(第 236 条之一第 2 款、第 260 条之一第 3 款),第六章的第一节“扰乱公共秩序罪”(第 280 条之一第 2 款、第 286 条之一第 3 款、第 287 条之一第 3 款、第 287 条之二第 3 款、第 291 条之二第 2 款)、第四节“妨害文物管理罪”(第 329 条第 3 款)和第六节“破坏环境资源保护罪”(第 342 条之一第 2 款),第九章(第 399 条第 4 款)中;2 个“依照处罚较重的规定定罪从重处罚”之规定处在第六章“妨害社会管理秩序罪”的第二节“妨害司法罪”中;11 个“依照数罪并罚的规定处罚”之规定分别处在刑法分则第二章(第 120 条第 2 款),第三章的第二节“走私罪”(第 157 条第 2 款)和第五节“金融诈骗罪”(第 198 条第 2 款),第四章(第241条第4款、第244条之一第2款),第六章的第一节"扰乱公共秩序罪"(第280条之二第3款、第294条第4款、第300条第3款)、第三节"妨害国(边)境管理罪"(第318条第2款、第321条第3款)和第八节"组织、强迫、引诱、容留、介绍卖淫罪"(第358条第3款)中;其他指示规定分别处在刑法分则第三章(第171条第3款、第198条第2、4款)、第四章(第241条第2、5款)、第六章(第308条之一第2款、第333条第2款)、第十章(第438条第2款)中。

第二,依附性。即指示规定依附于刑法分则个罪罪刑规范的基本规定而存在,一般处于分则某一种具体犯罪的罪刑规范的基本规定之后的位置,是该种具体犯罪与他罪存在数罪关系时如何予以处断的规定。具体说,17个"依照处罚较重的规定定罪处罚"之规定,除了《刑法》第149条第2款规定不是置于某一个罪的基本规定之后,而是独立存在的,其他9款规定均依附于个罪而存在,是某一个罪与其他个罪关系的处断规则之规定。比如,《刑法》第120条之二第2款是在准备实施恐怖活动罪中规定的,处于该罪的基本规定之后;第133条之一第3款是在危险驾驶罪中规定的,处于该罪的基本规定之后;第260条之一第3款是在虐待被监护、看护人罪中规定的,处于该罪的基本规定之后;第280条之一第2款是在使用虚假身份证件、盗用身份证件罪中规定的,处于该罪的基本规定之后的位置;等等。2个"依照处罚较重的规定定罪从重处罚"之规定都是依附于虚假诉讼罪作出的,处于该罪的基本规定之后的位置。11个"依照数罪并罚的规定处罚"之规定除了第157条第2款,其余都是在个罪中规定的,处于个罪罪刑规范的基本规定之后的位置,作为某一个罪与他罪的数罪关系的处断规则予以规定。例如,《刑法》第120条第2款是在组织、领导、参加恐怖组织罪中规定的,位于该罪的罪刑规范之后,是组织、领导、参加恐怖组织罪与其他犯罪之间的数罪关系的处断规则之规定;第198条第2款是在保险诈骗罪中规定的,位于该罪的罪刑规范之后,是保险诈骗罪与其他犯罪之间的数罪关系的处断规则之规定;第241条第4款是在收买被拐卖的妇女、儿童罪中规定的,位于该罪的罪刑规范之后,是收买被拐卖的妇女、儿童罪与其他犯罪之间的数罪关系的处断规则之规定;第318条第2款是在组织他人偷越国(边)罪中规定的,位于该罪的罪刑规范之后的位置;等等。其他类型的指示规定也是如此。例如,第241条第2款是在收买被拐卖的妇女、儿童罪中规定的,位于该罪的罪刑规范之后,是该罪与强奸罪之间的数罪关系的处断规则之规定;第253条第2款是在私自开拆、隐匿、毁弃邮件、电报罪中规定的,位于该罪的罪刑规范之后,是该罪与盗窃罪之间的数罪关系的处断规则之规定;等等。

2. 我国指示规定分则分散立法模式的缺陷

我国刑法指示规定采取上述分则分散立法模式,明确某一个罪与他罪发生数罪关系时的处断规则,这对于实现该罪与他罪的数罪关系的处断在司法实践中的统一性具有积极意义。但是,这种模式下的指示规定无法穷尽一行为触犯数罪名、数行为触犯数罪名的罪数处断问题,导致一行为触犯数个不同罪名、数行为触犯数个不同罪名在缺乏指示规定的情况下,司法处断不一,定罪量刑不平衡,最终要依赖司法解释解决。具体来说,这种分则分散立法模式存在以下几个方面的缺陷。

第一,从这种模式的适应性能来讲,非常有限,与司法机关在解决罪数处断问题上的普遍性需求存在很大差距。因为在司法实践中,因一行为触犯数个不同罪名、数行为触犯数个不同罪名而需要进行罪数处断的情况是普遍存在的。

首先,从一行为触犯数个不同罪名的普遍性来看,刑法分则中不同具体犯罪之间的基本构成要件、基本构成要件要素或者加重构成的相同性或重合性广泛存在,这会导致一行为触犯数罪名的犯罪竞合现象广泛存在。《刑法修正案(十一)》通过后,刑法分则已有483个罪名,虽然这483个罪名均有各自的构成特征,但各种具体犯罪又均有与其他具体犯罪相同的构成特征,[1]在构成要件或要素上重

[1] 这包括基本构成方面的相同性、加重构成方面的相同性、基本构成与加重构成方面的相同性三种情形。

合。有的是因行为手段相同而使构成要件要素发生重合,例如,“胁迫”手段在劫持航空器罪,劫持船只、汽车罪,强奸罪,强制猥亵、侮辱罪,组织残疾人、儿童乞讨罪等犯罪的法条中均有明文规定,使这些犯罪的客观构成要件要素发生重合;有的是因犯罪对象相同而使构成要件要素发生重合,如“伪造的货币”作为犯罪对象在出售、购买、运输假币罪,持有、使用假币罪,金融机构工作人员购买假币、以假币换取货币罪的法条中均有明文规定,使这些犯罪的客观构成要件要素发生重合;有的是因危害结果相同而使构成要件要素发生重合,如“严重后果”这一危害结果在破坏交通工具罪、破坏交通设施罪、暴力危及飞行安全罪、铁路运营安全事故罪等诸多犯罪的基本构成或加重构成中均有明文规定,使这些犯罪的客观构成要件要素发生重合;有的是因犯罪主体相同而使构成要件发生重合,如贪污罪、受贿罪、挪用公款罪等犯罪的主体均是国家工作人员,使这些犯罪的主体要件发生重合;有的是因罪过形式相同而使主观构成要件发生重合,如故意杀人罪、故意伤害罪等犯罪主观上都是故意,使这些犯罪的主观构成要件发生重合;等等。这种州法分则规定的不同个罪之间的基本构成要件、基本构成要件要素或者加重构成的相同性而导致的重合性,事实上必然会导致一个行为触犯数个不同罪名的竞合情况发生。此外,个罪之间的基本构成要件、基本构成要件要素或加重构成在逻辑上的包含性或交叉性也是一行为触犯数个不同罪名的犯罪竞合的一个主因,而这种包含性或交叉性在刑法分则中的普遍存在,也是一行为触犯数个不同罪名的犯罪竞合具有普遍性的一个重要原因。[1]

既然一行为触犯数个不同罪名的犯罪竞合具有普遍性,那么司法机关在办案过程中就会经常遇到罪数处断问题,不可避免地需要

---

〔1〕 参见彭辅顺:《“从一重罪处断”规则的立法模式重构——从刑法分则分散立法模式到总则集中立法模式》,载《辽宁师范大学学报(社会科学版)》2019年第6期。

进行罪数处断。但是,刑法分则对于一行为触犯数罪名的犯罪竞合的处断规则即“依照处罚较重的规定定罪处罚”的个别化规定和依存于个罪设置的分则分散立法模式,是不能满足广泛存在的犯罪竞合的解决需求的。也可以说,由刑法分则来规定犯罪竞合的处断规则,是无法穷尽实践中出现的一行为触犯数个不同罪名的处断问题的,因为 17 个“依照处罚较重的规定定罪处罚”之规定只能适用于 17 种相关具体犯罪与他罪的竞合问题,而还有无数个一行为触犯数罪名的犯罪竞合问题有待于解决。在这种情况下,对于法无明文规定处断规则的情形,如何进行罪数处断,要么只能依赖于最高人民法院、最高人民检察院作出司法解释进行规定,要么只能由司法工作人员根据罪数理论进行处断。现行有效的司法解释中已有近 70 个“依照处罚较重的规定定罪处罚”这样的规定,就足以说明这个问题。退一步说,犯罪竞合的处断规则即便可以由最高人民法院、最高人民检察院通过司法解释作出规定,但由司法解释来规定这种竞合的处断规则,也是依附于个罪的,因而再多的司法解释也无法解决犯罪竞合的普遍性问题。尤其是在最高人民法院、最高人民检察院对竞合处断规则没有作出司法解释的情况下,仍然需要由司法工作人员依据罪数理论进行处断,这就可能导致同案异判、犯罪事实重复评价等问题。总之,“依照处罚较重的规定定罪处罚”之规定的分则分散立法模式是不能解决所有一行为触犯数个不同罪名的犯罪竞合的处断问题的。

其次,从数行为触犯数个不同罪名的普遍性来看,数行为触犯数个不同罪名的情况在实践中也是普遍存在的。有的行为人实施的数行为之间因存在牵连关系而需要进行罪数处断;有的行为人实施的数行为之间因存在吸收关系而需要进行罪数处断;还有的行为人实施的数行为之间虽既不存在牵连关系,也不存在吸收关系,但因有关联也要进行罪数处断。这些需要进行罪数处断的数行为触犯数个不同罪名的情形中,有的在刑法分则中明确规定了处断规则,如“依照处罚较重的规定定罪从重处罚”“依照数罪并罚的规定处罚”等,而更多的是刑法分则中没有明确规定处断规则，需要依赖于司法解释来确立处断规则，现有的司法解释中有多处规定了“依照处罚较重的规定定罪从重处罚”“依照数罪并罚的规定处罚”就是例证。而在数行为触犯数个不同罪名如何处断上没有司法解释的情况下，司法工作人员就只好根据罪数理论来解决。这就可能导致同案不同判，犯罪事实重复评价或评价不足等问题。退一步说，即便有最高人民法院、最高人民检察院所作的司法解释的规定，也是有限地适用于某些个罪与他罪的关联处断问题，而不能应对所有的数行为触犯数个不同罪名需要进行罪数处断的情形。

第二，从这种模式的技术性讲，指示规定的分则分散立法模式造成刑法分则条款不必要地增多，不符合立法技术的要求。精致、高超的刑法立法技术，不但要求立法规定准确反映出立法者的旨意和较好地凸显该规定的价值，使立法旨意和立法价值能够得到真正实现，而且要求立法规定的形式简明，立法用语的涵括性强，做到以尽可能少的立法文字来明确表达立法旨意与内容，从而发挥刑法规定应有的保护法益与保障人权的机能。简言之，立法技术上应做到“该繁则繁、该简则简，繁简得当”〔1〕。不仅如此，高超的立法技术还应能够保证刑法的确定性与稳定性，体现刑法适用社会生活的灵活性，使刑法规范的适应性更强。

刑法指示规定的立法模式属于一个立法技术问题。“因为立法如何规定才能够完满，才能够达到与立法意图的一致，这并不关涉立法的思想，也不涉及立法意图的评价，仅是一个立法技术问题。”〔2〕既然如此，刑法指示规定立法模式的选择与采用就应注意立法技术问题。然而，指示规定的分则分散立法模式客观上导致同样或类似的刑法规定在刑法中的数量有随时增多的趋势。例如，1997年《刑

〔1〕 赵秉志：《刑法立法研究》，中国人民大学出版社2014年版，第87页。

〔2〕 李洁：《遏制重刑：从立法技术开始》，载《吉林大学社会科学学报》2009年第3期。

法》全面修订之前，无论是1979年制定的《刑法》还是随后陆续颁行的24个单行刑法中均没有"依照处罚较重的规定定罪处罚"的明文规定。1997年修订的《刑法》分则中也只有3处规定了"依照处罚较重的规定定罪处罚"。[1] 1998年出台的1个单行刑法和1999年至2009年时段颁布的前7个刑法修正案再没有出现这种规定。但是，《刑法修正案（八）》新增危险驾驶罪时再次增设了这样的规定。而《刑法修正案（九）》一反常态陡增了6处这样的规定。2020年12月，第13届全国人大常委会第24次会议审议通过的《刑法修正案（十一）》又增设了7款"依照处罚较重的规定定罪处罚"之规定。又如，"依照数罪并罚的规定处罚"在1997年修订的《刑法》中只有6处规定，而到《刑法修正案（十一）》为止，先后通过的《刑法修正案（四）》《刑法修正案（八）》《刑法修正案（九）》《刑法修正案（十一）》增加了5处这样的规定。到《刑法修正案（十一）》为止，指示规定从1997年修订的《刑法》时的17款增加至39款，增加了1倍多。这种罪数处断规则的重复性规定不断增多，使整个《刑法》条文庞杂，缺乏简括性，而且每一个罪数处断规定只能适用于其所依附的个罪的罪数处断问题，不具有广泛的适用性，因此从立法技术上讲，指示规定的分则分散立法模式是一种不算高明的立法技术。

第三，从这种模式的经济性上讲，刑法指示规定的分则分散立法模式导致多次、多处增设同样或类似的条款，造成立法资源不必要的浪费。资源是指能够对特定主体带来力量的有形或无形的东西。它具有价值、稀缺、难于模仿和难以被替代的特征。[2] 立法是一项复杂且重要的规则创制与修改工作，基本的人力、物力、财力的支出是必不可少的，需要耗费立法资源，因此应该节俭而为。[3] 因为"刑法的处罚范围与程度直接关系着每一个人的生命、身体、自由、财产与

---

〔1〕 即1997年修订的《刑法》第149条第2款、第329条第3款、第399条第4款。

〔2〕 Barney, J. B., *Firm Resources and Sustained Competitive Advantage*, 1 Journal of Management 17(1991).

〔3〕 周旺生：《立法学》，法律出版社2004年版，第102页。

名誉,属于特别重大的事项"[1],所以《刑法》的修正应该非常慎重地对待,不可草率,更不可随意而为。"作为一项重要的立法活动,《刑法》的修改有着严格的程序要求"[2],例如,进行立法调研、拟制草案、提请审议、会议审议、法律通过等程序。这些程序虽然是以全国人大常委会为主体,但在整个立法过程与程序运作中,总有其他机关、社会组织或各界人士参与立法中,如最高人民法院、最高人民检察院的参与,相关行政机关的参与,专家学者的参与,等等。社会各方面参与立法中,都需要人力、财力、物力等多方面资源的投入与支持,都需要消耗较多的立法资源。因此,罪数处断的指示规定通过制定刑法修正案的方式在刑法分则中多次或者多处增设,而每次、每处增设该规定都需要耗费人力、财力、物力,来审议该规定在某个罪或某些罪之后设置的必要性、合理性以及可行性,显然是对立法资源的不必要浪费,不符合尽量节约立法资源的基本理念。[3]

第四,从这种模式的消极性上讲,刑法指示规定的分则分散立法模式下,通过制定刑法修正案随时增设指示规定,还表现出立法的任意性,并导致同样的罪数问题在处断规则上的不确定性。分则分散立法模式下,对于同样可能存在一行为触犯数个不同罪名、数行为触犯数个不同罪名的罪数问题要求予以处断的情况,有的个罪之后设置了"依照处罚较重的规定定罪处罚"之规定、"依照处罚较重的规定定罪从重处罚"之规定或者"依照数罪并罚的规定处罚"之规定,而有的个罪之后没有设置这种规定,这样,"依照处罚较重的规定定罪处罚"之规定、"依照处罚较重的规定定罪从重处罚"之规定、"依照数罪并罚的规定处罚"之规定在哪个罪之后设置存在较大的立法随意性。进一步说,同样是存在一行为触犯数个不同罪名、数行为

[1] 张明楷:《刑法学》(上)(第5版),法律出版社2016年版,第46页。

[2] 赵秉志:《刑法立法研究》,中国人民大学出版社2014年版,第461页。

[3] 参见彭辅顺:《"从一重罪处断"规则的立法模式重构——从刑法分则分散立法模式到总则集中立法模式》,载《辽宁师范大学学报(社会科学版)》2019年第6期。

触犯数个不同罪名的罪数处断问题,为何有的个罪之后要设置这种规定,而有的个罪之后不设置这种规定,既缺乏充足的立法理由,也没有作出应有的说明,因此其立法的任意性表现得很明显。这种任意立法既给刑法规定的解释与适用带来难题,又会造成同样的一行为触犯数个不同罪名、数行为触犯数个不同罪名的情形在处断规则上的不确定性。比如,有的个罪与他罪发生竞合,刑法规定了“依照处罚较重的规定定罪处罚”的处断规则,那么对于更多的犯罪竞合现象,刑法没有明文规定“依照处罚较重的规定定罪处罚”规则的情况下,是否意味着可以适用“依照处罚较重的规定定罪处罚”之外的其他处断规则进行处断呢?这样的疑惑既会给其他一行为触犯数个不同罪名的犯罪竞合处断的刑法解释与适用带来问题,又会给实践中存在的、更多的犯罪竞合现象的处断规则带来不确定性,最终影响不同时期、不同地区、不同法院在犯罪竞合处断上的一致性,可能导致同案异判的结果。

(二)我国刑法指示规定在法条构成上的缺陷

我国《刑法》分则中指示规定的法条构成由于以“适用条件+处断规则”的模式表达,没有明确其适用的罪数形态,因此有不少指示规定究竟是何种罪数形态的处断规则之规定难以分清,往往产生理论上的争议。这主要表现在“依照处罚较重的规定定罪处罚”的指示规定上。“依照处罚较重的规定定罪处罚”之规定在适用条件上表达为:“有前款行为(或者是有前两款行为、有前三款行为),同时构成其他犯罪的。”因在“前款行为”与“同时构成其他犯罪”的关系到底是想象竞合关系、法条竞合关系、牵连关系还是吸收关系上理解不同而产生争议。例如,《刑法》第280条之一第2款规定,关于该指示规定适用的罪数形态,有学者将使用虚假身份证件、盗用身份证件罪与同时构成的其他犯罪之间的关系理解为想象竞合关系;[1]有学者将

---

〔1〕 参见张明楷:《刑法学》(下)(第5版),法律出版社2016年版,第1043页。

使用虚假身份证件、盗用身份证件罪与其他犯罪之间的关系理解为竞合关系;[1]还有学者将使用虚假身份证件、盗用身份证件罪与该行为同时构成的其他犯罪之间的关系理解为法条竞合关系、想象竞合关系和牵连关系,从而认为可能构成法条竞合,也可能构成想象竞合犯,还可能构成牵连犯。[2] 又如《刑法》第 287 条之一第 3 款规定,关于该指示规定适用的罪数形态,有的学者认为其适用于法条竞合,[3]有论者认为其适用于想象竞合犯、牵连犯和吸收犯。[4] 再如,《刑法》第 399 条第 4 款规定,关于该指示规定适用的罪数形态,有的学者认为其适用于想象竞合犯,[5]有的学者认为其适用于具有包含关系的法条竞合,[6]有的学者认为其适用于牵连犯,[7]还有的学者认为其适用于吸收犯。[8] 而如果是司法工作人员对于“前款行为”与“同时构成其他犯罪”之间的关系理解不同,就会导致依附于个罪的“依照处罚较重的规定定罪处罚”的适用范围不同,进而影响其司法适用的统一性;而且这种争议似乎表明“依照处罚较重的

[1] 参见周光权:《刑法各论》(第 3 版),中国人民大学出版社 2016 年版,第 344 页。

[2] 参见肖友广、金华捷:《使用虚假身份证件、盗用身份证件罪的司法认定》,载《犯罪研究》2017 年第 2 期。

[3] 参见张耀阳、孙永上:《完善非法利用信息网络罪司法适用的法理探析》,载《中国检察官》2019 年第 5 期。

[4] 参见陈志军:《非法利用信息网络罪研究》,载《公安学研究》2018 年第 5 期。

[5] 参见高铭暄、马克昌主编:《刑法学》(第 8 版),北京大学出版社、高等教育出版社 2017 年版,第 656 页;张小虎:《罪刑分析》(下册),北京大学出版社 2003 年版,第 339、345 页;王作富主编:《刑法》,中国人民大学出版社 1999 年版,第 533 页。

[6] 参见黄奇中:《刑法第 399 条第 4 款的理解与适用——兼论法规竞合与想象竞合犯、牵连犯、吸收犯的界限》,载《中国刑事法杂志》2004 年第 4 期。

[7] 参见赵秉志主编:《中国刑法案例与学理研究》(第 6 卷),法律出版社 2004 年版,第 342-343 页;陈兴良:《刑法疏议》,中国人民公安大学出版社 1997 年版,第 659-660 页;韩耀元:《渎职罪的定罪与量刑》,人民法院出版社 2000 年版,第 186 页;周光权:《刑法各论讲义》,清华大学出版社 2003 年版,第 575 页;刘志高:《刑法第 399 条第 4 款的司法适用》,载《政治与法律》2006 年第 1 期。

[8] 参见全国人大常委会法制工作委员会刑法室编:《中华人民共和国刑法释义》,法律出版社 1997 年版,第 568 页。

规定定罪处罚”既可适用于一行为触犯数罪名的法条竞合、想象竞合犯，又可适用于数行为触犯数个不同罪名的牵连犯、吸收犯。如果是这样，就没有区分法条竞合、想象竞合犯、吸收犯、牵连犯这些不同的罪数形态的社会危害性程度，就没有区分一行为触犯数个不同罪名与数行为触犯数个不同罪名的处断规则，是不合理的。

（三）我国刑法指示规定的总体结构不协调

从总体上看，我国《刑法》分则中 39 个条款的指示规定存在结构不协调、不合理的现象，主要表现为如下两个方面。

第一，不同指示规定确立的同一处断规则在适用数罪关系上不协调。按照罪刑均衡的原则，同样的处断规则应该适用于社会危害性基本相同的罪数形态才是合理的。而在分则分散模式下，有的指示规定确立的是同一处断规则，但其适用的是具有不同社会危害程度的罪数形态。这主要表现在“依照数罪并罚的规定处罚”的指示规定上。11 个“依照数罪并罚的规定处罚”之规定中，有的适用于数行为构成的典型数罪，如《刑法》第 120 条第 2 款规定：“犯前款罪并实施杀人、爆炸、绑架等犯罪的，依照数罪并罚的规定处罚。”此处的组织、领导、参加恐怖组织罪与杀人、爆炸、绑架等犯罪之间一般属于典型数罪关系，应该实行数罪并罚。而有的“依照数罪并罚的规定处罚”的指示规定适用于牵连犯。例如，《刑法》第 157 条第 2 款规定：“以暴力、威胁方法抗拒缉私的，以走私罪和本法第二百七十七条规定的阻碍国家机关工作人员依法执行职务罪，依照数罪并罚的规定处罚。”该款指的是刑法对行为人在走私过程中以暴力、威胁方法抗拒缉私的行为实行数罪并罚。而学界普遍认为该行为构成的妨害公务罪与走私罪之间具有牵连关系，属于牵连犯。又如，《刑法》第 198 条第 2 款规定：“有前款第四项、第五项所列行为，同时构成其他犯罪的，依照数罪并罚的规定处罚。”此处的第 4、5 项所列举的行为存在手段行为（故意造成财产损失的保险事故，故意造成被保险人死亡、伤残、疾病）与目的行为（骗取保险金）之间的牵连关系，属于牵连犯。再如,《刑法》第 244 条之一第 2 款规定:“有前款行为,造成事故,又构成其他犯罪的,依照数罪并罚的规定处罚。”此处的雇用童工从事危重劳动罪是因该行为造成事故而构成的其他犯罪的原因行为,因造成事故而构成重大责任事故罪、强令他人违章冒险作业罪或者重大劳动安全事故罪是雇用童工从事危重劳动行为的结果行为,存在原因行为与结果行为的牵连关系,也属于牵连犯。因牵连犯的数行为之间存在牵连关系,且以实施某一犯罪为最终目的,其社会危害性不同于无牵连、吸收、竞合关系的典型数罪,所以将牵连犯与典型数罪适用于同一处断规则即实行数罪并罚,是不同指示规定确立的同一处断规则在适用数罪关系上的不协调。

此外,“依照处罚较重的规定定罪处罚”的指示规定也存在适用的罪数形态不协调的情况。例如,经《刑法修正案(十一)》修改后的《刑法》第 229 条第 2 款规定了“有前款行为,同时索取他人财物或者非法收受他人财物构成犯罪的,依照处罚较重的规定定罪处罚”。该款指示规定适用的罪数形态是由提供虚假证明文件罪与非国家工作人员受贿罪或受贿罪构成的牵连犯。关于这一点,无论是理论界还是实务界,都是予以认同的。[1] 而其他“依照处罚较重的规定定罪处罚”之规定适用的罪数形态是竞合犯,有的适用于想象竞合犯,有的适用于法条竞合。因此,该款“依照处罚较重的规定定罪处罚”之规定适用的罪数形态与其他“依照处罚较重的规定定罪处罚”之规定适用的罪数形态是不协调的。

第二,不同指示规定针对同一罪数形态确立的处断规则不统一。同样社会危害性的同一罪数形态应该适用同样的处断规则,才能贯彻罪刑均衡原则。然而,在分则分散模式下,依附于个罪的不同指示规定针对同样社会危害性的同一罪数形态却规定了不同的处断规则。这主要表现在指示规定对于牵连犯的处断规则之规定上。有的

---

〔1〕 参见杨万明主编:《〈刑法修正案(十一)〉条文及配套〈罪名补充规定(七)〉理解与适用》,人民法院出版社 2021 年版,第 224 页。

指示规定对于牵连犯规定了应实行数罪并罚。例如,《刑法》第157条第2款规定:“以暴力、威胁方法抗拒缉私的,以走私罪和本法第二百七十七条规定的阻碍国家机关工作人员依法执行职务罪,依照数罪并罚的规定处罚。”据此,对走私罪与妨害公务罪构成的牵连犯,应实行数罪并罚。有的指示规定对于牵连犯规定了“依照处罚较重的规定定罪从重处罚”。例如,《刑法》第307条之一第3款规定:“有第一款行为,非法占有他人财产或者逃避合法债务,又构成其他犯罪的,依照处罚较重的规定定罪从重处罚。”据此,行为人通过妨害作证或伪造国家机关公文、证件、印章的手段实施虚假诉讼来非法占有他人财产或者逃避合法债务的,妨害作证罪或伪造国家机关公文、证件、印章罪与虚假诉讼罪构成的牵连犯,应从一重罪从重处断。有的指示规定明确规定按照某一重罪定罪从重处罚。例如,《刑法》第253条第2款规定:“犯前款罪而窃取财物的,依照本法第二百六十四条的规定定罪从重处罚。”据此,私自开拆、隐匿、毁弃邮件、电报罪与盗窃罪构成的牵连犯,应以盗窃罪定罪从重处罚。有的指示规定对于牵连犯规定了“依照处罚较重的规定定罪处罚”。例如,《刑法》第229条第2款对于提供虚假证明文件罪与非国家工作人员受贿罪或受贿罪构成的牵连犯规定的是“依照处罚较重的规定定罪处罚”。由此可见,不同的指示规定对于牵连犯的处断规则规定是不一样的,有的是实行数罪并罚,有的是从一重罪从重处断,有的是依照指定的重罪定罪从重处罚,有的是从一重罪处断。这种牵连犯处断规则的不统一,实际上就是指示规定在分则分散模式下同一罪数形态的处断规则结构的不合理性的体现。而这种结构的不合理性是理论上对于牵连犯处断规则存在争议和司法适用上不统一的主要原因,同时也会导致牵连犯与吸收犯之间界限的模糊化。

此外,不同指示规定对于吸收犯的处断规则的规定也存在不统一现象。例如,《刑法》第171条第3款规定:“伪造货币并出售或者运输伪造的货币的,依照本法第一百七十条的规定定罪从重处罚。”一般认为,伪造货币与出售或者运输伪造的货币之间存在吸收关系。

两个行为构成的犯罪之间本来构成吸收犯,但该款规定对其应以重罪即伪造货币罪定罪从重处罚。第241条第5款规定:“收买被拐卖的妇女、儿童又出卖的,依照本法第二百四十条的规定定罪处罚。”收买被拐卖的妇女、儿童与出卖该妇女、儿童的行为之间存在吸收关系,构成吸收犯。该款规定对其以重罪即拐卖妇女、儿童罪定罪处罚。显然,上述两个条款规定的数个犯罪行为之间都构成吸收犯。而同样是吸收犯,这两个不同的指示规定确定的处断规则是不同的,前者是以吸收之罪定罪并从重处罚,而后者是以吸收之罪定罪处罚(没有要求“从重”)。这种吸收犯处断规则的不统一、不协调,同样反映出指示规定在分则分散模式下同一罪数形态的处断规则结构的不合理性。

二、我国刑法指示规定立法技术的改进

(一)重构指示规定的立法模式

鉴于我国刑法对于指示规定采用分则分散立法模式存在上述诸多不完善之处,笔者认为,应采用总则与分则相结合的立法模式来作出指示规定。具体来说,应在刑法总则中对于法条竞合、想象竞合犯、牵连犯和虽有关联但不具有竞合、牵连关系的典型数罪的特征及其处断规则集中作出一般性指示规定,在刑法分则中对于吸收犯以及其他数行为构成数罪明确以某一重罪定罪处罚的情形作出特别的指示规定。

1. 对于法条竞合、想象竞合犯、牵连犯、典型数罪应采总则集中立法模式

对于法条竞合、想象竞合犯、牵连犯、典型数罪应采总则集中立法模式的理由有以下几点。

第一,采用总则集中立法模式可以“一揽子”解决法条竞合、想象竞合犯、牵连犯、典型数罪的处断规则问题,比分则分散立法模式具有更强的适应性。前已述及,法条竞合、想象竞合犯、牵连犯、典型数罪是司法实践中的普遍现象,依个罪而立的分则分散立法模式对其

处断规则的规定是非常有限的，是不能解决司法实践中遇到的所有的竞合犯、牵连犯、典型数罪的处断问题的。而对于法条竞合、想象竞合犯、牵连犯、典型数罪的处断规则采用总则集中立法模式则可以一并解决分则竞合犯、牵连犯、典型数罪的处断问题。因为刑法总则对刑法分则的解释和适用具有指导、规范或约束的作用，所以，无论分则中哪一种具体犯罪，只要出现了一行为触犯数罪名的犯罪竞合问题和数行为触犯数个不同罪名的牵连犯问题、典型数罪问题，就都可以适用总则中的处断规则来处理，这就避免了分则分散立法模式下“依照处罚较重的规定定罪处罚”“依照处罚较重的规定定罪从重处罚”“依照数罪并罚的规定处罚”规则只能适用于其所依附的个罪与其他犯罪的竞合、牵连及其他关联数罪问题。因此对于法条竞合、想象竞合犯、牵连犯、典型数罪的处断规则采取总则集中立法模式，能够更好地适应司法实践对于竞合犯、牵连犯、典型数罪问题的处断需要，适应性更广、更强，能够使指示规定的价值最大化。

第二，对于法条竞合、想象竞合犯、牵连犯、典型数罪采用总则集中立法模式可以适当减少刑法分则条款，符合法典的形式结构技术要求。刑法立法实践证明，“依照处罚较重的规定定罪处罚”、“依照处罚较重的规定定罪从重处罚”和“依照数罪并罚的规定处罚”之规定采取分则分散立法模式，会导致该规定在刑法分则中有随时增多的趋势，而且会导致重复性规定不断出现；而采用总则集中立法模式，在刑法总则中集中设置几个条文对其加以规定，则既可以使竞合犯、牵连犯、典型数罪的处断问题有法可依，又可以减少分则条款的总数量，避免分则条款不必要的重复，因而在立法形式上符合法律精简的技术要求。

第三，对于法条竞合、想象竞合犯、牵连犯、典型数罪采用总则集中立法模式可以避免多次立法，节约立法资源，符合立法的经济性。由于“依照处罚较重的规定定罪处罚”、“依照处罚较重的规定定罪从重处罚”和“依照数罪并罚的规定处罚”之规定的分则分散立法模式使该规定依个罪而立，不能适用于其他具体犯罪与他罪的竞合、牵连以及其他关联数罪的问题,因而多次立法、重复性立法就会不可避免;而采用总则集中立法模式,只要在刑法总则中专设数条、通过一次性立法作出规定,就可适用于分则任何一行为触犯数罪名的犯罪竞合和数行为触犯数个不同罪名的牵连犯及其他关联数罪情况,即使以后通过制定刑法修正案的方式新增的具体犯罪与其他具体犯罪发生竞合、牵连问题,也同样适用该处断规则的规定,无须再在该新增个罪之后作出“依照处罚较重的规定定罪处罚”、“依照处罚较重的规定定罪从重处罚”或者“依照数罪并罚的规定处罚”的规定,这就避免了针对竞合犯、牵连犯、典型数罪的处断规则出现多次立法、重复规定的情况发生,能够节约不少的立法资源,是一种更为经济的立法选择。

第四,采用总则集中立法模式可以保证竞合犯、牵连犯、典型数罪处断规则的规定及其适用的确定性、稳定性、预测可能性和司法权威性。前已述及,“刑法作为国家的裁判规范,应该以法的安定性为指导原理”〔1〕。而法的安定性要求刑法具有稳定性。因为刑法规范的稳定性能带来其适用上的确定性,也能保障国民的预测可能性,还能形成司法权威。竞合犯、牵连犯、典型数罪处断规则之规定采用分则分散立法模式,会使没有明确规定该处断规则的犯罪竞合、牵连犯、典型数罪问题如何处断处于一种不确定的状态,既影响刑法的安定性和国民的预测可能性,又造成司法实践对犯罪竞合处理的不统一、不协调,影响刑事司法的权威性;〔2〕而采用总则集中立法模式可以使刑法分则中所有的法条竞合、想象竞合犯、牵连犯、典型数罪问题都依照总则的原则性规定进行处断,这既可以保证刑法分则中所有的法条竞合、想象竞合犯、牵连犯、典型数罪问题有明确、确定的适用规则,使法条竞合、想象竞合犯、牵连犯、典型数罪的处断规则处于

〔1〕［日］大塚仁:《刑法概说》(总论)(第3版),冯军译,中国人民大学出版社2003年版,第20页。

〔2〕参见赵秉志:《刑法立法研究》,中国人民大学出版社2014年版,第131页。

一种长期稳定的状态,也能保障国民对自己实施的刑法禁止的行为在定罪处罚上的预测可能性,同时能够规范、制约法官对于法条竞合、想象竞合犯、牵连犯、典型数罪的处断规则的适用,实现司法适用上的统一性,维护司法权威。

第五,采用总则集中立法模式,在总则中对想象竞合犯、法条竞合、牵连犯以及典型数罪的特征及其处断规则作出明确规定——一方面,能够避免指示规定所确立的处断规则在适用罪数形态上的种种争议,更有利于防止同案异判;另一方面,也能够避免同一处断规则在不同罪数处断适用上的不协调,还能防止不同处断规则适用同一罪数形态可能出现的罪刑不均衡问题。

2. 对于吸收犯应采用分则分散立法模式

对于吸收犯应采用分则分散立法模式的理由有以下几点:

第一,从现有的指示规定来看,关于吸收犯的指示规定很少,只有两个条款,即《刑法》第171条第3款和第241条第5款,且这两个条款都是1997年《刑法》全面修订时规定的,此后的单行刑法和刑法修正案均未新设关于吸收犯的指示规定。这表明吸收犯一般不需要作出指示规定,或者表明需要以吸收犯处断的数罪关系很少。

第二,从刑法分则的规定来看,要以吸收犯处断的数罪关系确实不多。如果将吸收犯界定为数个独立成罪、存在吸收关系的不同行为针对同一对象、侵害同一法益的犯罪形态,那么数行为触犯数个不同罪名构成的吸收犯不像牵连犯那样普遍。这是因为在刑法分则中,不少针对同一对象、侵害同一法益实施的犯罪行为,刑法将其作为选择罪名予以规定而不构成吸收犯。或者说,选择罪名的存在大大减少了数个不同的犯罪行为针对同一对象、侵犯同一法益形成的吸收犯。例如,走私、贩卖、运输、制造毒品罪中虽然有四种不同的犯罪行为,这四种行为针对的对象和侵害的法益相同,但因其属于一个选择罪名而不构成吸收犯。这样的选择罪名还有如非法制造、买卖、运输、邮寄、储存枪支、弹药、爆炸物罪,生产、销售假药罪,签订、履行合同失职被骗罪,持有、使用假币罪,等等。既然要以吸收犯处断的数罪关系不多,也就没有必要在刑法总则中专门设立吸收犯的指示规定来确立其处断规则。事实上,通过查阅中国裁判文书网的案例,就可以发现,以吸收犯作为裁判说理的案例并不多见,只有 70 余个。

第三,对吸收犯的处断规则通过依附于个罪设置指示规定,既能够明确某一个罪与他罪构成吸收犯时的处断规则,又能将其与牵连犯进行区分。这就是说,在数行为触犯数个不同罪名的情况下,刑法分则通过指示规定指定其以某一重罪定罪处罚的,只要数个不同犯罪行为针对的是同一对象,侵害同一法益,就是吸收犯,无须考虑是否构成牵连犯。这就可以解决长期以来理论与实务上存在的吸收犯与牵连犯难以区分的问题。

3. 对于数行为构成数罪应作出特别的指示规定的情形应采用分则分散立法模式

应作出特别指示规定的情形是指对于数行为构成的犯罪,需要明确以哪一个罪定罪处罚的情形。例如,《刑法》第 196 条第 3 款关于盗窃信用卡并使用行为的规定。该指示规定对于盗窃信用卡并使用的行为,明确规定要以盗窃罪定罪处罚。又如,第 198 条第 4 款关于保险事故的鉴定人、证明人、财产评估人故意提供虚假的证明文件、为他人诈骗提供条件行为的规定。该指示规定明确了故意提供虚假证明文件,为他人诈骗提供条件的行为,要以保险诈骗罪定罪处罚。再如,第 241 条第 2 款关于收买被拐卖的妇女、强行与其发生性关系行为的规定。该指示规定对于收买被拐卖的妇女,强行与其发生性关系的行为,明确规定要以强奸罪定罪处罚。像这些明确以某一罪定罪处罚、不具有共通性的特别指示规定,不宜在刑法总则中作出规定的,只能依附于分则个罪设置,分散规定在刑法分则中,故只能采用分则分散立法模式。

4. 为从严惩处特殊主体实施的行为构成数罪,其罪数处断的指示规定应采用分则分散立法模式

为了严惩特殊主体实施由一般主体构成的犯罪,刑法往往作出"从重处罚"的规定。例如,国家机关工作人员利用职权犯非法拘禁

罪的,“从重处罚”;司法工作人员滥用职权犯非法搜查罪、非法侵入住宅罪的,“从重处罚”;等等。如果特殊主体实施的行为构成数罪,在进行罪数处断时,需要体现对特殊主体从严惩处的,就只能在分则中作出专门的指示规定。例如,《刑法》第 280 条之二第 3 款规定:“国家工作人员有前两款行为,又构成其他犯罪的,依照数罪并罚的规定处罚。”该款指示规定是针对“国家工作人员”这类特殊主体实施冒名顶替罪或者组织、指使他人实施冒名顶替行为又构成其他犯罪的情形作出的。本来,该款涉及的冒名顶替罪与冒名顶替的手段行为构成的其他犯罪之间存在牵连关系,构成牵连犯,应从一重罪从重处断,但是该款规定的处断规则是“依照数罪并罚的规定处罚”。这就是为了体现刑法对“国家工作人员”这个特殊主体实施冒名顶替罪或者组织、指使他人实施冒名顶替行为又构成其他犯罪的情形的“从严惩处”。这种情况下,这样的特殊指示规定只能依附于分则个罪设置,采取分则分散立法模式,在分则中作出专门的规定。

5. 刑法指示规定采用总则与分则相结合的立法模式应注意的问题

第一,应对分则分散立法模式下的“依照处罚较重的规定定罪处罚”之规定、“依照处罚较重的规定定罪从重处罚”之规定和“依照数罪并罚的规定处罚”之规定进行清理,除了需要作出特别指示规定的之外,其余的应删除,以避免总则指示规定与分则指示规定的冲突,以及产生新的立法技术问题。

第二,鉴于目前刑法分则中关于吸收犯的指示规定确定的处断规则不统一,有违罪刑均衡原则,笔者认为,在保留关于吸收犯的分则指示规定的情况下,应对第 171 条第 3 款的规定进行修改,去掉其中的“从重”二字,具体应改为:“伪造货币并出售或者运输伪造的货币的,依照本法第 170 条的规定定罪处罚。”从而使分则关于吸收犯的处断规则统一,即都是以重罪吸收轻罪、轻罪不予评价的规则处断,从而使吸收犯的处断规则符合吸收犯的特征,将吸收犯的处断规则与牵连犯区别开来。

(二)总则指示规定的法条定位

前已述及,国外刑法指示规定的法条定位有三种模式:将指示规定置于刑法典总则“犯罪”域模式、将指示规定置于刑法典总则“刑罚”域模式和指示规定不完全置于刑法典总则“犯罪”域模式。其中,指示规定的法条定位于“刑罚”域的模式可为我国借鉴。也就是说,关于竞合犯、牵连犯、典型数罪的指示规定应置于我国刑法总则的刑罚部分。而且,在我国刑法总则对“犯罪”、“刑罚”以及“刑罚的具体运用”分别设章,且以刑法修正案为修法模式,对刑法总则不做全面修订的情况下,笔者认为将关于法条竞合、想象竞合犯、牵连犯、典型数罪的指示规定置于总则第四章“刑罚的具体运用”下的第一节“量刑”之中较为妥当,[1]将其置于第61条“量刑的一般原则”规定之后,作为第61条之一、之二、之三、之四予以规定。其理由是:

首先,从法条竞合、想象竞合犯的处断规则即“依照处罚较重的规定定罪处罚”、牵连犯的处断规则即“依照处罚较重的规定定罪从重处罚”本身来看,虽然其中有“定罪”二字,涉及犯罪认定问题,然而,如果该规定只是解决定罪问题,则依照个罪的构成要件进行分析即可,无须规定该罪数处断规则,而“依照处罚较重的规定定罪”“依照处罚较重的规定定罪从重处罚”显然是选取数罪中较重的刑罚来定罪,或者说选取重罪是为了解决竞合犯、牵连犯的法律效果即刑罚处罚问题,因此该处断规则的规定,最终是为了解决犯罪人的刑罚处罚问题,既然如此,就应置于刑法总则的“刑罚”域。退一步说,虽然“依照处罚较重的规定定罪”“依照处罚较重的规定定罪从重处罚”规则的适用条件即一行为触犯数个不同罪名、数行为触犯数个不同罪名,涉及罪数问题,需要进行罪数处断,但在我国《刑法》总则“犯

---

[1] 也有学者认为,包括犯罪竞合在内的罪数问题归根到底是一个定罪问题,属于犯罪论的范畴,将其置于“总则”第二章“犯罪”中作为一节,比较合适。参见赵秉志:《当代中国刑法体系的形成与完善》,载《河南大学学报(社会科学版)》2010年第6期。

罪”一章中,没有哪一个条款是用来解决罪数处断问题的,因此关于竞合犯、牵连犯的指示规定不能作为其中的某一条的内容纳入“犯罪”一章中以及作为“犯罪”章中的某一条之一附加到某一条之后。

其次,从典型数罪的处断规则即“依照数罪并罚的规定处罚”来看,数罪并罚是对典型数罪按照法定的规则和方法予以合并处罚,显然属于刑罚问题,理所当然应置于“刑罚”域。

在考虑了关于竞合犯、牵连犯、典型数罪的指示规定应纳入“刑罚”域之后,接下来要考虑的是应置于“刑罚”域的位置。我国《刑法》总则关于“刑罚”方面的规定分设“刑罚”(第三章)和“刑罚的具体运用”(第四章)两章。由于第三章“刑罚”规定的是刑罚的种类及其特征、各刑种的适用,因此作为竞合犯、牵连犯、典型数罪处断规则的“依照处罚较重的规定定罪处罚”“依照处罚较重的规定定罪从重处罚”“依照数罪并罚的规定处罚”置于第三章不合适,只能置于第四章“刑罚的具体运用”中。在第四章中,第 61 条规定的是量刑的一般原则。而“依照处罚较重的规定定罪处罚”“依照处罚较重的规定定罪从重处罚”“依照数罪并罚的规定处罚”都是具体的量刑规则。其中“依照处罚较重的规定定罪处罚”实际上是法条竞合和一行为侵害的法益具有包含、同一关系的想象竞合犯的处断规则;“依照处罚较重的规定定罪从重处罚”是牵连犯和一行为侵害的法益不具有包含、同一关系的想象竞合犯的处断规则;“依照数罪并罚的规定处罚”是典型数罪的处断规则。故将其作为《刑法》第 61 条之一、之二、之三予以规定较为合适。

前已述及,竞合犯、牵连犯的特征及处断规则在荷兰、日本等国刑法典中是作为数罪并罚的内容予以规定的。笔者认为,我国不能借鉴这些国家的立法经验。理由在于,我国《刑法》总则第四章第四节“数罪并罚”,是对数罪并罚原则和方法的规定,而“依照处罚较重的规定定罪处罚”、“依照处罚较重的规定定罪从重处罚”和“依照数罪并罚的规定处罚”并非数罪并罚的原则和方法,而是一行为触犯数个不同罪名、数行为触犯数个不同罪名的处断规则,因此这些处断规则不宜纳入"数罪并罚"一节中予以规定。

(三)总则指示规定的法条表述

前已述及,国外刑法指示规定的法条表述有各种不同的模式。笔者认为,我国刑法中的竞合犯(包括法条竞合、想象竞合犯)、牵连犯、典型数罪这三者的指示规定应分条立法,即每一种罪数设立一个条文予以规定。而不能像《日本刑法典》那样,将想象竞合犯和牵连犯规定在一个条文中,也不能像《俄罗斯联邦刑法典》那样,将想象竞合犯和实质数罪规定在一个条文中。这种分条立法模式有利于区分不同的罪数,贯彻罪刑均衡原则。而针对每一种罪数设立的指示规定应包括适用条件和处断规则两部分。其中适用条件也就是竞合犯、牵连犯、典型数罪的基本特征,应根据该每一种罪数的特征确立对应的处断规则。

在法条竞合与想象竞合犯之间,采取总则集中立法模式的国家存在两种不同的立法例:一是德日模式,即这两个国家的刑法总则对犯罪竞合及其处断规则的规定只限于想象竞合犯,未对法条竞合作出明确规定;二是意荷模式,即这两个国家的刑法总则对想象竞合犯和法条竞合都作出了规定。笔者认为,我国应借鉴意荷模式,在刑法总则中不但规定想象竞合犯的特征及处断规则,而且规定法条竞合的特征及处断规则。理由是:由于我国刑法立法对犯罪构成的规定错综复杂,法条竞合现象普遍存在,司法上面临法条竞合的处断问题可以说是高频率的、经常性的,而学理上对于法条竞合的处断规则又存在诸多观点,远未达成共识,如果立法上缺乏明确规定,则司法人员对于同类案件根据不同的学术观点进行处断,就会导致同案异判的结果,影响司法的公正性;反之,若立法上对法条竞合的处断规则作出了明确的规定,就可以在一定程度上避免这种现象发生。

意大利和荷兰刑法对法条竞合和想象竞合犯分开规定的立法经验值得我国借鉴。因法条竞合与想象竞合犯虽然同属于一行为触犯数罪名的犯罪竞合,但在竞合特征上毕竟存在区别,故不可混同。这是中外刑法理论上的普遍共识。既然如此，二者的竞合特征与处断规则的表述应有不同，所以刑法总则对法条竞合和想象竞合犯作出规定时，分开规定各自的竞合特征和处断规则较为合适，不能因为法条竞合与想象竞合犯很难区分而采取“和稀泥”的做法，对二者不加区分地规定在一起。立法上分开规定法条竞合与想象竞合犯，既能够表明立法者对于二者应予区分的态度与立场，也有利于对其进行学理阐释，便于司法适用。

对于立法上如何表达法条竞合与想象竞合犯，意大利刑法与荷兰刑法的立法经验不同。《意大利刑法典》将法条竞合、想象竞合犯分别置于不同章、不同条文中规定（第 15 条、第 81 条），而《荷兰刑法典》将二者置于同一条文中规定（第 55 条）。笔者认为荷兰的立法经验值得我国借鉴。因为法条竞合与想象竞合犯都属于犯罪竞合，[1]最终都是要解决竞合犯罪的刑罚处罚问题，所以将二者置于同一条文中规定，既有利于表达立法目的，又有利于对二者进行比较与解释，更好地适用于司法实践。不过，对于法条竞合的表述，应在表述法条竞合的类型及其特征的基础上，将“特别法条优于普通法条”作为法条竞合处断的一般规则予以明确，而“从一重罪处断”只能作为法条竞合的特别处断规则予以规定；对于想象竞合犯的表述，也应在根据一行为侵害数罪法益的不同情形对想象竞合犯的类型作出区分的基础上，对其特征作出表述，规定相应的处断规则，不可对想象竞合犯一概规定“依照处罚较重的规定定罪处罚”；如果一行为侵害的数罪法益不具有包含、同一关系，就应规定“依照处罚较重的规定定罪从重处罚”。

---

〔1〕 也有学者认为，法条竞合不属于犯罪竞合。参见张明楷：《刑法分则的解释原理》（下）（第 2 版），中国人民大学出版社 2011 年版，第 683 页。

参 考 文 献

一、著作类

1. 陈兴良:《本体刑法学》,商务印书馆 2001 年版。
2. 陈兴良:《刑法理念导读》,法律出版社 2003 年版。
3. 陈兴良主编:《刑法总论精释》(第 3 版),人民法院出版社 2016 年版。
4. 陈兴良主编:《刑法新罪评释全书》,中国民主法制出版社 1995 年版。
5. 陈兴良主编:《刑法各论的一般理论》,内蒙古大学出版社 1992 年版。
6. 陈兴良:《刑法疏议》,中国人民公安大学出版社 1997 年版。
7. 陈兴良、陈子平:《两岸刑法案例比较研究》,北京大学出版社 2010 年版。
8. 陈明华主编:《刑法学》,中国政法大学出版社 1999 年版。
9. 陈忠林主编:《刑法》(总论),中国人民大学出版社 2003 年版。
10. 陈朴生、洪福增:《刑法总则》,台北,五南图书出版公司 1982 年版。
11. 陈子平:《刑法总论》,台北,元照出版公司 2008 年版。
12. 陈洪兵:《中国式的刑法竞合问题研究》,中国政法大学出版社 2016 年版。
13. [德]黑格尔:《法哲学原理》,范扬、张企泰译,商务印书馆 1961 年版。
14. [德]克劳斯·罗克辛:《德国刑法学总论》(第 2 卷),王世洲等译,法律出版社 2013 年版。
15. [德]弗兰茨·冯·李斯特:《德国刑法教科书》,徐久生译,法律出版社 2000 年版。
16. [德]冈特·施特拉腾韦特、洛塔尔·库伦:《刑法总论 I——犯罪论》,杨萌译,法律出版社 2006 年版。
17. [德]约翰内斯·韦塞尔斯:《德国刑法总论》,李昌珂译,法律出版社 2008 年版。
18. [德]汉斯·海因里希·耶赛克、托马斯·魏根特:《德国刑法教科书》,徐久生译,中国法制出版社 2017 年版。

19. [德]乌尔斯·金德霍伊泽尔:《刑法总论教科书》(第6版),蔡桂生译,北京大学出版社2015年版。
20. [德]冯·李斯特:《论犯罪、刑罚与刑事政策》,徐久生译,北京大学出版社2016年版。
21. [德]亚图·考夫曼:《类推与"事物本质"——兼论类型理论》,吴从周译,台北,学林文化实业有限公司1999年版。
22. [德]卡尔·拉伦茨:《法学方法论》,陈爱娥译,商务印书馆2003年版。
23. [俄]Л. В. 伊诺加莫娃-海格主编:《俄罗斯联邦刑法》(总论)(第2版),黄芳等译,中国人民大学出版社2010年版。
24. 黄茂荣:《法学方法与现代民法》,中国政法大学出版社2001年版。
25. 黄风编著:《罗马法词典》,法律出版社2002年版。
26. [法]孟德斯鸠:《论法的精神》,孙立坚等译,陕西人民出版社2001年版。
27. [法]霍尔巴赫:《自然的体系》,管士滨译,商务印书馆1999年版。
28. 高铭暄:《中华人民共和国刑法的孕育诞生和发展完善》,北京大学出版社2012年版。
29. 高铭暄、马克昌主编:《刑法学》(第6版),北京大学出版社、高等教育出版社2014年版。
30. 高铭暄、马克昌主编:《刑法学》(第8版),北京大学出版社、高等教育出版社2017年版。
31. 顾肖荣:《刑法中的一罪与数罪》,学林出版社1986年版。
32. 郭道晖主编:《当代中国立法》,中国民主法制出版社1998年版。
33. 葛洪义主编:《法理学》,中国政法大学出版社2002年版。
34. 甘添贵:《罪数理论之研究》,中国人民大学出版社2008年版。
35. 韩耀元:《渎职罪的定罪与量刑》,人民法院出版社2000年版。
36. 侯淑雯:《立法制度与技术原理》,中国工商出版社2003年版。
37. 贾宇主编:《刑法学》,高等教育出版社2019年版。
38. 柯耀程:《刑法竞合论》,中国人民大学出版社2008年版。
39. 刘艳红:《实质犯罪论》,中国人民大学出版社2014年版。
40. 雷建斌主编:《〈中华人民共和国刑法修正案(九)〉释解与适用》,人民法院出版社2015年版。
41. 林钰雄:《新刑法总则》,台北,元照出版有限公司2009年版。

42. 李文燕、田宏杰:《“打黑除恶”刑事法律适用解说》,群众出版社 2001 年版。
43. 李振林:《刑法中法律拟制论》,法律出版社 2014 年版。
44. 李凤梅:《刑法拟制研究》,中国政法大学出版社 2016 年版。
45. 马克昌主编:《近代西方刑法学说史》,中国人民公安大学出版社 2008 年版。
46. 马克昌主编:《犯罪通论》,武汉大学出版社 1999 年版。
47. [美]E. 博登海默:《法理学:法律哲学与法律方法》,邓正来译,中国政法大学出版社 1999 年版。
48. [美]麦金太尔:《谁之正义? 何种合理性?》(中译本),当代中国出版社 1996 年版。
49. [美]约翰·罗尔斯:《正义论》,何怀宏等译,中国社会科学出版社 1988 年版。
50. 齐文远主编:《刑法学》(第 2 版),北京大学出版社 2011 年版。
51. 全国人大常委会法制工作委员会刑法室编著:《中华人民共和国刑法释义》,法律出版社 1997 年版。
52. [日]大塚仁:《刑法概说》(总论)(第 3 版),冯军译,中国人民大学出版社 2003 年版。
53. [日]大谷实:《刑法总论》,黎宏译,法律出版社 2003 年版。
54. [日]山口厚:《刑法总论》(第 3 版),付立庆译,中国人民大学出版社 2018 年版。
55. [日]小野清一郎:《犯罪构成要件理论》,王泰译,中国人民公安大学出版社 1991 年版。
56. [日]前田雅英:《刑法总论讲义》(第 6 版),曾文科译,北京大学出版社 2017 年版。
57. [日]野村稔:《刑法总论》,全理其、何力译,法律出版社 2001 年版。
58. [日]平野龙一:《刑法总论Ⅱ》,有斐阁 1975 年版。
59. [日]西田典之:《日本刑法总论》,刘明祥、王昭武译,中国人民大学出版社 2007 年版。
60. [日]木村龟二等:《日本刑法判例评释选集》,洪福增译,台北,汉林出版社 1977 年版。
61. 王作富主编:《刑法》,中国人民大学出版社 1999 年版。

62. 王作富主编:《刑法分则实务研究》,中国方正出版社 2010 年版。
63. 吴振兴:《罪数形态论》,中国检察出版社 1996 年版。
64. 吴振兴:《罪数形态论》,中国检察出版社 2006 年版。
65. 王觐:《中华刑法论》,中国方正出版社 2005 年版。
66. 薛瑞麟主编:《金融犯罪再研究》,中国政法大学出版社 2007 年版。
67. 肖建国、肖建华:《民事诉讼证据操作指南》,中国民主法制出版社 2002 年版。
68. 许永安主编:《中华人民共和国刑法修正案(十一)解读》,中国法制出版社 2021 年版。
69. 喻海松:《刑法的扩张——〈刑法修正案(九)〉及新近刑法立法解释司法适用解读》,人民法院出版社 2015 年版。
70. 于天敏等:《黑社会性质组织犯罪理论与实务问题研究》,中国检察出版社 2010 年版。
71. [英]洛克:《政府论》,叶启芳、瞿菊农译,商务印书馆 1983 年版。
72. [英]吉米·边沁:《立法理论——刑法典原理》,李贵方等译,中国人民公安大学出版社 1993 年版。
73. [意]贝卡里亚:《论犯罪与刑罚》,黄风译,中国大百科全书出版社 1993 年版。
74. [意]杜里奥·帕多瓦尼:《意大利刑法原理》,陈忠林译,法律出版社 1998 年版。
75. 杨万明主编:《〈刑法修正案(十一)〉条文及配套〈罪名补充规定(七)〉理解与适用》,人民法院出版社 2021 年版。
76. 曾芳文、段启俊主编:《个罪法定情节研究与适用》,人民法院出版社 2002 年版。
77. 赵秉志:《刑法立法研究》,中国人民大学出版社 2014 年版。
78. 赵秉志主编:《中国刑法案例与学理研究》,法律出版社 2004 年版。
79. 张明楷:《刑法学》(第 2 版),法律出版社 2003 年版。
80. 张明楷:《刑法学》(第 3 版),法律出版社 2007 年版。
81. 张明楷:《刑法学》(第 5 版),法律出版社 2016 年版。
82. 张明楷:《刑法学》(第 6 版),法律出版社 2021 年版。
83. 张明楷:《刑法分则的解释原理》,中国人民大学出版社 2004 年版。

84. 张明楷:《诈骗罪与金融诈骗罪研究》,清华大学出版社 2006 年版。
85. 张明楷:《刑法格言的展开》(第 3 版),北京大学出版社 2013 年版。
86. 张明楷:《法益初论》,中国政法大学出版社 2000 年版。
87. 张明楷:《外国刑法纲要》,清华大学出版社 1999 年版。
88. 张文显:《法理学》,法律出版社 1997 年版。
89. 张灏:《中国刑法理论及实用》,台北,三民书局 1971 年版。
90. 张小虎:《罪刑分析》,北京大学出版社 2003 年版。
91. 周光权:《刑法各论》(第 3 版),中国人民大学出版社 2016 年版。
92. 周光权:《刑法各论讲义》,清华大学出版社 2003 年版。
93. 周旺生:《立法学》(第 2 版),法律出版社 2009 年版。
94. 庄劲:《犯罪竞合:罪数分析的结构与体系》,法律出版社 2006 年版。

二、论文类

1. 安文录、陈洪兵:《法规竞合与想象竞合比较研究》,载《同济大学学报(社会科学版)》2003 年第 3 期。
2. Barney, J. B., *Firm Resources and Sustained Competitive Advantage*, 1 Journal of Management 17(1991).
3. 陈兴良:《刑法竞合论》,载《法商研究》2006 年第 2 期。
4. 陈兴良:《禁止重复评价研究》,载《现代法学》1994 年第 1 期。
5. 陈兴良:《从罪数论到竞合论——一个学术史的考察》,载《现代法学》2011 年第 3 期。
6. 陈兴良:《法条竞合的学术演进——一个学术史的考察》,载《法律科学(西北政法大学学报)》2011 年第 4 期。
7. 陈兴良:《快播案一审判决的刑法教义学评判》,载《中外法学》2017 年第 1 期。
8. 陈忠林、李瑞杰:《犯罪行为个数的认定》,载《法治社会》2016 年第 6 期。
9. 陈洪兵:《不必严格区分法条竞合与想象竞合——大竞合论之提倡》,载《清华法学》2012 年第 1 期。
10. 陈洪兵:《〈刑法修正案(九)〉中"同时构成其他犯罪"相关条款的理解适用——"大竞合论"立场再提倡》,载《政治与法律》2016 年第 2 期。
11. 陈洪兵:《竞合处断原则探究 兼与周光权、张明楷二位教授商榷》,载

《中外法学》2016 年第 3 期。
12. 陈洪兵:《刑法分则中注意规定与法律拟制的区分》,载《南京农业大学学报(社会科学版)》2010 年第 3 期。
13. 陈洪兵:《以罪刑相适应原则破解刑法中的注意规定——以生产、销售伪劣商品罪的相关规定为切入点》,载《政治与法律》2013 年第 2 期。
14. 陈洪兵:《行为个数与罪数的认定处理》,载《人民法院报》2016 年 11 月 9 日,第 6 版。
15. 陈洪兵:《应从法益视角规范性考量行为个数》,载《天府新论》2012 年第 2 期。
16. 陈洪兵:《自然与规范视角下行为个数的认定——兼谈“‘同时’构成其他犯罪”规定的理解适用》,载《暨南学报(哲学社会科学版)》2020 年第 3 期。
17. 陈志军:《非法利用信息网络罪研究》,载《公安学研究》2018 年第 5 期。
18. 陈珊珊:《法条竞合的内涵与处断规则探析》,载《中国刑事法杂志》2013 年第 7 期。
19. 陈文昊:《大竞合论的匡正与型构》,载《研究生法学》2016 年第 2 期。
20. 储槐植:《论罪数不典型》,载《法学研究》1995 年第 1 期。
21. 初炳东:《谈牵连犯和吸收犯的区别》,载《政法论丛》1995 年第 1 期。
22. 蔡智玉:《从法律拟制与注意规定的区分看牵连犯的处理规则》,载《人民法院报》2019 年 6 月 20 日,第 6 版。
23. 杜文俊:《盗窃信用卡并使用行为的定性》,载《犯罪研究》2012 年第 5 期。
24. 敦宁:《妨害药品管理罪的法教义学分析》,载《政治与法律》2021 年第 12 期。
25. 方鹏:《德国刑法竞合理论与日本罪数理论之内容比较与体系解构——兼及中国罪数理论的走向选择和体系重构》,载《比较法研究》2011 年第 3 期。
26. 方忠耀、刘丹红:《刑法修改的立法技术评析》,载《中国刑事法杂志》2011 年第 12 期。
27. 冯军:《论〈刑法〉第 133 条之 1 的规范目的及其适用》,载《中国法学》2011 年第 5 期。
28. 冯野光、闫莉:《论牵连犯的内涵、特征及处罚原则》,载《法学杂志》2012 年第 3 期。
29. 郭莉:《罪数判断标准研究》,载《法律科学(西北政法大学学报)》2010 年第5期。

30. 郭跃:《论立法精细化的标准与实现路径》,载《学术界》2016年第2期。
31. 古加锦:《吸收犯与牵连犯的界限探析》,载《福建警察学院学报》2015年第4期。
32. 顾炜:《浅议立法技术》,载《北京理工大学学报(社会科学版)》2000年第1期。
33. 顾万炎:《对"依照处罚较重的规定定罪处罚"的重新理解》,载《中国检察官》2011年第4期。
34. 黄京平:《论吸收犯》,载《法学家》1993年第2期。
35. 黄京平、石磊:《试论组织、领导、参加黑社会性质组织罪的几个问题》,载《法学论坛》2002年第6期。
36. 黄京平:《刑法休眠条款与有限授权的刑事司法能动——以重构法条竞合的特别关系为视点》,载《北京联合大学学报(人文社会科学版)》2020年第2期。
37. 黄奇中:《刑法第399条第4款的理解与适用——兼论法规竞合与想象竞合犯、牵连犯、吸收犯的界限》,载《中国刑事法杂志》2004年第4期。
38. 黄丽勤:《刑法对档案保护的新进展——论非法提供个人信息罪与非法获取个人信息罪》,载《山西档案》2009年第4期。
39. 何承斌:《牵连犯的处罚原则再探讨——基于立法例的分析》,载《安徽大学学报(哲学社会科学版)》2009年第2期。
40. 何荣功、黄丽:《论想象竞合犯的处罚原则及其适用》,载《武汉大学学报(哲学社会科学版)》2005年第3期。
41. 韩光军:《同种数罪应否并罚新探》,载《武汉大学学报(哲学社会科学版)》2009年第1期。
42. 韩东屏:《"同一"、"统一"辨》,载《黄石师院学报》1984年第3期。
43. 蒋兰香:《想象竞合犯处罚原则的重构》,载《中南林学院学报》2003年第3期。
44. 蒋小燕:《淫秽物品的"淫秽性"之判断标准——以社会通念为基点》,载《法学评论》2011年第1期。
45. 李洁:《遏制重刑:从立法技术开始》,载《吉林大学社会科学学报》2009年第3期。

46. 李立众:《负有照护职责人员性侵罪的教义学研究》,载《政法论坛》2021年第4期。
47. 李永升、袁汉兴:《拒不履行信息网络安全管理义务罪的理解与适用》,载《宜宾学院学报》2017年第2期。
48. 梁根林:《〈刑法〉第133条之一第2款的法教义学分析——兼与张明楷教授、冯军教授商榷》,载《法学》2015年第3期。
49. 梁根林:《传统犯罪网络化:归责障碍、刑法应对与教义限缩》,载《法学》2017年第2期。
50. 黎宏、赵兰学:《论法条竞合的成立范围、类型与处罚规则》,载《中国刑事法杂志》2013年第5期。
51. 林亚刚:《论吸收犯的若干问题》,载《政治与法律》2004年第2期。
52. 刘明祥:《"盗窃信用卡并使用"的含义解析与司法认定》,载《中国法学》2010年第1期。
53. 刘守芬、汪明亮:《试论罪刑均衡的功能性蕴涵》,载《法制与社会发展》2001年第5期。
54. 刘宪权:《罪数形态理论正本清源》,载《法学研究》2009年第4期。
55. 刘宪权:《盗窃信用卡并使用行为定性的困境与破解》,载《法学评论》2018年第6期。
56. 刘宪权:《保险诈骗罪疑难问题的司法认定》,载《浙江大学学报(人文社会科学版)》2008年第4期。
57. 刘宪权、李振林:《刑法中的法律拟制与注意规定区分新论》,载《北京社会科学》2014年第3期。
58. 刘宪权、房慧颖:《帮助信息网络犯罪活动罪的认定疑难》,载《人民检察》2017年第19期。
59. 刘志强:《法律规范的结构基础与主题选择:11部促进法样本》,载《重庆社会科学》2013年第8期。
60. 刘风景:《法条的功用与设置》,载《法学》2018年第5期。
61. 刘娟娟、陈灵海:《从假冒商标犯罪看法条竞合的适用原则———从"林河粮液案"谈起》,载《黑龙江省政法管理干部学院学报》2000年第3期。
62. 刘志高:《刑法第399条第4款的司法适用》,载《政治与法律》2006年第1期。

63. 刘涛:《拟制型的故意杀人罪、故意伤害罪——兼议我国刑法分则中的法律拟制与注意规定》,载《湖南警察学院学报》2011 年第 2 期。
64. 罗翔:《吸收犯之再认识》,载《中国刑事法杂志》2003 年第 5 期。
65. 陆诗忠:《我国罪数理论之基本问题研究》,载《法律科学(西北政法学院学报)》2007 年第 2 期。
66. 陆诗忠:《论"危险驾驶罪"司法适用中的几个疑难问题》,载《甘肃政法学院学报》2018 年第 2 期。
67. 龙洋:《论转化犯立法的理论根据》,载《法律科学(西北政法大学学报)》2009 年第 4 期。
68. 梅传强:《危害药品安全犯罪的最新修订及其适用研究》,载《当代法学》2021 年第 5 期。
69. 莫晓宇:《罪数理论的体系性思考》,载《中国刑事法杂志》2002 年第 2 期。
70. 孟庆华、王敏:《刑法第 294 条第 3 款规定的理解适用问题探讨》,载《辽宁大学学报(哲学社会科学版)》2010 年第 5 期。
71. 聂立泽、胡洋:《帮助信息网络犯罪活动的规范属性及司法适用》,载《上海政法学院学报(法治论丛)》2017 年第 1 期。
72. 牛忠志、秦立超:《我国牵连犯定罪处罚规则的立法完善》,载《河南财经政法大学学报》2017 年第 6 期。
73. 彭辅顺:《论刑法分则中指示规定与法律拟制的区分》,载《苏州大学学报(法学版)》2017 年第 2 期。
74. 彭辅顺:《黑恶势力犯罪的数罪关系与处断》,载《北京联合大学学报(人文社会科学版)》2018 年第 2 期。
75. 彭辅顺:《"从一重罪处断"规则的立法模式重构——从刑法分则分散立法模式到总则集中立法模式》,载《辽宁师范大学学报(社会科学版)》2019 年第 6 期。
76. 彭文华:《〈刑法修正案(十一)〉关于高空抛物规定的理解与适用》,载《苏州大学学报(哲学社会科学版)》2021 年第 1 期。
77. 曲新久:《论吸收犯》,载《中国法学》1992 年第 2 期。
78. 屈学武:《罪数、数罪及并罚根据研讨》,载李希慧、刘宪权主编:《中国刑法学年会文集(2005 年)》(第 1 卷),中国人民公安大学出版社 2005 年版。

79. 屈耀伦:《论我国刑法理论上的牵连犯》,载《甘肃政法学院学报》2002 年第 4 期。
80. 冉巨火:《论法条竞合与想象竞合的区分及其适用原则——兼论军职罪中封闭的特权条款》,载《法学杂志》2016 年第 4 期。
81. 孙书妍:《立法技术与法律的有效性——以就业促进法为例》,载《人大研究》2008 年第 6 期。
82. 孙荣杰、储昱:《虚假诉讼罪的罪状、形态与罪数问题》,载《人民检察》2016 年第 11 期。
83. 王志祥、刘杰:《生产、销售伪劣商品罪与假冒注册商标罪的竞合问题探析》,载《山东警察学院学报》2013 年第 4 期。
84. 王明辉、唐煜枫:《论刑法中的一罪概念——兼及罪刑关联概念的建立》,载《政治与法律》2009 年第 3 期。
85. 王强军:《风险控制视野下的醉酒驾驶型危险驾驶罪研究》,载《甘肃政法学院学报》2011 年第 6 期。
86. 王彦强:《"从一重处断"竞合条款的理解与适用——兼谈我国竞合(罪数)体系的构建》,载《比较法研究》2017 年第 6 期。
87. 王彦强:《〈刑法修正案(十一)〉中竞合条款的理解与适用》,载《政治与法律》2021 年第 4 期。
88. 王爱群:《罪数判断之"罪过"标准论——以想象竞合犯罪数本质的判断为例》,载《河南大学学报(社会科学版)》2010 年第 6 期。
89. 王思维:《论虐待被监护、看护人罪的适用》,载《青少年犯罪问题》2018 年第 3 期。
90. 王三山、黄明儒:《论抢夺、窃取国有档案罪》,载《荆州师范学院学报》2001 年第 6 期。
91. 王鹏飞:《醉酒型危险驾驶罪与相关犯罪之界分思考》,载《武汉公安干部学院学报》2016 年第 1 期。
92. 汪雷:《论牵连犯的处罚原则》,载《人民司法》2011 年第 17 期。
93. 吴江:《刑法分则中注意规定与法律拟制的区分》,载《中国刑事法杂志》2012 年第 11 期。
94. 吴学斌:《我国刑法分则中的注意规定与法律拟制》,载《法商研究》2004 年第 5 期。

95. 吴念胜:《我国刑法中罪数理论的困惑与解读》,载《西南民族大学学报(人文社科版)》2006年第3期。
96. 吴大英、曹叠云:《立法技术论纲》,载《中国法学》1990年第4期。
97. 吴秋菊:《立法技术探讨》,载《时代法学》2004年第4期。
98. 谢望原:《虐待被监护、被看护人罪的客观要素与司法认定》,载《法学杂志》2016年第10期。
99. 谢望原:《论拒不履行信息网络安全管理义务罪》,载《中国法学》2017年第2期。
100. 谢望原:《药品犯罪的修改完善与合理解释——基于〈刑法修正案(十一)〉的解读》,载《中国法律评论》2021年第1期。
101. 谢潇:《法律拟制的哲学基础》,载《法制与社会发展》2018年第1期。
102. 肖有广、金华捷:《使用虚假身份证件、盗用身份证件罪的司法认定》,载《犯罪研究》2017年第2期。
103. 信春鹰:《中国特色社会主义法律体系形成意义深远》,载全国人大常委会法制工作委员会组织编写:《中国特色社会主义法律体系学习读本》,新华出版社2011年版。
104. 熊永明:《〈刑法修正案(八)〉第37条的理解与适用》,载《山东警察学院学报》2011年第5期。
105. 徐岱、梁缘:《吸收犯之生存空间论——吸收犯之学理解释》,载《当代法学》2005年第3期。
106. 徐然:《帮助信息网络犯罪活动罪的规范属性与司法认定》,载《法律适用(司法案例)》2018年第16期。
107. 薛丰民:《论吸收犯的吸收关系——兼论吸收犯与相关罪数形态的界限》,载《郑州大学学报(哲学社会科学版)》2013年第5期。
108. 杨兴培:《论一罪的法律基础和事实基础》,载《法学》2003年第1期。
109. 阴剑锋:《保险诈骗罪的共犯问题探究》,载《河南大学学报(社会科学版)》2013年第2期。
110. 殷磊:《高空抛物罪的法教义学分析》,载《社科纵横》2021年第6期。
111. 叶良芳:《危险驾驶罪的立法证成与规范构造》,载《法学》2011年第2期。
112. 叶良芳:《罪数论的体系性反思与建构》,载《浙江大学学报(人文社科版)》2007 年第 4 期。
113. 游伟、谢锡美:《对牵连犯处罚的思考》,载《上海政法学院学报》2006 年第 6 期。
114. 赵秉志:《中国刑法的最新修正》,载《法治研究》2015 年第 6 期。
115. 赵春玉:《法律拟制正当性的诠释学思考》,载《北大法律评论》2016 年第 1 期。
116. 赵运锋:《帮助信息网络犯罪活动罪的立法依据与法理分析》,载《上海政法学院学报(法治论丛)》2017 年第 1 期。
117. 赵俊新、黄洪波:《论牵连犯》,载《江汉论坛》2003 年第 1 期。
118. 张明楷:《罪数论与竞合论探究》,载《法商研究》2016 年第 1 期。
119. 张明楷:《论〈刑法修正案(九)〉关于恐怖犯罪的规定》,载《现代法学》2016 年第 1 期。
120. 张明楷:《法条竞合中特别关系的确定与处理》,载《法学家》2011 年第 1 期。
121. 张明楷:《论"依照处罚较重的规定定罪处罚"》,载《法律科学(西北政法大学学报)》2022 年第 2 期。
122. 张明楷:《危险驾驶罪及其与相关犯罪的关系》,载《人民法院报》2011 年 5 月 11 日,第 6 版。
123. 张明楷:《危险驾驶罪的基本问题——与冯军教授商榷》,载《政法论坛》2012 年第 6 期。
124. 张明楷:《虚假诉讼罪的基本问题》,载《法学》2017 年第 1 期。
125. 张明楷:《保险诈骗罪的基本问题探究》,载《法学》2001 年第 1 期。
126. 张绳祖:《日本的罪数论与数罪并罚》,载《法学研究》1987 年第 1 期。
127. 张小虎:《论牵连犯的典型界标》,载《中国刑事法杂志》2013 年第 5 期。
128. 张小虎:《罪刑均衡蕴意探究》,载《现代法学》2002 年第 6 期。
129. 张欣瑞、陈洪兵:《负有照护职责人员性侵罪的立法评析与司法适用》,载《青少年犯罪问题》2021 年第 4 期。
130. 张勇:《负有照护职责人员性侵罪的司法适用》,载《青少年犯罪问题》2021 年第 4 期。
131. 张竹云、邵维国:《论吸收犯吸收关系的根据》,载《广州大学学报(社会科学版)》2013 年第 3 期。

132. 张爱晓:《危险驾驶罪与相关犯罪的界限与竞合》,载《河北法学》2014 年第 3 期。
133. 张铁军:《帮助信息网络犯罪活动罪的若干司法适用难题疏解》,载《中国刑事法杂志》2017 年第 6 期。
134. 张占军:《论虐待被监护、看护人罪》,载《河北法学》2016 年第 9 期。
135. 张耀阳、孙永上:《完善非法利用信息网络罪司法适用的法理探析》,载《中国检察官》2019 年第 3 期。
136. 周光权:《论禁止重复评价——以刑满后发现同种余罪的处理为切入点》,载《人民检察》2012 年第 9 期。
137. 周光权:《法条竞合的特别关系研究——兼与张明楷教授商榷》,载《中国法学》2010 年第 3 期。
138. 周光权:《拒不履行信息网络安全管理义务罪的司法适用》,载《人民检察》2018 年第 9 期。
139. 周少华:《立法技术与刑法之适应性》,载《国家检察官学院学报》2011 年第 3 期。
140. 周建军:《法条竞合犯抑或想象竞合犯——法条竞合犯与想象竞合犯的界限之争》,载《刑事法评论》2008 年第 1 期。
141. 周铭川:《论刑法中的注意规定》,载《东北大学学报(社会科学版)》2016 年第 5 期。
142. 周啸天:《再论罪数的判断标准》,载《山西师大学报(社会科学版)》2011 年第 5 期
143. 庄劲:《犯罪客体重合性罪数标准的倡导》,载《中国刑事法杂志》2006 年第 2 期。
144. 庄劲:《机能的思考方法下的罪数论》,载《法学研究》2017 年第 3 期。
145. 庄劲:《从一重断还是数罪并罚——从牵连关系的限定看牵连犯的处断原则》,载《甘肃政法学院学报》2007 年第 1 期。

三、法典类

1.《阿根廷刑法典》,中国方正出版社 2007 年版。
2.《冰岛刑法典》,陈志军译,中国人民公安大学出版社 2009 年版。
3.《波兰刑法典》,陈志军译,中国人民公安大学出版社 2009 年版。

4.《德国刑法典》,徐久生、庄敬华译,中国方正出版社 2004 年版。
5.《俄罗斯联邦刑法典》,黄道秀译,中国法制出版社 2004 年版。
6.《法国新刑法典》,罗结珍译,中国法制出版社 2003 年版。
7.《哥伦比亚刑法典》,陈志军译,中国政法大学出版社 2015 年版。
8.《荷兰刑法典》,于志刚、龚馨译,中国方正出版社 2007 年版。
9.《哈萨克斯坦共和国刑法典》,陈志军译,中国政法大学出版社 2016 年版。
10.《日本刑法典》,张明楷译,法律出版社 1998 年版。
11.《瑞士联邦刑法典》,徐久生、庄敬华译,中国方正出版社 2004 年版。
12.《泰国刑法典》,吴光侠译,中国人民公安大学出版社 2004 年版。
13.《西班牙刑法典》,潘灯译,中国政法大学出版社 2004 年版。
14.《意大利刑法典》,黄风译,中国政法大学出版社 1998 年版。
15.《智利刑法典》,陈志军译,中国政法大学出版社 2015 年版。

后　记

本书是我主持的国家社科基金项目“刑法指示规定的理论构建与立法技术研究”(编号:17BFX077)的结项成果,也是我近几年对于刑法中的罪数处断规定不断思考的阶段性成果。

2015 年通过的《刑法修正案(九)》在个罪中增设了 11 个条款的罪数处断规定。这使我对刑法中的罪数处断规定产生了研究的兴趣,准备以其作为选题范围申报国家社科基金项目。对于刑法中的罪数处断规定的规范属性,学界一直存在“注意规定说”和“法律拟制说”,但是,罪数处断规定并不符合注意规定和法律拟制的基本特征。于是,我从刑法分则中提炼出“指示规定”的概念,以作为对罪数处断规定的规范属性的界定,因而也就有了上述立项项目标题中的核心概念。

在 2017 年申报国家社科基金项目之前,我就对刑法中的罪数处断规定的规范属性进行了初步研究,撰写了近 5 万字的初稿,其中部分内容以《论刑法分则中指示规定与法律拟制的区分》一文发表在《苏州大学学报(法学版)》2017 年第 2 期上。该文被中国人民大学复印报刊资料《刑事法学》2017 年第 9 期全文转载。立项之后,我用了除授课之外的主要精力对该项目进行研究,于 2020 年 12 月 20 日提交结项书稿《刑法指示规定的理论构建与立法技术研究》,2021 年 3 月顺利通过结项,结项等级为良好。由于提交结项之后的几天,全国人大常委会又通过了《刑法修正案(十一)》,增设了 8 个条款的罪数处断指示规定,因此,我在结项成果的基础上补充了 8 个条款的罪数处断指示规定的研究,主要是对其适用的罪数与条件的研究,使本书对于罪数处断指示规定的研究较为完整。

在该项目申报和研究过程中，我得到了恩师黄京平教授的指点和帮助。恩师是我自2003年进入中国人民大学攻读博士学位至今进行学术研究的有力支持者。本书的出版，也得到了恩师的推荐。借本书出版之机，我要对我的恩师黄京平教授致以衷心的感谢！

感谢法律出版社吴昉女士对本书出版的支持，感谢法律出版社陆帅文编辑为本书的编校付出的辛勤劳动。

彭辅顺

2022年11月12日